主编简介

胡孝红，男，法学博士，三峡大学法学院教授，1990年毕业于中国地质大学，获法学学士学位；1998年硕士研究生毕业于武汉大学，获法学硕士学位；2004年博士研究生毕业于武汉大学，获法学博士学位。近年来，在《求是》等刊物上发表学术论文20余篇，多篇文章被人大复印资料全文转载。主持与参与科研项目7项。

各国能源法新发展

胡孝红/主　编

撰稿人（以撰写章节先后为序）
慎先进 骆东平 胡孝红
宁国斌 李艳军

厦门大学出版社
XIAMEN UNIVERSITY PRESS
国家一级出版社
全国百佳图书出版单位

前　言

　　能源是人们生产和生活的重要物质基础,同人类的生存、发展息息相关,因此,各国都十分重视能源立法。20 世纪 70 年代发生了石油危机,世界能源供应形势紧张。如何有效合理地使用有限的能源,压缩石油消费,成为各国最紧迫的问题。各国充分认识到能源立法、国际能源合作和能源法学研究的重要性与迫切性。我国的能源立法和能源法学研究已取得长足的进步,但与发达国家相比,我国能源立法与研究还有很大的提升空间。为了推动我国能源法研究,我们收集整理了美国、英国、德国、日本、澳大利亚和中国等几个国家能源法的最新发展方面的资料,力图给读者介绍各国在能源立法方面的最新进展,尤其是在新能源发展方面各国采取的各种措施。

　　本书由三峡大学法学院几位老师编写,他们为本书的编写付出了辛勤的劳动,在此对他们的辛勤劳动表示真挚的谢意! 同时,由于作者的水平有限,本书难免有错漏之处,敬请广大读者批评指正。

胡孝红

2012 年 10 月 16 日

目　　录

第一章　德国能源法律制度

第一节　德国能源概述

一、德国能源供应的现状

德国是继美国、中国、俄罗斯和日本之后的世界上第五大能源消费国,其能源供应的现状可以概括为以下五个方面。

(一)传统煤炭产业开始衰落

德国拥有较为丰富的煤炭资源,煤炭的大力开发和综合利用,是工业革命时期德国迅速成为世界工业强国和"二战"后德国经济恢复的重要原因之一。尽管德国煤炭工业有着悠久的历史,但从 20 世纪 60 年代起,随着世界能源结构的变化,德国传统煤矿大量关闭,至 90 年代,德国只剩下两个煤业集团共17 个煤矿;进入 21 世纪后,德国仅剩 1 家煤业集团 10 个煤矿。出现这种现象最根本的原因是德国煤炭的开采成本太高,因为联邦政府对职业健康和环保方面有极其严格的法律规定。因此,从市场经济角度去考虑,德国煤炭开采业逐步衰竭是可以理解的。

尽管如此,德国仍未放弃煤炭开采业,其根本原因是考虑国家安全战略。德国实际上属于能源紧缺的国家,石油短缺、风力有限、太阳能贫乏,核能的发展也受到诸多限制,其能源主要依赖进口。如果不开采煤炭,德国将会成为一个能源完全依赖进口的国家,这对于一个高度发达的工业国家来说显然是不可接受的。目前,煤炭在德国能源结构中占 24% 左右,超过其他发达国家的平均比重。

(二)石油比重逐步降低

德国能源结构在"二战"后经历了从"以煤为主"到"以油为主"的转变。在

1

联邦德国"经济腾飞"的过程中,其能源总消耗量大大增长,石油的比例大幅提高,曾达到50%以上。1973年"石油危机"所导致的原油价格的飙升,给依赖进口石油的联邦德国经济敲响了警钟。联邦德国政府努力进行经济结构调整,尽量降低能耗,鼓励开发和使用水能、风能、太阳能及生物能等可再生能源,减轻对进口石油的依赖程度,同时扩大进口渠道,实行多来源进口。目前,石油在德国能源结构中占36%左右。

(三)核能逐步关闭

从20世纪60年代起,经过几十年的发展,德国的核电能力逐步形成并且具有举足轻重的地位,其在德国的总发电量中所占比重为30%左右,仅次于煤炭,其核电技术也比较先进。2004年,德国核能发电1670亿度,发电量居世界第四,仅次于美国、法国和日本。1998年绿党加入执政联盟以后,大力主张废弃核电,德国的核电厂将逐渐被淘汰。德国目前有17座核电厂正在运转。

(四)可再生能源得到大力发展

德国十分重视可再生能源的开发和利用,在以下领域其处于全球或全欧洲领先地位:(1)风力发电总装机能力全球领先,于2005年末达到18428兆瓦,占全球总装机能力的31%;(2)2004年和2005年新建光伏发电能力增长最快,分别达到500兆瓦和600兆瓦,2005年末累计总装机能力达到1400兆瓦,在累计总装机能力方面与日本并列全球第一;(3)太阳能利用设施在欧洲规模最大、增长最快,到2005年末,太阳能收集面积已达到720万平方米,仅2005年新建面积就达到95万平方米;(4)生物柴油生产居欧洲领先地位,2005年生物柴油达到170万吨。由于政府的大力推动,2004年,德国可再生能源发电量已突破全部发电量的10%。2007年,德国可再生能源发电量从2006年的730亿千瓦时上升至867亿千瓦时。在全部电力消费中,可再生能源的比例从2006年的11.9%升至14.3%。根据《可再生能源优先法》和一系列相关政策,德国计划到2020年,可再生能源发电量占到总发电量的20%。

(五)能源对外依存度较高

德国是继美国、中国、俄罗斯和日本之后世界上第五大能源消费国,但其本土资源有限,2/3左右的能源必须依赖进口。德国的经济发展稳定,近10多年来能源消费的平均增长率几乎为0,但是德国能源消费对进口的依赖程度却呈增长趋势,从1991年的44%增长到2002年的63%。有关统计资料显示,德国所需原油的95%以上、天然气的将近80%、烟煤的将近60%来自进口,只有褐煤和可再生能源几乎100%来自本国境内。

二、德国能源消费的现状

由于自然资源有限,德国政府一直比较重视能源利用效率的提高,并取得了较大的成果。自上世纪 90 年代以来德国经济年均增长 1.7%,但能源消耗保持基本稳定并略有下降。根据统计,德国在 20 世纪七八十年代能源消费逐年增加,在 1988 年达到顶点,为 366.3 吨油当量,之后开始下降,2005 年为 346.8 吨油当量,降幅为 5.3%。目前,德国的能源利用效率在世界上居于先进地位。

在德国各行业的能源消费中,居民用能所占比例最大,约为 1/3,其次是交通运输部门和工业部门。德国 2004 年各行业所转化消费的能源总量为 251721 千公吨油当量,居民消费量达到了 76272 千公吨油当量,占消费总量的 30.3%,交通运输业占到 25.6%,工业消费占 21%。其中,煤炭主要用于工业生产,占煤炭总消费的 87.1%;石油产品主要用于交通部门,占石油总消费量的 53.7%;天然气主要用于居民用气和工业用气,分别占天然气消费总量的 45.4%和 30.4%。

三、德国能源政策的现状

2000 年,德国举行了"能源对话",以论坛的形式将政府、企业、工会、环保组织的代表聚在一起,共同对德国能源供应和能源政策的相关问题进行探讨。在此基础上,德国联邦经济与技术部在 2001 年 11 月发布了《满足未来需求的可持续能源政策》报告,正式提出了德国能源政策的"3E"目标:"供应安全"(energy security)"经济效率"(economic efficiency)和"环境可持续"(environ-mental sustainability)。这表明德国正式确立国家能源战略,其核心思想是"可持续性",并在 2002 年公布的《可持续发展的国家战略》中重申和强调。

随着近年来世界能源形势的巨大变化,德国政府非常注重保持能源政策的更新,多次举行所谓的"能源峰会",政府首脑、工业界代表、交通联盟、研究机构、环境组织等聚集一堂,讨论德国未来的能源政策。在能源峰会上,德国总理默克尔公布了一项旨在提高能源使用效率的能源行动计划。根据这一计划,到 2020 年,德国在保持经济增长的同时,将其初级能源需求减少 20%,同时,能源生产将比 1990 年提高一倍。另外,与 2005 年相比,德国 2020 年的电力消耗要减少近 10%,建筑供暖需求将减少近 20%;单位能耗创造的国内生产总值比 1990 年提高一倍,即单位能耗降低一半。这些目标同"3E"战略的结合,无疑为德国未来的能源政策指明了方向。

（一）德国能源管理制度

德国实行部门统一管理、各部门协作的能源管理制度,联邦经济与技术部（BMWi）是主管德国能源事务的部门,其他相关部门也在职权范围内负责一定的能源事务。例如,可再生能源的市场开发与技术研究由联邦环境、自然保护和核反应堆安全部（BMU）负责,联邦粮食、农业和消费者保护部（BMELV）及联邦经济与技术部协作。又如,《可再生能源优先法》第12条规定:"本法授权联邦环境、农业和林业部及联邦经济与技术部颁布经由德国联邦议院批准的规章,规定属于本法适用范围内的生物质材料的种类和技术方法以及必须遵守的环境要求。"

另外,建筑节能由联邦经济与技术部和联邦运输、建筑与城市事务部（BMVBS）共同负责;联邦食物、农业和消费者保护部主管转基因生物体事务;能源相关税收由联邦财政部及其相关机构负责。[①]

（二）德国能源储备制度

20世纪发生的几次国际石油危机,使德国长期以来高度重视能源战略储备。经过近40年的发展,德国建立了一套经济高效的石油战略储备和应急机制,相关的法律制度也比较完善。根据1978年德国颁布的《石油及石油制品储备法》以及相关规定,德国的石油战略储备制度包括以下内容:

（1）储备规模。德国石油储备协会（简称德国储备协会）承担国家法定的石油储备义务,其储备量为前3年（或上一年）日平均进口和炼油量的90倍,即保证德国90天的成品油供应需求。储备品种为汽油、中间馏分油和重油（燃油）。其中成品油和原油各占一半。另外,按照1981年生效的《发电厂储备规定》,各燃油发电厂必须拥有能满足30天正常发电的燃油储备。1998年,德国取消了各石油及成品油进口贸易公司和炼油厂的法定储备义务（15天）的规定。但炼油企业、石化公司根据自身需要和实力,均建立了各自生产性和商业性石油储备,这些储备不属于德国石油战略储备范畴。

（2）管理和运营机制。德国储备协会（EBV）1978年成立于汉堡,下设监事会、理事会,其最高权力机构为会员大会。根据德国石油储备法,所有炼油厂、石油贸易商、经销商以及使用石油发电的电厂,都必须参加石油储备联盟,成为德国储备协会的成员。会员大会的任务是:制定和修改协会章程、选举监事会中的企业界代表、确定理事会人选、拟定和修改会费建议和选举审计人

---

① Energy Policies of IEA Countries: Germany 2007 Review. IEA /OECD Pairs, 2007.

员等。

（3）资金来源。德国储备协会的资金来源主要由银行贷款和会费两部分组成。银行贷款主要用于购买原油、成品油和建造储备设施。德国储备协会不需偿还银行贷款，但需支付贷款利息。在德国储备协会因国家法律修改而解散的情况下，其债务由政府承担。会员必须在每月底前向协会申报本月进口或生产的数量和品种，并于下月底前缴纳相应的会费。会费标准的制定和修改由会员大会决定后经联邦经济部长与财政部长批准。

德国法律允许德国储备协会会员将其缴纳的会费纳入石油商品售价，只需在发票上注明"此价格含法定储备费用"，并列出具体数目，各销售环节均按此开具发票。因此，德国储备协会会员缴纳的会费实际上由最终消费者承担。此外，德国立法禁止德国储备协会从事石油投机买卖活动，但允许其出售超过储备义务标准105%以上的部分，出售收入归自己，前提是不能干扰石油市场，以不低于平均进货价的市场价格出售。

（4）储备投放。德国石油战略储备的投放必须有联邦经济与技术部下达的指令，其前提是能源供应受到直接威胁，或出现能源供应短缺，或需履行欧盟或国际能源署的供应平衡义务。德国储备协会投放的战略储备根据会员缴纳的会费比例进行分配，不进行竞价销售。如投放时间超过半年，须经联邦参议院批准。

（5）应急机制。按照国际能源署（IEA）的要求，德国成立了国家能源应急组织（NESO），其任务和目标是：参与实施国际能源署制定的各项措施，履行本国的国际供应平衡义务，在维护传统石油供应渠道和供应结构基础上确保对消费者的安全供应。德国能源应急组织由联邦经济与劳动部、联邦经济与出口管制局、德国储备协会的代表和石油经济供应专家组成，秘书处设在德国储备协会内。德国石油经济界主要通过供应协调委员会（KGV）和危机供应理事会（KVR）参与制定和实施德国能源应急机制。供应协调委员会由7名石油采购专家和石油加工及分配专家组成，其中工业界代表5人、贸易界代表2人。其任务有：评估当前和今后的石油供应形势；分析与判断石油危机的数据和条件，提出克服能源供应短缺的建议；为联邦经济与出口管制局确定行政性供应平衡方案出谋划策。危机供应理事会由德国储备协会监事会主席、副主席和供应协调委员会主席组成，其任务是：为联邦经济与劳动部制定克服能源供应危机的决策，特别是在制定限制消费措施、投放石油储备的方式和数量时献计献策；在限制消费、减少储备、调整生产结构等方面给德国石油经济行业协会提出建议；与德国石油经济行业协会协商解决问题。

另外,在 1998 年制定的新《能源经济法》中,也制定了专门条款对能源储备进行规定。该法第 17 条规定,为了确保能源稳定供应,联邦经济与技术部有权经过联邦参议院的批准颁布法令,要求达到一定生产水平(100 兆瓦)的发电厂负有储备足够的石油、煤或其他化石燃料的义务,储备量应满足企业在 30 天内履行自己的供电、供气义务或者其自身的电需求。[①]

第二节　德国传统能源立法

德国一直注重通过法律手段对能源产业、能源供需制度进行调节和监管。目前,德国已形成了以《能源经济法》为基本法,由煤炭立法、石油立法、可再生能源立法、节约能源立法、核能立法、生态税收立法等专门法为中心内容的能源立法体系。

一、德国能源基本法

德国最主要的能源立法是《能源经济法》,该法是德国的联邦法律,可以说是德国能源法体系中的基本法,主要对电力和天然气市场的相关问题进行规范。该法首次制定于 1935 年,在当时的纳粹德国,电力、天然气市场中几乎没有竞争,大型联网公司同时负责发电、管理和运营供电电网。根据该法的规定,其目的在于确保"尽可能安全和廉价地"组织能源供应,并授权有关部门负责能源的监管,市场准入、退出和投资控制。简言之,该法的主要目的在于通过划定区域界线,由国家监督价格并控制竞争,建立和保证可靠的、城乡价格统一的电力供应经济体系。长期以来,在这一能源经济法的框架内,德国逐渐形成和巩固了强大的能源单边垄断体制。1957 年制定的《反对限制竞争法》虽然取消了电力经济中的区域保护协议,但是并未起到多大作用。

随着世界范围内放松管制潮流的兴起,德国能源工业的高度垄断状况越来越不适应能源市场发展的要求。1996 年,欧盟第一次发布了关于电子(包括电力)和天然气在欧盟内部市场自由化的指令(96/92/EG 号指令),强调欧盟内部能源供应市场的公平竞争,主张废除垄断,根据类型分类定价,其基本目标是建立"高度透明和没有歧视"的能源市场;能源从业者也强烈要求政府

---

① Gesetz Uber die Elektrizitats-und Gasversorgung (Energiewirtschaf, EnWG). Published in BGBI 1998:735.

开放能源市场。在国内外各种因素的共同作用下,德国联邦内阁决定对《能源经济法》进行修改。1997年11月,联邦议会通过了新能源经济法草案。1998年3月28日,新《能源经济法》公布,并于次日生效。

1998年制定的新《能源经济法》基本取代了1935年的老法。新《能源经济法》共有19条,明确将"保障提供最安全的、价格最优惠的和与环境相和谐的能源"作为立法目的,而且这三者之间具有同等重要性,在相互冲突时没有任何一方优先。该法的基本原则是非歧视原则,即保障每个用户不受歧视地使用能源网络。该法打破了传统的能源工业垄断结构,引入了竞争机制,允许任何满足条件并获得政府有关部门经营许可的公司经营发供电业务。同时,电力公司必须将发电、电力传输和配电业务分开,而电力传输在经营管理上也必须与公司的其他业务分离开来。

该法的一个重要特点在于保障能源供应的安全。1998年《能源经济法》主要通过三种机制来确立能源供应安全:第一,公共能源供应的准入制度,即"申请——许可"程序。该法第3条规定,从事向他人供应能源的活动须获得政府主管部门的许可。在下列情况下,管辖机关可以拒绝申请:如果申请者没有确保长期能源供应能力,或可能导致总体上使受影响的消费者较为不利的电力供应结构;在此,需要适当考虑"安全、经济和环境上可接受的"能源供应目标。可见,该法不想以能源公用事业面临危险为代价而向新的申请者开放。第二,保护能源消费者。该法第10条规定,能源供应企业应当向最终用户公布供电和供气的普遍适用条件和资费标准。供应商通常有义务满足其顾客的全部需求。然而,当能源服务对于供应商经济上不合理时,可以免除这一供应义务,而且,危机管理机制能够作为对全部供应义务的限制而运行。第三,能源产业的国家监管。该法第18条规定,德国电力和燃气产业应服从国家监管,按照政府主管部门的要求提供技术和经济方面的相关信息,以监督能源企业的活动是否符合所有以能源供应安全为导向的法律法规和标准。

2003年,《能源经济法》进行了第一次修改。2003年,欧盟发布了关于加快欧盟能源市场开放的指令(2003/54/EG和2003/55/EG号指令)。该指令要求欧盟各成员国最迟在2004年对所有供应非民用电力和天然气的能源供应市场开放,从2007年7月1日起,对供应所有顾客的能源供应市场全面开放。根据该指令,德国对《能源经济法》进行了第二次修改。最新修改的《能源经济法》于2005年7月1日生效。

根据新修改的《能源经济法》,德国在联邦范围内加强了对能源市场的监管,将原负责管理邮政与电讯市场的监管机构更名为"联邦网络局"

（Bundesnetzagentur，简称 BNetzA）。该机构负责对电力、天然气、电信、邮政和铁路网络的监管。该监管机构负责为能源企业制定最高限价，同时放宽了对企业利润幅度的限制，允许企业通过降低成本来提高利润，以促进市场竞争。修改后的《能源经济法》主要包括六个基本要素：(1)网络进入的方式和对价；(2)政府激励性管制；(3)垂直一体化能源供应企业的拆分；(4)私人终端用户的基本供给保护；(5)管制机关的组织结构；(6)管制机构和反垄断执法机构之间的权限和相互关系。

自 1998 年 3 月新《能源经济法》实施以来，德国电力和天然气等基础能源领域从原来的垄断结构转向自由的市场经济结构，取得了较好的成效。在市场竞争的压力下，所有的电力公司不仅都在降低成本、提高效率上下功夫，而且进一步改善对用户的服务质量，从而使电价明显下降、服务质量显著改善。但从总体上看，德国能源市场还存在改革不彻底、监管缺乏力度的问题。国际能源署(IEA)指出，2005 年"联邦网络局"的建立意味着德国政府承认之前对能源市场的监管是有问题的。国际能源署同时呼吁德国政府进一步推动电力和天然气市场的改革，为公平竞争创造环境，特别是在市场网络进入上。

二、石油和天然气立法

在石油危机后，德国开始重视石油等矿物资源的立法。1974 年 10 月 20 日，德国颁布了《在原油、矿物石油产品或天然气进口受到危害或阻碍时保障能源供应安全的联邦法案》，即《能源供应安全保障法》。该法授权联邦政府发布法令和规章来保证基本的能源供应。据此，德国政府先后颁布了多项矿物、石油、燃气和电力部门的详细法令，包括《电力供应保障法令》(1982 年 4 月 26 日)和《燃气供应保障法令》(1982 年 4 月 26 日)，以应对能源危机。1979 年，德国对《能源供应安全保障法》进行了修改。

值得注意的是，《能源供应安全保障法》主要针对民用性质的能源供应中断，而在国防紧急状态或军事危机情况下，1968 年 10 月 3 日颁布的《经济安全保障法》授权政府通过法令来确保能源安全。这方面的法令主要包括《电力负荷分配法令》(1976 年 7 月 21 日)和《燃气负荷分配法令》(1976 年 7 月 21 日)。这些法律法规共同组成了德国应对石油、天然气危机的能源保障机制。

此外，在 1965 年《矿物油产品最低储备法案》的基础上，1978 年 7 月 25 日，德国联邦议院通过了《石油及石油制品储备法》，建立了比较完善的石油储备制度。1987 年和 1998 年，德国对《石油及石油制品储备法》进行了两次修订。

三、煤炭立法

德国的煤炭工业历史悠久,很早就制定了相关法律。1919 年,德国制定了《煤炭经济法》,这是世界上第一部以"经济法"命名的法律。这是因为当时德国刚刚在"一战"中战败,经济面临崩溃。为挽救战后危机,德国立宪会议首先通过了《魏玛宪法》,在奉行"经济自由"的同时,确立了"社会化"原则,颁布了一系列经济法规,其中就包括《煤炭经济法》。这些法律的宗旨在于扶持垄断,对私有制实行限制,并授权政府对全国经济生活进行直接干预和管制。当时的德国试图通过这些法律,凭借国家权力直接干预和控制经济,把贯彻社会化政策同保护私有财产、维护契约自由结合起来。①《煤炭经济法》则为其中的代表性法律,其目标在于确立煤炭产业的国家管制。

四、节约能源立法

德国一直重视能源节约和能源效率的提高,并制定了较为完备的相关法律,主要包括:(1)1976 年制定了《建筑物节能法》。(2)1977 年制定了《建筑物热保护条例》,提出了详细的建筑节能指标。该条例在 1982、1995 和 2002 年进行了三次修改。(3)1978 年制定了《供暖设备条例》,并在 1982、1989、1994 和 1998 年进行了修改。(4)1981 年制定了《供暖成本条例》,并在 1984 年和 1989 年进行了修改。

2002 年 2 月 1 日,德国颁布了《节约能源条例》,取代了之前的《建筑物热保护条例》和《供暖设备条例》,对新建建筑、现有建筑和供暖、热水设备的节能进行了规定,制定了新建建筑的能耗新标准,规范了锅炉等供暖设备的节能技术指标和建筑材料的保暖性能等。按照该法,建筑的允许能耗要比 2002 年前的能耗水平下降 30％左右。2004 年和 2006 年,根据新的情况,该法又进行了两次修改。

另外,热电联产是提高能效、节约能源和保护环境的重要技术。1998 年德国新《能源经济法》第 2 条规定:"环境可承受性是指使能源供应活动满足合理和节约的要求,以确保以自然资源进行有节制和可持续的开发,尽可能降低给环境造成的负担。热电联产和使用可再生能源在此方面具有特别重要的意义。"这明确鼓励热电联产的发展。2002 年,德国颁布了《热电联产法》,专门就企业和政府在促进热电联产上的责任和规则进行了规定。

---

①　何勤华主编:《外国法制史》,法律出版社 1997 年版,第 387 页。

五、核能立法

德国很早就有专门的核能立法。西德政府在 1958 年就颁布了《原子能法》,该法是德国核能立法的核心法律,与后来的《放射性物资保护条例》、《核能许可程序条例》等共同构成德国的核能安全与核能利用法律体系。根据《原子能法》,德国环境、自然保护和核安全部(BMU)是监管核能设施和许可核能利用的主要政府部门。

由于切尔诺贝利核泄露事件给德国留下的阴影,1998 年绿党在上台后,提出了逐步关闭核电站的国家政策。通过谈判,2000 年 6 月,德国政府和核能企业签署了废除核能的协议。2002 年,德国制定了《有序结束利用核能进行行业性生产的电能法》,规定德国在 20 年后要彻底关闭现有的核电站。

六、生态税收立法

为了防止自然资源的过度利用和减少温室气体,德国还注重通过税收手段来提高能源价格、促进自然保护。1999 年,德国颁布了《引入生态税改革法》,并以此为基础进行了一系列的生态税收改革,对矿物能源、天然气、电等征收生态税。同时,对使用风能、太阳能、地热、水力、垃圾、生物能源等再生能源发电则免征生态税,鼓励开发和利用清洁能源。2003 年,德国颁布了《进一步发展生态税改革法案》,强调税收从依劳动力因素负担逐渐转换到依环境消费因素而定。生态税开征以来,对德国能源结构的改善和温室气体减排都起到了很大的推动作用。

第三节 德国可再生能源立法

一、德国可再生能源立法的背景与目的

为保护环境、控制全球变暖、保证可靠的能源供应,德意志联邦政府和德意志联邦议会在与欧盟达成协议后,定下目标,到 2010 年,可再生能源在总的能源供应中的比例至少翻番。这一目标与京都议定书框架所规定的欧盟分担份额框架中德意志联邦共和国所承担的预设义务有关,即到 2010 年将温室气体排放减少 21%。联合国气候公约和该目标与德国的目标相连,即到 2005 年二氧化碳排放与 1990 年相比减少 25%。

为了实现这个目标,有必要增加新型的可再生能源。传统的大坝水力发电占据了目前使用的可再生能源的绝大部分。由于地理因素,水力发电的利用潜能已经大部分耗尽。出于这种原因考虑,有必要增加利用风能、太阳辐射能、生物能以及河流的水力资源发电,以达到2010年欧盟整体目标。为此,目前使用的这些能源的生产量要提高5倍。

为了把目标变为现实,欧洲委员会在其名为"气候变化的能源政策维度"中提出了一系列的能源政策措施,其中可再生能源占据重要地位。可再生能源优先权法案(《可再生能源法案》)的目的,是帮助实现这些目标,实施欧盟"可再生能源突破工程"。鉴于全球变暖和世界范围内发生自然灾难的频率增加,立法机关必须立即采取行动保护环境,控制全球变暖。

目前,尽管有大量的可再生能源,但是利用并不均衡充分。虽然可再生能源有巨大的潜在经济效益,但是从国内总能源消费来看,它们只占相当低的比重。如果可再生能源不能在能源需求中占据较大份额,会产生两个结果:一方面,在欧洲和国际层面,越来越难以履行保护环境和控制全球变暖的义务;另一方面,会错失重要的经济发展机会。可再生能源是国内能源,它有助于减少对进口能源的依赖,从而使能源供应更可靠。目前,欧盟能源消费的约50%来自进口,如果不开发可再生能源,到2010年这个数字可能达到60%,到2020年达到70%。

大量使用可再生能源可以创造就业机会,尤其是在德国经济结构中占有相当重要地位的中小型企业。中小型企业不仅是工艺品和贸易业的重要因素,而且推动多种产业,包括金属加工业、电子工程、机械工程、机械和设备工程以及建筑材料业。促进利用生物能发电是农业经济复苏的主要推动力。另外,可再生能源的生产和利用会促进地区的可持续发展,这有助于增强社区的社会和经济凝聚力,从而使德国的生活环境更和谐。

三个欧洲国家——德国、丹麦和西班牙,已经通过国家立法,使可再生能源电网享有最低的入网价格。正是由于这三个国家的立法,欧盟诞生了风力涡轮机制造业,为全球市场提供尖端技术。这同时证明,认为引进最低价格体系会影响生产力的想法是错误的,因为在上述三个国家,风能转换器的引进都是以法律保证的最低价格为基础。这尤其刺激了风能领域市场的发展,产生了高效工业,有了更多出口机会,仅在德国就创造了超过20000个工作岗位。由于规模经济和风能转化器生产者的全球竞争,从1991年以来,生产成本和支付的补偿金已经成功地降低50%。由于技术进步,世界市场需求增加,在未来10年,仅风能转换器的需求将会超过10万兆瓦。在此背景下,不能低估可再生能源的市场引入，市场引入对工业政策至关重要，尤其是就全球气候问题而言，全球需求肯定会迅猛增长。可以预计，《可再生能源法案》对于其他利用可再生能源领域的影响，将会与其对风能领域的影响相似。

1991 年 1 月 1 日生效的可再生能源发电电能入网法案主要推动了风能的发展，因为该法案制定的补偿率使其成为可能。到 1999 年底，即该法案生效 9 年后，在其有效管辖范围内安装了约 4400 兆瓦的风力发电机组，大约占全球总装机容量的 1/3。对于在该法案规定的 5 兆瓦容量限制之下的水电厂，规定的补偿率几乎能保证其有成本效益的运作。然而，由于存在许多法案以外的障碍，该法案没有实现可与风能相比的现有潜能的充分开发。不过，该法案至少帮助稳固了水力发电站，而在该法案生效前，水力发电站部分受到了威胁。但是，补偿率不足以激励其他能源，尤其是光伏打电池和生物能生产的电能的大规模市场引进。由于这个原因，取代《电力供应法案》的《可再生能源法案》修改了补偿率，以促进利用各种可再生能源进行大规模的电能生产。

此外，德国有必要通过《可再生能源法案》还有其他原因：维持目前将补偿率与功率级别联系在一起的做法，会危及可再生能源的利用。欧盟各个国家电力市场开放程度不同步，完全开放市场与仍受保护的市场之间没有实际可行的互惠条款；垄断时期毫无风险就能做到了的充足电力供应，在很大程度上消失了；对电力生产、输送和分销还未实行分类定价；由于德国企业在投资酌处权上可使用免税核条款（现已达到 350 亿欧元以上），它们享有竞争优势。基于以上原因，不可能制定一个反映中长期实际电能供应成本的电力市场价格。因此，有必要为可再生能源制定固定的价格，以保证可再生能源利用的持续增长。

二、德国可再生能源法的历史发展

1973—1989 年是德国可再生能源法的萌芽阶段。受 20 世纪 70 年代能源危机的影响，为保障能源供应安全，德国除制定了《石油制品最低储备法》、《石油及石油制品储备法》等一系列保障石油安全供应的法律外，亦将目光投向了化石能源以外的能源供应管道。自 1974 年起，德国在可再生能源研究促进上的开支逐年增加，至 1982 年达到 1.5 亿欧元的高峰。同时，德国亦开始了利用税费优惠来激励可再生能源发展的尝试。1989 年修订后的《联邦电力价格框架规章》允许公用事业对可再生能源电力的利用缔结覆盖总成本的合同,即使这些"全部成本的估价"超出了相关公用事业长期避免的成本。[①] 20世纪80年代以来,有关气候灾难的问题逐渐引起了公众的关注,德国在京都议定书中承诺从1990—2008年减少二氧化碳排放的21%。在能源安全与气候保护的双重压力之下,德国进一步加大了对可再生能源法的促进力度。在此背景之下,1990年出台的《可再生能源发电向电网供电法》(《1990年电力入网法》)可谓是德国第一部明确的可再生能源立法。它规定了立法经营者优先购买风电经营者生产的全部电力并给予合理价格补偿的强制义务,极有力地促进了风力发电的发展。该法生效后,极大地促进了德国风力发电的发展,至1999年底,德国安装了约4400兆瓦的风力发电机组,约占全世界风力发电容量的1/3,成为了世界第一风电生产大国。但1998年德国推动能源市场化改革之后,电价下降,《可再生能源发电向电网供电法》逐渐不适应社会的发展。另外该法未能促使其他能源,特别是光伏电池和生物质能发电大规模进入市场。

随着1998年德国大选红绿联盟的上台,政府对可再生能源的扶持力度大大加强,尤其是2000年新的红绿联邦政府强调生态化和社会发展,直接推动了《可再生能源促进法》(*Gesetz fr den Vorrang Erneuerbarer Energien / Emeuerbare Energien Gesetz EEG*)的颁布实行。该法旨在解决《可再生能源发电向电网供电法》与社会发展之间的矛盾并促进各种可再生能源的发展。这是德国第一部关于可再生能源的专门法律,被视为世界上关于可再生能源最进步的立法。它的出台,标志着德国可再生能源立法已经进入完备阶段。这一部促进可再生能源的开发利用的综合性法律,对可再生能源,如风能、水能和太阳能,都给予了优先地位。该法经过数次修改,最近的一次修订案于2009年1月1日实施。

三、德国可再生能源法的新发展

第一,法律体系逐步完善。2000年《可再生能源促进法》出台时仅包括12条。作为总则性质的法律的目的和适用范围规定在第1、2条;第3条规定了国家对电网购买可再生能源所发之电义务的强制和购电补偿的一般原则;第4条到第8条将购电补偿的原则具体化为购买不同可再生能源所发电的补偿价格,包括水力和填埋场、矿山、垃圾处理场气体发电(第4条)、生物质能发电

[①] 龚向前:《气候变化背景下能源法的变革》,中国民主法制出版社2008年版,第188页。

（第 5 条）、地热发电（第 6 条）、风能发电（第 7 条）和太阳辐射能发电（第 8 条）；第 9 条依照发电量标准详细规定了对各种可再生能源发电设备的补偿期限以及发电量的计算规则；第 10 条规定了可再生能源并网所发生成本的分担主体；第 11 条规定了全国强制平均标准的方案，即在全国范围内对电网运营商所购买的可再生能源所发之电与其向最终用户提供电量之间的比值确定一个平均值，如果电网运营商购买的可再生能源发电量超过限定的比值，则可以将超出部分卖给其他的电网运营商，直到达到平均比值；最后一条规定了进展报告要求，相关部门根据可再生能源的市场和成本变化，提出相应调整的政策建议。2004 年修订后该法共包含 21 条，与 2000 年相比增加了 9 条。增加了包括：对于可再生能源、发电设施、发电设施经营商、投入运营、发电设施的功率、电网、电网运营商等概念的界定（第 3 条）；电网经营商接收与输送义务（第 4 条）；电网运营商的透明度义务（第 15 条）等一系列法条。这些增加了电网运营商的义务，亦完善了其可享受的权利，为新能源开发和利用提供了更高标准更全面的优惠政策。

经过 5 年的发展，2009 年《可再生能源促进法》修订案在法律体系上的改变引人注目，以其前所未有的完备法律体系成为德国可再生能源法标志性的一部法案。该法案增加了 45 条法条，相较之前增加了一倍多，极大地充实了法条内容。尤为引人注目的是，该法将 66 条法条分为 8 章，包括：总则；接入与输电配电；优惠措施；补偿机制；法律和规章程序；透明度；监管力量，实验报告和过渡性条文以及附件。从整体上看，2009 年《可再生能源促进法》修订案突破了之前零散的条文形式，成为一部逻辑严密、体系完整的法律。

第二，立法目的转变。德国促进可再生能源立法目的有一个逐渐发展变化的过程，该过程在《可再生能源促进法》中表现得尤为明显。2000 年《可再生能源促进法》出台之初将其立法目的明确表述为：本法制订的目的是为了保护气候和环境，保证能源供应的可持续发展和显著提高可再生能源对电力供应的贡献，从而实现欧洲联盟和联邦德国的目标，即到 2010 年使可再生能源在整个能源消耗中的比重至少翻一番。2004 年修正案将立法目的修改为：为实现能源供给的可持续发展，在同时兼顾长期外部效应的前提下减少能源供给的国民经济成本，保护自然和环境，为避免围绕化石能源可能发生的冲突作出贡献，进一步推动可再生能源发电计数的利用和开发，特以保护气候、自然和环境为宗旨。此外，制定本法旨在促进提高可再生能源在电力供应中所占的比重，至 2010 年至少提高到 12.5％，至 2020 年至少提高到 20％。该法的目的是，以保护气候和环境利益为宗旨，为保证能源供应的可再生发展，在同时兼顾长期外部效应的前提下减少能源供给的国民经济成本,减少化石能源利用并促进以可再生能源来源电力的发展。[①] 为了实现第 1 款的目的,可再生能源在电力供应中所占的份额在 2020 年前达到至少 30%,然后逐渐增加。[②]

第三,适用范围进一步扩大。2000 年《可再生能源促进法》第 3 条规定的适用范围中规定了一些例外情况,以下来源的电力被排除在国家扶持计划之外:(1)来源于装机功率在 5 兆瓦以上的水电厂和填埋场或废水处理厂气体发电装置,装机功率在 20 兆瓦以上的生物质能发电装置;(2)来源于 25% 以上所有权属于德国国家或州政府的发电装置;(3)装机容量在 5 兆瓦以上的太阳辐射能发电装置所发之电,或者设备的功率极限为 100 千瓦、地理位置在优先用于太阳能生产电力之外的、其他目的的建筑设备旁或设备之上的太阳能发电装置所发之电。当时法律主要对较小型的发电站提供支持,这一方面是因为大型发电站即便得不到法律提供的优惠也能够有效地运营,另一方面是为了通过法律支持分散的较小的发电站成为未来能源供给的支柱。对太阳辐射能发电装置的限制则主要是防止对空间的持续遮挡。

2004 年《可再生能源促进法》删除了第 3 条第一和第三种的例外情形,将不提供法律政策优惠的企业限于 25% 以上所有权归德意志联邦共和国或某一个联邦州所有且在 2004 年 7 月 31 日前已投入运营的发电设施。这体现了德国对可再生能源开发利用支持力度的进一步加强和扶持可再生能源运营企业政策的进一步深化落实。

2009 年《可再生能源促进法》修订案在总则中取消了对发电设施规模的限制,普遍地适用于德国境内所有利用可再生能源发电的发电设施,但在优惠措施和补偿计划中按电力来源及发电规模的不同规定了不同的优惠政策,体现了国家扶持计划的导向性。

四、德国可再生能源法律体系的内容

德国是欧盟的创始国之一,在德国存在着两个独立的法律体系:欧盟法体系和德国国内法体系。

通过直接适用和转化为国内法的两种方式,欧盟法在德国具有法律效力,是能源法的渊源之一。欧盟在处理欧盟法与各成员国国内法关系的时候,以

---

①　蒋懿:《德国可再生能源法对我国立法的启示》,载《时代法学》2009 第 6 期。
②　蒋懿:《德国可再生能源法对我国立法的启示》,载《时代法学》2009 第 6 期。

欧洲一体化为最高准则,巧妙地平衡了各国国家主权与欧洲一体化之间的矛盾。欧洲法院通过判例确定了欧盟基础条约的规定在各成员国的直接适用性,确定了欧盟法律在各成员国的优先适用性。《欧洲共同体条约》第169条赋予了欧盟条例在各成员国直接适用的效力。因此欧盟法在德国能源法律体系中占有极为重要的地位,可以直接适用并优先于德国国内法;而欧盟的指令、决定、建议等对于德国能源法律的制定、修改有着重要的指导作用。

2006年3月出台的《欧盟能源政策绿皮书》是对《欧盟宪法条约》的具体化,指出了欧盟能源政策的3个目标,即供应安全、可持续性和有竞争力,是欧盟鼓励开发新能源政策的集中体现。《能源政策白皮书》、《可再生能源白皮书》及其《行动计划》明确提出了将可再生能源的消费比例从1995年的5.3%提高到2010年的12%的目标。《能源供应绿皮书》强调欧盟鼓励对可再生清洁能源的开发利用。

另外,欧盟指令是指导欧盟各成员国立法的具有法律约束力的文件,其对促进可再生能源发展的规定比较具体。涉及可再生能源发展的欧盟指令有:关于在欧盟内部电力市场促进利用可再生能源发电的2001/77/EC指令、关于生物柴油的2003/30/EC指令、关于电力市场自由化的2003/54/EC指令、关于能源税收的2003/96/EC指令等,这些指令由各成员国转化成国内法律法规适用。2009年3月26日欧洲议会和欧盟委员会在原2001/77/EC和2003/30/EC指令基础上颁布了新的促进可再生能源使用的新指令。[①] 新指令设立了在2020年最终能源构成中可再生能源比例达到20%的目标。

德国国内可再生能源法体系以《可再生能源优先法》为核心。1991年1月1日制定颁布的《可再生能源发电向电网供电法》是德国第一部促进可再生能源利用的法律,它规定了电网经营者优先购买风电经营者生产的全部风电并给予合理价格补偿的强制义务,有力地促进了德国风电产业的发展。1991年间,德国风机总装机增加了48倍,达到4.38千兆瓦。但随着1998年德国电力行业的市场化,电力销售价格整体下降,《可再生能源发电向电网供电法》已经难以调和可再生能源发电商、电网企业、输电商和配电商之间的矛盾。

2000年4月1日德国通过《可再生能源优先法》,此法居于德国可再生能源法体系的核心地位。《可再生能源优先法》经过2004年、2009年的两次修改后,其内在体系已经十分完善。2000年《可再生能源法》出台时仅12条;

---

① 蒋懿:《中德可再生能源法比较研究》,中国政法大学硕士学位论文2010年,第16页。

2004 年该法共包含 21 条；2009 年修订时增加了 45 条，在法律体系上也有了较大改变，成为一部体系完整的法律。

此外，德国政府还修订了其他与可再生能源相关的法律，与《可再生能源优先法》相配合，共同促进可再生能源的发展。《能源工业法》作为德国能源法龙头法律，将提供"供应安全的、价格最优的和与环境友好的能源"作为立法目的。2009 年德国政府通过了《新取暖法》，规定从 2009—2012 年政府继续提供 5 亿欧元补贴采用可再生能源取暖的家庭。这部被称为"关于可再生能源用于取暖市场的措施的促进方针"的《新取暖法》，对于如何分配资金、哪些人可以申请补助、何种项目可以申请补助、具体的补助金额以及申请程序作出了详细的规定。其目的是通过促进投资扩大可再生能源技术在取暖市场中的份额，并由此降低费用及加强可再生能源的经济应用性。随着一系列促进新能源法律的出台以及公民环保意识的不断增强，可再生能源在能源市场的份额必将持续增长。

除了《可再生能源优先法》以外，德国还颁布了一系列的法律法规，用以促进某一特定类型的可再生能源或可再生能源发展的某一方面。例如，德国在 2001 年颁布了《生物质能条例》。该条例在 2000 年《可再生能源优先法》的基础上，专门对促进生物质能发展进行了规定。此外，还针对促进可再生能源市场化、促进家庭个人利用可再生能源等问题出台了专项立法，如《可再生能源市场化促进方案》、《家庭使用可再生能源补助计划》等。

发展可再生能源也不是对环境完全无害，某些可再生能源在利用过程中仍然可能对环境和生态造成不良影响。随着德国风机数和风电生产的不断增加，为了解决风电产业的发展对环境和生态造成的不良影响，如风机噪音扰民、破坏风景区景观等，德国出台了《环境相容性监测法》，规定自 2002 年开始，风力发电设备安装和使用的选址应当符合环境和生态利益的要求。

除了通过补偿、优先购买的方式正面促进可再生能源的发展，德国也颁布了旨在降低化石燃料比例的法律，从反面促进可再生能源的发展。1999 年德国颁布了《引入生态税改革法案》，法案提高了发动机燃料油、天然气等化石能源价格。例如，对发动机燃料油每升提高了 6 芬尼、对轻民用燃料油每升提高了 4 芬尼、对天然气每千瓦/小时提高了 32 芬尼。2003 年《进一步发展生态税改革法案》强调税收从依劳动力因素负担逐步转换到依环境消费因素而定。[①] 税收扶持是德国可再生能源事业发展迅速的重要原因之一。征收生态

---

① 杜群、陈海嵩：《德国能源立法和法律制度借鉴》，载《国际观察》2009 年第 4 期。

税是德国完成温室气体减排计划的有效机制,也是实施可持续发展战略的重要措施。生态税征收对提高可再生能源电力的竞争力起到了积极作用。

五、德国可再生能源法的特点及借鉴意义

从上文分析中可以看出,德国已经形成了比较完整的促进可再生能源发展的法律体系。其具有一些独特之处,值得我们借鉴。

第一,重视法律规范的科学性。德国可再生能源法的一个突出特点是其有合理的科学依据,其法律目的、适用范围、对新能源的优惠补贴措施,不论是抽象或具体的规定都强调以科学研究结论为依托,并针对不同的电力来源设定不同的补贴额。这种科学性的特点在 2009 年《可再生能源法》修订案中得到了进一步的发展,在接入与输电配电、优惠措施、补偿机制几章中表现得尤为突出,其购买电力的国家强制标准制定过程中也充分考虑了技术可能性。这种科学性增强了法律的可操作性,缓和了法律条文和现实之间的紧张关系,有利于法律的顺利实施。我国的能源立法也应当以对现实的客观情况进行的科学研究结论为依托,制定符合客观规律、符合社会发展需要的可再生能源促进法律法规。

第二,注重运用市场经济手段。德国可再生能源法的另一个突出特点就是注重运用市场经济手段来调节资源配置,如《引入生态税改革法案》等。在《可再生能源优先法》中,立法者也注重运用经济手段来解决法律问题。德国可再生能源法的实质是将能源的外部成本纳入到能源价格构成中,通过国家财政投入和价格激励机制,平衡可再生能源和传统化石能源之间的价格差距,推广可再生能源技术,为可再生能源技术发电提供与传统化石能源平等的市场。

第三,法律主体权利义务明确。德国可再生能源法对于法律主体的权利义务规定得十分明确。在《可再生能源优先法》中,对行政主管部门、发电装置运营方、电网运营商等各方面的职责、权利、义务都有明确的规定,在可再生能源市场化过程中产生的成本由电网运营商、发电装置运营商等各方分担的比率也明确规定在法条中。在我国未来的能源立法中,也应当注重法律主体的权利义务明确性。

德国的可再生能源促进法律法规施行之后取得良好的效果。据德国可再生能源协会发布的报告称,2007 年德国可再生能源占能源消费总量的比重从前一年的 8％上升到 9.1％。

第四节　德国能源法纠纷解决机制

德国已经形成了以 1935 年《能源经济法》为基本法,煤炭、核能、天然气、热电联产、可再生资源立法等专门法相配合的能源法律体系。值得注意的是,在这些专门法当中,许多都设有具体的纠纷解决条款,为德国的能源争端解决提供了行之有效的法律基础。

一、《联邦矿产法》及其纠纷解决机制

德国在 1980 年 8 月颁布了《联邦矿产法》(Federal Mining Act),并于 1982 年 1 月开始实施。

(一)矿产与土地所有权的纠纷解决

《联邦矿产法》对于矿产与土地及其之上的私有财产的所有权冲突的解决作出了规定。德国《联邦宪法》第 14 条规定:"私有财产神圣不可侵犯。"根据这一原则,一旦矿产资源的开采活动侵犯了土地及其之上财产的私人所有权,该开采活动应当被禁止。这一做法显然过于武断,不利于保护矿产开发者的利益。为此,德国联邦司法法庭作出裁决,认为根据《联邦矿产法》,矿产资源开发与私人所有权之间的冲突应被认为是在一个垂直的区域内,多种义务按照合理方式履行的一种自然冲突。随后联邦行政法院进一步解释道,在矿产资源所有权与土地所有权发生冲突时,应按照《联邦矿产法》所确立的"优势公共利益"原则来解决。根据这一原则,在解决矿产所有权与土地所有权的冲突时,应考虑保护何者更能够体现"优势公共利益"。

(二)损害赔偿纠纷的解决

德国的《联邦矿产法》对损害赔偿责任问题作出了规定,指出在对矿产资源进行开发和利用时,不得损害第三方当事人的利益。其中包括预防矿产资源的开发对相邻人的损害、防止矿产资源开采对周边公路和铁路带来的危险、通过泥土分析预防未来损害等规定。

《联邦矿产法》专门规定第三方利益受损害时的救济措施,当第三方当事人遭受的损失可以法律推定为是由相邻的矿产资源引起的,第三方当事人可以作为原告向法院提起诉讼。同时还规定,矿产公司作为被告负有举证责任,

矿产公司若主张不承担责任必须举证自己对于损害事实的发生无过错。① 可见,在法律责任的适用上,《联邦矿产法》对于损害赔偿纠纷的解决采取的是过错推定责任,即原告能证明所遭受的合法权益的损害是由被告的矿产开采行为所致,而被告不能证明自己没有过错,法律上就推定被告有过错,应承担相应的法律责任。

（三）相邻权纠纷的解决

《联邦矿产法》对相邻权纠纷的解决也作出了明确的规定,指出当矿产资源的开发与相邻权产生冲突时,如果矿产资源的开发是为了公共利益的需要,这时可以通过采取土地割让或限制建筑措施来解决争端。《联邦矿产法》进一步规定,衡量这一公共利益,应考虑以下几方面的因素:是否为市场提供必需的矿产资源,是否保护了劳动雇佣关系,是否维持并优化了经济结构,矿产资源的开发是否采取了合理的、系统化的方式。当一项矿产资源的开发与相邻权产生冲突,且符合上述衡量公共利益的标准时,由矿产公司申请,当地政府或相关的权力机构可以对相邻的土地或不动产进行土地割让或采取限制建筑措施。《联邦矿产法》指出,土地割让是征收在该法下的一种表现形式,土地割让与限制建筑措施是相互独立的两种纠纷解决方式,实施土地割让并不一定对该土地实施限制建筑措施。

二、《核能法》及其纠纷解决机制

德国在 1958 年就颁布了《核能法》,该法也是德国核能领域的主要立法。随着实践的发展,德国又先后颁布了《放射性物质保护条例》、《核能许可程序条例》等。受切尔诺贝利核泄露事件的影响,德国政府在 1998 年制定了逐步关闭核电站的政策,并于 2000 年 6 月与核能企业签署了《废除核能的协议》。2002 年德国制定了《有序结束利用核能进行行业性生产的电能法》,规定德国在 20 年后要彻底关闭现有核电站。②

（一）核能批准程序的争端解决

第一,第三方当事人提起的司法审查程序。如果第三方当事人的权利因核能主管机关作出的决定而受到损害,有权向法院提起诉讼,要求对主管机关

---

① 马明飞、曾加:《德国能源法纠纷解决机制及对中国的启示》,载《西北大学学报》(哲学社会科学版)2011 年第 5 期。

② 杨泽伟:《德国能源法律与政策及其对中国的启示》,载《武大国际法评》2010 年第 1 期。

的决定进行司法审查。值得注意的是,《核能法》在原告资格的认定上采取的是权利损害标准,而并非法律利益损害标准,即只要第三方当事人认为其法定权利受到主管机关决定影响,就可以提起司法审查程序,而并非以其利益受损害为前提。

第二,对主管机关决定的司法审查。该法规定,如果当事人认为核能主管机关作出的决定应当被认定为无效或应被撤销,可以向法院提起诉讼,要求对主管机关的决定进行司法审查。

第三,对不允批准决定的司法审查。《核能法》同时规定,当事人申请批准开发和利用核能被主管机关拒绝时,当事人有权要求法院对核能主管机关作出的不予批准的决定进行司法审查。

(二)"阈值"规定的争端解决

德国《核能法》规定,在考虑授予私人核能开发利用权时,首先要考虑的因素是申请者是否达到"最先进最科学"的标准,这一规定也是到目前为止德国法律当中最严格、最高的技术标准的规定。随后,德国联邦行政法庭对如何确定"最先进最科学"标准作出了解释,规定用"阈值"作为判断是否达到"最先进最科学"标准的依据。联邦行政法庭认为需要对核辐射进行有效的控制,使其阈值在可能引起癌症的阈值标准以下。之后联邦行政法庭对如何确定阈值进行了调研,最后确定核能开发利用站的核辐射阈值不得超过0.3mSv(1Sv=1焦尔/千克),同时规定联邦政府负责根据科学的最新发展对阈值的确定作出更新和升级。

(三)损害赔偿责任的纠纷解决

由于损害赔偿责任可能由不同的原因引起,因此德国《核能法》规定了不同损害赔偿责任的责任形式。

第一,国家责任。《核能法》规定,当损害是由于主管机关的错误授予决定引起的时,国家需要对此承担责任。例如,国家作出决定,批准一项核电站的建设,在核电站建设中或建设后发现,这一批准是错误的,而建设一座核电站可能需要上亿欧元的成本,这时国家应对其错误决定承担国家赔偿责任。

第二,民事责任。《核能法》规定,当损害是由于核设施的运营者的行为造成的时,应当由核设施的运营者承担损害赔偿的民事责任。这一规定也是1960年《核能方面第三者责任公约》在德国《核能法》中的体现。同时德国《核能法》还对赔偿的限额作出了规定。

三、《能源法》及其纠纷解决机制

1998 年德国颁布了新的《能源法》取代了之前的旧法,用来规范热电联产。该法旨在规范热电联产企业的权利义务,确保以公共利益为目的,提供安全、低廉的电力和自然气等能源。此外,该法还特别强调平衡工业发展和环境保护的关系,要求能源的提供必须满足合理利用能源、保证能源可持续开发、将环境污染降到最低的要求。

《能源法》对能源提供者的资质条件、申请和批准程序、能源提供者的权利和义务、协议第三方的进入、管理者对能源提供的监管等问题作出了详细的规定。此外,该法还根据可能产生的争端的不同性质,规定了行政和民事两种不同的争端性质及其解决方式。

(一)行政性质纠纷的解决

《能源法》第 18 条第 1 款规定,主管机关有权监管该法被遵守和贯彻实施的情况,在必要情况下可以采取相应的措施,以确保该法的执行。根据这一条款,主管机关具有很大的行政裁量权,不仅可以决定哪一个企业可以进行热电联产的经营,而且还可以决定对热电联产经营者所征收的税率。此外,主管机关还可以规定经营者的技术标准,对其经营过程进行监管。可见,该条款赋予了主管机关相当大的行政自主权,而这必将造成经营者与主管者之间的矛盾和冲突。《能源法》进一步规定,此类争端事由属于行政性质的争端,如果当事人对主管机关的行为有异议,应向行政法庭提起诉讼。

(二)民事性质纠纷的解决

在 1998 年的《能源法》中,一个核心的问题就是关于"协议第三方的进入"(Negotiated Third Party Access)问题。由于热电的提供需要一个庞大的网络,其覆盖的空间范围相当巨大,因此在实际的运营过程中,热电联营的经营者经常会与其他热电联营的经营者合作,共同构建热电联营的网络。其中涉及的重要问题是第三方的进入是否同样需要主管机关的批准。与欧盟其他国家采取的"规定第三方进入"(Regulated Third Party Access)不同的是,德采取的是"协议第三方进入"。[①] 德国《能源法》第六部分规定,联邦经济和科技委员会部长有权管理第三方进入的协定,并确定进入后价格的标准。然而,联邦经济和科技委员会部长却没有行使这项权力,相反,他将这一权力给了经济

---

① 马明飞、曾加:《德国能源法纠纷解决机制及对中国的启示》,载《西北大学学报》(哲学社会科学版)2011 年第 5 期。

行业者,使这一问题变成了一个自治问题,即第三方的进入由热电联产的经营者相互之间的协商来决定。[①] 由于将第三方的进入定性为自治问题,因此对于热电联产经营者因第三方进入合同产生的争端,也将其归为私人实体之间的民事争端。而各方当事人因此而产生的争端,如果诉至法庭,将由民事法庭对其进行管辖。

四、《可再生能源优先法》及其纠纷解决机制

根据德国相关法律的规定,如供电企业认为《可再生能源优先法》的这一规定侵犯了其经济权利时,可以向德国联邦宪法法庭提出诉讼,由宪法法庭对《可再生能源优先法》的这一规定是否违宪进行审查。然而值得注意的是,德国宪法法庭并不是解决这一争端的最终司法机构,根据1957年《罗马公约》的规定,欧洲法院有权对成员国的法院作出有约束力的决定,其目的是为了保证欧盟法在各成员国内得到一致的适用。一旦供电企业对德国联邦宪法法庭作出的决定有异议,可以依据《罗马公约》第234条的规定,要求欧洲法院对德国宪法法庭作出的决定进行审查。然而有学者认为一旦提请审查,《可再生能源优先法》的这一规定将有可能被认为与《欧盟竞争法》第87条相冲突。[②]

---

① 马明飞、曾加:《德国能源法纠纷解决机制及对中国的启示》,载《西北大学学报》(哲学社会科学版)2011年第5期。

② 马明飞、曾加:《德国能源法纠纷解决机制及对中国的启示》,载《西北大学学报》(哲学社会科学版)2011年第5期。

第二章 澳大利亚能源法律制度

第一节 澳大利亚能源概述

一、澳大利亚的能源现状

（一）澳大利亚的传统能源

澳大利亚自然资源相当丰富,煤、石油和天然气储量均很大。澳大利亚是世界上第四大煤炭生产国和最大的煤炭净出口国,每年煤产量的大约60%用于出口,占全球煤炭出口量的29%。石油在澳大利亚能源消费中占有很大份额,随着石油消费的增长和石油产量的降低,澳大利亚越来越依赖石油进口。2006年,澳大利亚石油消费的40%来自进口;到2010年它的石油进口依赖度已达80%。澳大利亚的近海盆地有可观的天然气储备。在过去的十年,它的液化天然气出口量增长了58%。2005年,澳大利亚出口1380万吨液化天然气,成为世界上第五大天然气出口国。

澳大利亚非常依赖煤炭生产电力。2004年电力装机容量为486亿瓦,发电2253亿千瓦时,大约有75%的电力由煤生产。减去电厂用电和电力损耗,2004年的电力消费量为2095亿千瓦时。

（二）澳大利亚的新能源

丰富的自然资源为澳大利亚新能源的发展提供了重要的物质基础,这些新能源包括水能、风能、太阳能、核能及生物质能。在2002—2003至2007—2008财政年度的五年间,可再生能源生产增长了6%。其中,生物质能和风能的增长十分显著,分别从2006—2007年度的10和9拍焦耳增长到了2007—2008年度的18和14拍焦耳。就能源结构而言,2007—2008财政年度,可再生能源分别占能源生产总量和消费总量的2%和5%,占主导地位的新能源是甘蔗渣能源、木头及其废料能源和大型水电,约占可再生能源生产总量的 87％。

澳大利亚新能源主要应用于电力领域,贡献了约 7％的电力生产。经过最近几年的强劲增长,风电和水电分别占总发电量的 1.5％和 4.5％。截至2009 年 10 月底,共有 9 个可再生能源发电项目处于优先规划阶段,还有 80个项目处于候选阶段;有 5 个太阳能在建项目,最大项目是在南澳大利亚的怀阿拉建一个 80 兆瓦太阳能发电厂,预计 2012 年完成;四大海洋能示范项目已经完成,其他四个项目处于初级发展阶段。[1] 可以预见,未来澳大利亚可再生能源电力将会有显著增长。

此外,澳大利亚还有丰富的铀矿资源。据统计,2006 年铀探明储量居世界首位,占全世界总储量的 41％。澳大利亚目前没有核电,但是随着清洁煤和燃气价格上升及加入《京都议定书》后履行减少温室气体排放的义务,核能很可能成为澳大利亚最具竞争力的新能源。[2]

(三)澳大利亚面临的能源问题

1. 石油自给不足

尽管澳大利亚能源资源丰富,但其石油对外依存度日益增高,加上地理位置上相对孤立和对交通运输燃料依赖强,石油供应安全逐渐成为其必须面对的能源问题之一。

2. 温室气体排放偏高

澳大利亚在全球气候变暖面前非常脆弱,但其单位能源使用所排放的温室气体却很高。煤炭是澳大利亚最大的电力能源来源,而煤炭的温室气体排放量至少是天然气的两倍。澳大利亚人均温室气体排放量在工业化国家中居于首位。到 2020 年澳大利亚的能源消费量将增长 50％。在满足不断增长的能源需求的同时如何减少温室气体的排放,是它未来发展和人民生活水平提高不得不面对的问题。

3. 能源投资缺口较大

据澳大利亚农业与资源经济局估计,为满足澳大利亚不断增长的能源需求,到 2020 年最少需要 370 亿美元的投资。一方面投资是满足未来能源需求、提供稳定廉价能源服务和发展能源技术的关键;另一方面能源产业是一个

---

① Department of Resources, Energy and Tourism. Energy in Australia 2010. Canberra:ABARE,2010.

② 转引自杜群、廖建凯:《澳大利亚的能源法律制度及其借鉴》,载《时代法学》2009年第 3 期。

资本密集型产业,且投资回报周期长。因此,如何提高能源市场的功能,吸引更多的投资,以促进能源的发展、满足能源的需求是澳大利亚政府需要解决的问题。[①]

4.能源市场改革不到位

过去十年,澳大利亚的能源市场改革虽然取得了很大的进步,但是国家电力市场仍然只是一系列地区市场的有限连接,天然气市场还很不成熟,市场改革应带来的经济惠益有待提高。而一个富有竞争力的国家能源市场是吸引更多的投资、确保能源长期安全、提高能源效率、减少温室气体排放、商业化可再生能源和低排放技术的关键。因此,如何进一步推进能源市场改革,以实现能源发展战略是澳大利亚政府正面临的问题。[②]

二、澳大利亚能源政策的演变及发展趋势

(一)澳大利亚的能源政策演变

1.澳大利亚 20 世纪 90 年代的能源政策

澳大利亚 20 世纪 90 年代的能源政策体现为:推进能源工业市场化,提高能源利用效率,发展能源技术、重视环境保护。

(1)推进能源工业市场化。1994 年,维多利亚州和新南威尔士州在联邦政府倡导及其州议会的支持下,首先在电力部门引进了竞争机制,打破了公营垄断,形成了多元化竞争的电力市场。此后,其他各州相继进行改革。在各州电力工业实行市场化经营之后,联邦政府制定电力法律法规,取代了州制定的电力法。统一的电力法规为联邦统一监管电力市场提供了法律依据。1995年,澳大利亚通过竞争政策改革决议并成立竞争和消费者委员会。该委员会旨在促进澳大利亚的市场竞争、提高市场效率、促进公平交易、维护竞争价格。能源部门的竞争规则也由这个委员会负责制定。为了推动和鼓励各州、区政府支持联邦政府进行市场化改造,联邦政府建立了竞争机制补偿基金,对已进行改革的州和区给予"竞争补偿"。继电力部门改革之后,1996 年联邦政府建议放弃对煤炭及其他矿产品的出口控制,以降低煤炭工业的政府干预水平。

(2)提高能源利用效率。澳大利亚属于能源消费密集型国家,提高能源利

---

① Australia Government, Securing Australias Energy Future (the energy white paper), p. 69.

② Australia Government, Securing Australias Energy Future (the energy white paper), p. 80.

用效率是联邦政府和各州、区政府的共同责任。1992 年开始实施的"国家温室效应对策"是澳大利亚能源效率政策的核心。1995 年 3 月的"国家温室对策 21 项法律说明"对该对策进行了完善。通过财政补贴、能源计划、机动车燃料效率标准和民用消费品强制性最高能源消耗标准等措施,提高工业、建筑、运输和民用消费品领域的能源利用效率。

(3)发展能源技术,重视环境保护。澳大利亚联邦政府通过澳大利亚能源研究与发展公司对能源技术和发展研究进行直接投资,能源研究与发展公司研究的课题涉及全部传统的能源供应和使用部门。

1993 年澳大利亚的能源研究和发展费用为 2.812 亿澳元,比 1991 年增长了 29%。为鼓励私人对改进能源利用效率研究进行投资,联邦政府对私人投资减免 150% 的税。1996 年减税额达到 8.1 亿澳元,1997 年为 5.47 亿澳元。[①]

2.2001 年澳大利亚政府委员会(COAG)第十次会议体现的能源政策

2001 年 COAG 召开了第十次会议,并发布了公报及有关能源政策的几个附件。通过会议,澳大利亚各州和地区政府同意建立国家能源政策框架以指导未来的能源决策。能源政策框架的内容包括国家能源政策的目标、原则及其实现的优先措施。

(1)一致目标。考虑各地区能源需求,有效提供可靠、有价格竞争力的能源服务,以创造财富和工作机会,提高人民生活水平;发展能源相关技术,并有效地利用到工业和生活使用及能源开发出口中;减轻能源生产、运输、供给和使用对地区和全球环境的影响,特别注意温室气体排放问题。

(2)一致原则。认识到竞争和可持续的能源市场对实现上述目标的重要作用,继续改善国家能源市场,尤其是地区间能源市场;加强能源供给的安全与稳定;认识到政府政策和规则对私人投资和经营的影响;通过能源生产、转换、运输、分配和使用领域的技术、体制和管理的改善,不断提高能源的效率;鼓励低碳能源(包括可再生能源)的使用;提高澳大利亚能源市场的国际竞争力;提高政府决策的透明和清晰程度,以增强投资者的信心;促进国内各地区间及国际能源领域的合作。

(3)优先措施。为使政府能够进行有效的政策领导,以应对能源领域的机遇与挑战,COAG 同意建立能源部长理事会,并规定其优先考虑和解决的问题;立即关注国家电力市场(NEM)问题,举办 NEM 部长论坛,讨论国家电力

---

① 史丹:《澳大利亚能源工业及其市场化》,载《经济管理》1998 第 8 期。

市场中有关投资、价格、需求、市场行为和管理重叠等重要问题；对中长期的能源市场趋势进行高水平的独立政策评估。①

3.2004 年能源政策白皮书

2004 年 6 月 15 日，澳大利亚政府公布了题为"保障澳大利亚能源之未来"的能源政策白皮书，确立了澳大利亚"繁荣、安全和永续"的未来能源发展政策框架。该白皮书从能源的发展、能源市场、燃料税改革、能源效率、能源安全、气候变化、环境与能源以及技术革新等几个方面阐述了澳大利亚的能源政策。具体内容包括：改善能源生产和使用的可持续性；吸引投资以有效地勘探开发能源资源；通过经济刺激鼓励海洋石油开发；建立高效的能源市场，以确保未来任何时间和地点都能获得有价格竞争力的能源；进行燃料税制度的综合改革；鼓励发展清洁高效的能源技术，以支持澳大利亚未来能源的发展；尽量减少能源供应的中断，当能源供应中断发生时，能及时有效地应对；在确保经济繁荣的同时保护环境，积极应对气候变化的挑战。②

此外，为实现上述能源政策，能源政策白皮书还设计了一系列的方案。

4.能源政策白皮书的修订

2006 年 7 月，澳大利亚政府对能源政策白皮书进行了修订，但能源政策没有太大的变化。修订的主要内容有：多样化能源的供给，以确保澳大利亚国民能获得有价格竞争力的能源；在发展有助于实现澳大利亚经济、能源与环境目标的实用技术的同时，加大前沿技术、清洁能源技术的投资；大力发展可再生能源，尤其是发展光电和风电。③

（二）澳大利亚能源政策的发展趋势

2007 年 11 月工党领袖陆克文出任澳大利亚总理，他非常重视温室体问题。2007 年 12 月 3 日，陆克文签署《京都议定书》。澳大利亚是煤炭的主要生产、使用和出口国，加入《京都议定书》将促使澳大利亚进一步发展清洁能源，减少温室气体的排放。可以预见，"繁荣、安全和永续"仍将是澳大利亚未来能源政策的主旋律。吸引能源投资以开发本国能源资源并惠及全体国民、大力发展清洁能源以减缓气候变化以及确保国民获得稳定优价的能源，是澳

---

① COAG，Council of Australian Governments Meeting，Communique，8 June 2001.

② Australia Government，Securing Australias Energy Future（the energy white paper），p.2.

③ Australia Petroleum Products& Exploration Association. Policy& Industry Issues：EnergyPolicy. http：//www. appea. com. au/index. php? option＝com_conten&ttask＝blogcategory&id＝144&Itemid＝176，2008-12-20.

大利亚政府落实"繁荣、安全和永续"的能源政策的策略。

三、澳大利亚的能源管理制度

（一）澳大利亚能源立法体系

澳大利亚法律体系由法（Act）、法规（Regulation）、规章（Codes of Practice）、标准（Standard）和行业标准或指南（Industry Specific Standards/Guidance Notes）组成，形成了金字塔形的法律法规体系。法和法规是必须遵守的，规章、标准和指南是自愿执行的。各州的立法体系也大致是这种框架结构。① 澳大利亚是一个联邦制国家，根据澳大利亚宪法的规定，各州享有管理自然资源的权力，而联邦政府享有管理跨州公司、贸易、商业和环境保护方面的权力。能源属于自然资源，因此有关能源的立法主要是由各州的立法规定，但澳大利亚联邦政府通过扩展其在公司、贸易、商业和环境保护方面的立法权，在能源贸易、能源与环境、能源税费等方面制定了不少适用于整个联邦的法律规范。

（二）能源管理体制

澳大利亚政府体系分为联邦政府、州或领地政府、地方（市、镇和郡）政府三个层次，其能源管理体制也相应地分为三个层次。澳大利亚联邦政府管理油气资源的主要部门是澳大利亚工业、旅游和资源部。在地方层级，各州一般都有自己的能源管理部门，负责本州能源的开发与管理。在澳大利亚各州，由州矿山能源部（或矿业能源部、能源矿业部等）管理能源资源。联邦政府部门主要负责制定能源法律法规和监督这些法律法规的实施，不负责具体的能源勘探和开发事宜。另外，澳大利亚还有很多与能源资源开发和利用有关的政府间、民间机构和科研服务单位，如澳大利亚工业、旅游和资源部的地质科学局，澳大利亚农业和资源经济局等。

为了促进澳大利亚形成真正有效的国家能源市场，2001 年澳大利亚建立了能源部长理事会（MCE）。该理事会是澳大利亚能源市场的监管主体。它的职责是制定有效的能源政策来应对能源领域的机遇和挑战，并确保国家能源政策的可持续发展。澳大利亚能源部长理事会下设一个专业的能源监管机构——澳大利亚能源管理局。这个监管机构承担下列职责：电力和气体传输和配送准入的监管；电力和气体许可监管；电力系统安全标准设立的监管；对

① 叶荣泗、吴钟瑚：《中国能源法律体系研究》，中国电力出版社 2006 年版，第 111 页。

国家电力法规的实施和执行的监管;电力和气体传输和零售市场的监管;国家气体获取法下的管道铺设的监管;电力和气体传输价格监管,等等。为了促进能源市场的独立发展,防止监管权力的滥用,澳大利亚还成立了专门的能源市场委员会,专司能源市场发展职责。

工业、旅游和资源部,能源部长理事会,能源管理局和能源市场委员会以及地方相应的能源管理机构共同构成澳大利亚完善的能源管理体制。

（三）行业市场管理制度

1. 能源权属

澳大利亚所有矿产资源归人民所有,政府代表人民进行管理,但石油、天然气储量丰富的西澳大利亚、维多利亚州及北部地区政府对油气资源开发拥有实际的管理权。就海洋石油、天然气事务来说,各州或地区有权在三海里范围内制定监管法律,联邦政府则对三海里范围之外的所有海洋石油事务上拥有监管权,这是载入澳"海洋宪法解决协议"的基本原则。但由于规模以上油气储量大部分在三海里之外,因此澳大利亚海上油气资源主要还是由联邦政府监管。同时联邦政府在一些具体的监管环节上还须与地方政府合作,各州或地区政府受联邦政府委托履行包括安全事务在内的所有日常监管权力。[①]

2. 行业市场准入

澳大利亚能源资源的勘探和开发必须进行申请并获得许可。从事能源资源的勘探和开发,需要根据资源的产权归属,向联邦或州、领地政府部门申请勘探或开发许可。最基本的许可有三种:一是勘探许可,联邦和州资源部门根据申请授予勘探商一定的年限并划定一定的地理区域,供其勘探。二是关于已证明存在资源的保留租约或是矿产开发许可。在租约或许可期限内,持有人可进一步进行勘探。如资源勘探、开发在商业上不可行,持有人可在租约或许可期限内保有资源勘探开发权,待日后商业可行后再进行。三是生产许可或采矿租约。如资源商业开发可行,开发商可申请生产许可或采矿租约,进行采矿及相关活动。

3. 能源投资审查

澳大利亚绝大部分大型矿业公司均为跨国资本控制。按澳大利亚外国投资审查委员会(FIRB)规定,投资额超过 5000 万澳元的项目需经其审查。但对于新的石油和天然气勘探、开发项目,如外国公司投资总额在 1000 万澳元

---

① 何晓明:《澳大利亚海上石油天然气开发监管模式及启示》,《中国经济时报》2005 年 8 月 4 日第 8 版。

以上,需将项目建议通知 FIRB,除非 FIRB 认为项目有损国家利益,否则新项目将获准进行;如投资额在 1000 万到 1 亿澳元之间,FIRB 通常不进行详细审查;若投资额超过 1 亿澳元,FIRB 将对项目建议进行详细审查,一般也予以批准。如欲购买总资产在 5000 万澳元以上的油气勘探或生产公司资产或 15% 以上股份,受 1975 年外国并购法案管辖。如目标公司的资产在 5000 万至 1 亿澳元之间,通常不用进行详细审查就能获准;如投资在 1 亿澳元以上,则需进行更详细的审查,除非有损国家利益,一般都能获准。但如外国政府或其机构欲以直接投资的形式参与澳油气行业,则需提前报 FIRB 审批。[①]

(四)能源储备和安全制度

1.能源安全政策

考虑到能源对外依存度比较低和战略能源储备的高额成本,澳大利亚政府认为没有必要建立石油战略储备,一般也不直接干预能源供应的短缺。政府注重通过提高能源利用效率、鼓励能源开发、发展和使用替代性交通能源和可再生能源来减少对石油的依赖。但随着澳大利亚对外石油依赖程度的提高,国内要求建立国家石油战略储备的呼声越来越高。

2.《液体燃料突发事件法》(1984)

《液体燃料突发事件法》是澳大利亚政府处理重大液体燃料突发事件的基本依据。在液体燃料短缺非常严重的情况下,澳大利亚政府可以根据《液体燃料突发事件法》宣布国家液体燃料紧急状态。该法规定澳大利亚政府在与地方政府磋商后,有权在全国范围内调整燃料的生产与分配,有权指令燃料公司生产燃料的数量和分送的地区;有权命令将出口的原油转为内销;有权通过控制市场需求的水平,来确保关键用户的能源供给。

3.国家液体燃料突发事件应对计划

为了完善《液体燃料突发事件法》,澳大利亚政府制定了"国家液体燃料突发事件应对计划"。在长期广泛的燃料供应短缺中,该计划的目标是:确保关键用户的燃料供给;在可能的情况下,保证其他用户的燃料供给;确保燃料在澳大利亚各州和地区公平有效的分配;最小化燃料短缺对工业和商业的影响;确保澳大利亚履行其作为 IEA 成员国的义务;指明澳大利亚液体燃料供应管理的战略方面。该计划管理液体燃料突发事件的措施包括:控制石油在澳大

---

① 中华人民共和国商务部对外经济合作子站:澳大利亚能源资源管理体制和投资政策 http://fec.mofcom.gov.cn/column/print.shtm?l/duzpb/cf/z/200507/20050700371319,2008-12-20。

利亚境内的销售与流动,同时允许市场通过价格机制减少能源的需求;采取鼓励自愿减少需求的措施;直接的数量配额控制。

4.能源安全监管

国家石油供应突发事件委员会是澳大利亚主要的能源安全监管机构。该委员会由来自政府、主要石油供应公司和行业协会的代表组成。其主要职责是:收集能源信息,作为政府与能源行业沟通的桥梁,监督澳大利亚作为 IEA 成员国的履约,组织应急演习和评估《液体燃料突发事件法》。[①] 此外,澳大利亚还通过 IEA 和 APEC 能源工作组等途径加强能源领域的国际合作,以确保本国的能源供给安全。

第二节　澳大利亚的主要能源法律规范

一、澳大利亚传统能源的主要法律规范

(一)煤炭立法

由于煤炭属于自然资源的范畴,各州享有自然资源的管理权,因此澳大利亚有关煤炭的法律规范多出自各州,联邦有关煤炭的立法很少。澳大利亚联邦的煤炭立法主要有 1946 年的《煤炭工业法》(已于 2001 年撤销)、1977 年的《煤炭研究资助法》和 1992 年的《煤炭矿业(长假基金)法》、《煤炭矿业(长假)工资征收法》等。

(二)石油立法

澳大利亚联邦的石油法律规范非常庞杂,2006 年通过的《近海石油法》是其石油领域的基本法。该法共有六章 450 节。第一章总则,规定立法程序和背景、相关概念的释义、权利分享和适用范围等内容。第二章是对石油相关活动的规制,包括勘探许可、留成租赁、生产许可、基础设施许可、管道许可、特别勘探权、接入许可等内容。第三章注册与交易,规定权利注册与特别勘探权限、权利的让渡、公司名称的变更、已有和未来权益的交易、登记册的更正等内容。第四章管理,涵盖对公司生产经营的管理、违法和制裁、安全地带、税费的征收、职业健康与安全等内容。第五章信息,规定数据管理与信息收集、管理信息和技术信息的发布等内容。第六章其他规定,涉及决定的审议、作为与不

---

① See Liquid Fuel Emergency Act 1984 (Amended in 2007).

作为的法律责任、法院管辖、公报出版和过渡安排等。①

（三）天然气立法

目前澳大利亚联邦还没有天然气方面的基本法，但一些法律规范对天然气有所涉及，如《天然气管道接入（联邦）法》（1998）、《澳大利亚能源市场法修正案（天然气立法）》（2007）等。2006年11月3日，澳大利亚公布了《天然气法（草案）》。该草案共有八章。第一章总则，包括立法目的、相关概念的解释、司法管辖、国家天然气目标与原则等内容；第二章天然气市场管理机构的功能与权力，规定了澳大利亚能源管理局、澳大利亚能源市场委员会的功能与权力；第三章天然气管道的保险与分类，规定了保险决定及撤销、管道接入、管道服务商的责任、结构分离与运行分离的要求等内容；第四章管道服务的获得，规定了管道服务申请的许可和撤销、澳大利亚能源市场委员会对相关信息的收集、接入安排、接入争议的解决等内容；第五章绿地管道激励措施，规定了绿地管道价格规制的豁免、经济补贴申请的延长、修订与终止等内容；第六章本法的诉讼程序，规定了诉讼的时效、违法行为、惩罚措施和司法审查等内容；第七章国家天然气法规的制定；第八章一般规定，包括秘密信息的处理、管道分类的变化等内容。②

（四）电力立法

澳大利亚以《国家电力法》为核心，以《国家电力法规》、《可再生能源电力法》等法律规范为辅构建其电力法律体系。2004年12月1日公布的澳大利亚《国家电力法（草案）》的主要内容有：第一章总则，涉及定义、管辖、电力市场的目标等内容；第二章国家电力市场的参与，规定了特定电力市场活动的注册，个人参与电力市场的注册或豁免，传输系统或分配系统所有者、控制者和运营者的豁免等内容；第三章澳大利亚能源管理局的功能与权力；第四章澳大利亚能源市场委员会的功能与权力；第五章国家电力市场管理有限公司的地位；第六章诉讼程序；第七章国家电力市场法规的制定；第八章国家电力系统的安全③。

二、澳大利亚新能源法律制度

澳大利亚是世界上主要的能源生产国和出口国。2007—2008财政年度，

---

① See Australia Offshore Petroleum Act 2006.

② See National Gas Law Exposure Draft 3 /11 /2006.

③ See National Electricity Law Exposure Draft1 /12 /2004.

其能源生产量占世界能源生产总量的 2.4%，煤、天然气和石油是其主要的能源产品；能源净出口占国内能源生产总量的 67%，黑煤和液化天然气是其主打出口产品。

丰富的自然资源为澳大利亚新能源发展提供了重要的物质基础，这些新能源包括水能、风能、太阳能、核能及生物质能。在 2002—2003 至 2007—2008 财政年度的五年间，可再生能源生产增长了 6%。其中，生物气和风能的增长十分显著，分别从 2006—2007 年度的 10 和 9 拍焦耳能源增长到了 2007—2008 年度的 18 和 14 拍焦耳能源。就能源结构而言，2007—2008 财政年度，可再生能源分别占能源生产总量和消费总量的 2% 和 5%，占主导地位的新能源是甘蔗渣能源、木头及其废料能源和大型水电，约占可再生能源生产总量的 87%。

澳大利亚新能源主要应用于电力领域，贡献了约 7% 的电力生产。经过最近几年的强劲增长，风电和水电分别占总发电量的 1.5% 和 4.5%。截至 2009 年 10 月底，共有 9 个可再生能源发电项目处于优先规划阶段，还有 80 个项目处于候选阶段；有 5 个太阳能在建项目，最大项目是在南澳大利亚的怀阿拉建的一个 80 兆瓦太阳能发电厂，预计 2012 年完成；四大海洋能示范项目已经完成，其他四个项目处于初级发展阶段。[①] 可以预见，未来澳大利亚可再生能源电力将会有显著增长。

水能。澳大利亚是世界上降水量最少的大陆，大部分地区气候干热，大陆性显著，全境年平均降水仅 470 毫米。境内河网稀疏无流区面积广大，且多为流程短和季节性河流，水能资源并不丰富，总装机容大约 750 万千瓦，多为中小水电和微水电。

太阳能。澳大利亚地处南半球热带和温带区域，大部分地区年平均日照时间在 3000 小时左右，太阳能资源十分丰富。澳大利亚是世界上最早开展太阳能发电技术研发的国家之一，其光伏发电和太阳能热发电技术水平已达到世界先进水平。目前澳大利亚太阳能光伏发电总装机容量约 5 万千瓦。此外，太阳能热利用也受到重视和支持，有 40 多万个家庭安装了太阳能热水系统，占全国家庭总数的 5% 以上。

风能。澳大利亚风能资源丰富，开发利用潜力很大，是澳大利亚可再生能源发展的重点领域。其南部沿海风电场，风电机组年利用一般在 3000 小时左

---

① Department of Resources, Energy and Tourism. Energy in Australia 2010. Canberra：ABARE，2010.

右,有的甚至高达 4300 小时以上,是世界上条件最好的风电场之一。为加快风能资源开发,2001 年以来澳大利亚联邦政府通过建立观测网络和计算机模拟,绘制了全国风能资源分布图并将所得的测风和模拟数据提供给风电开发商。目前,澳大利亚全国已建成 44 个风电场,总装机容量 82 万千瓦;在建的风电场 25 个,总装机 250 万千瓦;已开展前期研究、预计可在今后 10 年内开发的风电场 62 个,总装机 410 万千瓦。

生物质能。澳大利亚生物质能资源丰富,包括农林废弃物、动物粪便、废弃油脂、城市生活垃圾和能源植物等。澳大利亚制糖业发达,蔗渣发电的发展潜力很大,可装机容量约 200 万千瓦,现有装机容量 20 万千瓦。澳大利亚生产生物乙醇的原料主要是小麦和高粱等,单厂年生产规模约 6000 万升。目前正在计划建设 5 个年生产规模 1.8 亿升的新厂。生产生物柴油的原料主要是废弃食用油和动物油脂。目前,澳大利亚已制定了与欧洲标准相兼容的生物柴油标准,利用本土生物柴油技术,正在建设年生产规模 2000 万—5000 万升的新厂。

其他。除上述可再生能源外,澳大利亚还积极开发利用地热能和海洋能。目前,干热岩注水地热利用技术已比较成熟。除少量用于发电外,主要在居民区采暖和供应热水等方面得到广泛应用。位于波特兰的澳大利亚第一个波浪能发电装置,单机容量 1500 千瓦,目前还处于试验阶段。澳大利亚政府计划待该试验电站通过验收后于 2010 年前后再新建 19 个类似电站,总装机容量约 3 万千瓦。据初步统计,目前澳大利亚每年的可再生能源开发利用量约为 1300 万吨标准煤。据预测,未来 20 年,澳大利亚可再生能源的发展速度将进一步加快,年增长率将达到 2.4%,其中,水电年增长率为 0.4%,风电和生物质(蔗渣、废木及混合物)发电增长最快,年增长率均为 8%,分别占此期间可再生能源发电增量的 42% 和 35%。

(一)澳大利亚新能源发展规划

在 20 世纪末,澳大利亚能源产业发展处于十字路口。这是因为一方面,过度依赖煤炭资源导致澳大利亚成为世界上人均二氧化碳排放最多的国家,温室气体排放量占全球的 1.6%。例如,2007—2008 财政年度,生产了约 265 太瓦时电力,其中 76% 的电力来自煤炭发电。另一方面,日益增长的能源需求使澳大利亚面临着能源供应的巨大压力。在 2007—2008 财政年度的前 10 年,能源消费以年均 1.9% 的速度增加,2007—2008 年度达到 5,772 拍焦耳能源。在"碳限制"多边政策环境下,如何实现既满足日益增长的能源需求,又减少温室气体的排放量,成为摆在澳大利亚面前的一个重要课题。

在世界范围内,澳大利亚率先提出了新能源发展的总体规划——"可再生能源目标"。2001 年 4 月,澳大利亚出台了《强制性可再生能源目标》,旨在到 2010 年可再生能源电力达到 9,500 千兆瓦时。在《强制性可再生能源目标》推动下,澳大利亚可再生能源特别是风电和太阳能热水得到了有史以来的最快发展。2004 年 6 月,约翰·霍华德总理签发了能源白皮书——《确保澳大利亚的能源未来》。在某种意义上说,能源白皮书可以说是对《强制性可再生能源目标》运行效果的评估与检讨。[①] 结合新能源的发展实践,2009 年 8 月,澳大利亚出台了《可再生能源目标》,确定到 2020 年可再生能源电力占电力总供应的 20%,即可再生能源电力达到 45,000 千兆瓦时。

(二)澳大利亚能源创新机制

基于能源创新在解决资源环境问题、实现《京都议定书》项下减排目标、促进能源安全和提高能源效率方面的积极意义,澳大利亚将能源创新确立为一项长期重要的优先考虑事项。2001 年《提升澳大利亚的国力》和 2004 年《提升澳大利亚的国力:科学创新,成就未来》是两大基本政策文件;《可再生能源目标》及其配套法律、《国家能源效率框架》、《最低能源利用效率标准》和《能源效率机会法》等法律中能源创新的具体规定十分详尽。

在能源创新的具体措施方面,财政手段包括设立各种专项新能源或能源新技术发展资金或基金是澳大利亚支持能源创新政策的重要举措,而国际合作制度则是其重要组成部分,因为它有助于获取能源新技术和推动新技术开发与采用。其中,澳大利亚能源创新国际合作制度有两个层次:一是通过论坛的方式建立能源创新多边合作机制,包括亚太经济合作组织能源工作小组、国际能源机构和东亚能源合作小组峰会等。二是通过高层次的对话机制建立能源创新双边合作机制,包括与主要的能源、矿产贸易伙伴及其他利益相关者的合作。

(三)可再生能源证书制度

作为可再生能源配额制的一项政策工具,可再生能源证书是指认证的"绿色"或"可再生"能源生产商所生产电力的环境属性的一种电子或纸质表现形式。可再生能源证书既能跟踪和核实配额义务的履行情况,又能够帮助配额义务主体完成可再生能源配额义务。[②] 自荷兰新电力法引入绿色证书制度

---

① Anthony Kent& David Mercer. Australia's mandatory Renewable energy target (MRET):an assessment. Energy Policy,2006,Vol. 34.

② 张勇:《能源资源法律制度研究》,中国时代经济出版社 2008 年版,第 76 页。

后,以欧盟、美国和澳大利亚为代表的一些国家或地区纷纷效仿可再生能源证书制度,用于推动可再生能源产业的发展。

《可再生能源(电力)法》(2000年)及其2006年修正案是澳大利亚可再生能源领域的重点立法,该法的目的在于建立和管理促进额外的可再生能源的发电量。该法的核心制度是可再生能源许可证制度。澳大利亚《可再生能源(电力)法》明确规定了三大目标,即鼓励额外的可再生能源电力生产、减少电力部门的温室气体排放以及确保可再生能源可持续性发展。这三大目标通过签发可再生能源证书和要求电力的特定购买者提交法定数量的证书以获取年度电力来实现。随着"可再生能源目标"的调整,澳大利亚的可再生能源证书分为大规模生产证书和小规模技术证书。其中,大规模生产证书是认证的合格发电站创制,一份大规模生产证书相当于在发电站电力基准之上生产1兆瓦时可再生能源电力;小规模技术证书是合格的安装太阳能热水器、空气源热泵热水器和小型发电机组的所有者创制,一份小规模技术证书相当于在不使用太阳能信贷证书倍增效应下小型发电机组生产1兆瓦时可再生能源电力或者安装太阳能热水器所置换的1兆瓦时可再生能源电力。

(四)财政税收激励政策

实践证明,资金补贴、税收减免和信贷等财政税收激励政策是鼓励新能源开发与利用的有效手段。澳大利亚的财政税收激励政策广泛应用于新能源发展的各个领域和环节,尤其是交通运输性行业。

澳大利亚交通运输性行业能源消费量占能源消费总量的41%,预计2019—2020财政年度前交通运输性能源需求增长约50%。[①] 为了满足日益增长的交通性能源需求,澳大利亚广泛采用财政补贴和税收优惠方式,刺激替代性燃料的生产、经营与消费。

一方面,澳大利亚积极运用财政补贴措施,为替代性燃料的基础设施建设和替代性燃料的经营者、使用者提供财政补贴,这类措施包括:为每一个经营服务场所用于供应E10乙醇混合燃料的基础设施提供最高金额为2万澳元的财政补贴;自2006年10月1日开始为购买和改造转换为液化石油气机动车辆分别提供1000澳元/辆、2000澳元的退税补贴;分别拨款5500万、3700

① 李化:《澳大利亚新能源发展:法律、政策及其启示》,载《理论月刊》2011年第12期。

万澳元用于补贴乙醇生产商和扩张乙醇混合燃料产业的生产能力。[①] 另一方面,澳大利亚又实施燃料税改革。2002 年 9 月和 2003 年 9 月,分别减免乙醇和生物柴油 0.38143 澳元/升的联邦消费税,这一措施直到 2011 年 6 月 30 日。自 2011 年 7 月 1 日起,新燃料的实际消费税将按照五个平均年度步骤分阶段递加,2015 年达到最终税率。

三、澳大利亚碳税立法

(一)澳大利亚碳税立法背景

澳大利亚是一个发达国家,根据经济合作与发展组织(OECD)2011 年的统计数据,2010 年澳大利亚的国内生产总值(以即期购买力平价计算)约为 9166 亿美元,全球排名第 13 位;2008 年人均收入为 36897 美元,全球排名第 10 位。根据联合国《2011 年人类发展报告》统计数据,澳大利亚的人类发展指数(HDI)列全球第 2 位,仅次于挪威。

澳大利亚也是一个碳排放大国,据国际能源署(IEA,2011)公布的数据,2008 年澳大利亚因燃料产生的二氧化碳排放总量为 3.98 亿 t(占全球碳排放的比例为 1.35%),列全球第 12 位。与一些碳排放大国相比,澳大利亚的碳排放总量不算太大,但是人均碳排量强度很高,2006 年澳大利亚人均年碳排量为 26.7t,居全球第一。

据统计,澳大利亚约 2/3 的温室气体来自电力、其他常规能源生产、工业加工和交通运输部门,其中 90% 来自煤炭的燃烧。澳大利亚的煤炭资源十分丰富,除了本国使用外还大量出口,2010 年的出口额高达 495 亿美元。煤炭开采过程中产生的温室气体排放不容忽视,同时澳大利亚支柱产业(钢铁业和铝业等行业)的碳排放也是比较高的。

(二)立法的内容和措施

澳大利亚的清洁能源法案主要包括碳定价(碳税)机制及其配套措施以及清洁能源发展规划。

1.碳税和碳定价机制

碳税和碳定价机制是清洁能源法案的核心和基础,法案确定了碳税征收的对象和碳排放指标的定价方法。

(1)征收对象。碳税征收对象是澳大利亚约 500 家最大的碳排放企业,其

---

① 李化:《澳大利亚新能源发展:法律、政策及其启示》,载《理论月刊》2011 年第 12 期。

中约有 135 家在新南威尔士州和澳大利亚首都领地（ACT）、110 家在昆士兰州、85 家在维多利亚州、75 家在西澳大利亚州。这些企业中约有 60 家的主营业务是电力生产，有 100 家的主营业务是煤炭及其他矿产品开采，还有 60 家水泥、化工和金属加工等高耗能工业企业。随着清洁能源法案的实施进程，碳税征收对象逐步深入到更多的领域，包括各种常规能源的生产加工、交通运输和工业生产部门，甚至一些非再生性废弃物处理部门，二氧化碳直接排放量为 2.5 万 t 以上的垃圾填埋机构也将成为碳税征收的对象。

（2）碳排放指标价格。碳排放指标的定价分阶段确定。方案生效后的前 3 年（2012 年 7 月至 2013 年 6 月），碳排放指标采用政府指定价格定价，每排放 1t 二氧化碳征税 23.00 澳元（约合 24.70 美元）。此后两个征税年度（2014—2015 年）按照 2.5% 的年增长率逐步提高征收税额，2015 年 7 月 1 日前二氧化碳的税额增加至 25.40 澳元（约合 27.32 美元）。2015 年后碳市场有了长足的进步，碳排放指标的价格将由碳市场决定，并与国际碳市场接轨。在进入市场定价后的前 3 年间，政府将根据国际碳市场的价格设置国内碳价格波动的上下限。

2. 配套措施

为了更好地落实碳税和碳定价机制，减少碳税立法对国内社会经济和生活的冲击，使澳大利亚平稳地向低碳社会过渡，政府还采取了一系列的配套措施，包括制定产业援助计划、设立能源安全基金、实行家庭援助计划等。

（1）推出产业援助计划。对于高排放产业，法案实施后企业的负担立刻增加，会严重影响企业的生存和竞争力。为了确保这些企业实现平稳过渡，政府将推行就业与竞争力计划，投入 92 亿澳元的资金支持这些产业进行减碳改革。

（2）设立能源安全基金。碳税和碳定价机制实施后，澳大利亚的常规能源煤炭、火电的生产和市场将受到严重影响，如果处理不当还可能危及能源供应的安全。为此，政府设立能源安全基金，采用提供免费的碳指标配额和现金补偿等方法来调控常规能源的生产，让电力系统和其他常规能源生产部门在完成减碳目标的同时，确保安全供应。能源安全基金还将为 2020 年前关闭约 2GW 的高污染燃煤发电机组提供资金补助。

（3）实行家庭援助计划。碳税和碳价格机制的推行，将增加家庭生活的成本，可能对一些贫困家庭生活带来冲击，为此政府将实行家庭援助计划，对居民消费特别是贫困家庭提供经济补助，弥补法案实施后经济负担增加所导致的损失。

（4）建立碳机制的治理结构。为了确保碳机制的有效实施，法案要求政府建立专门的管理监督机构，形成较为完善的碳机制治理结构，这些机构主要包括应对气候变化管理机构、清洁能源监管机构、生产力委员会、土地部门碳及生物多样性咨询委员会和能源安全委员会等。其中，应对气候变化管理机构的主要职责是指导制订排放限额，跟踪澳大利亚的污染水平和评价碳定价机制的效果；清洁能源监管机构主要针对碳定价机制、政府的国家温室效应及能源报告计划、再生能源目标以及低碳农业动议等项目进行管理；生产力委员会主要负责对相关产业援助和对其他减碳成果的评估；土地部门碳及生物多样性咨询委员会负责对土地利用部门的一些活动进行评估和监督，目的是确保政府援助的高效率；能源安全委员会主要负责就能源安全领域新出现的风险对政府提出建议。

（三）清洁能源发展计划

清洁能源的发展也是清洁能源法案的重要组成部分，法案从法律的高度出发，对澳大利亚清洁能源的发展进行了指导。

（1）帮助制造企业转型，鼓励节能技术的应用。政府在确定就业与竞争力计划的基础上，加强节能工作的管理，进一步推出一系列的专项措施，鼓励全社会开展节能减排工作。例如，推行资金规模为 12 亿澳元的清洁技术计划，直接帮助制造业做好增效减排工作；推出资金规模为 3 亿澳元的钢铁行业改革计划，支持澳大利亚的钢铁工业向清洁化生产转型；设立资金规模为 13 亿澳元的煤炭部门就业一揽子计划，对碳税机制实施后影响最大的煤矿企业进行适当援助。

（2）投资可再生能源，提升国际竞争力。澳大利亚政府在实行碳税机制的同时，通过清洁能源金融公司等多种渠道融资，在清洁能源领域投资 130 亿澳元以上，实现可再生能源的发展目标。政府要求清洁能源金融公司负责可再生能源和清洁能源项目商业化应用的项目推广。澳大利亚可再生能源局将利用激励措施，鼓励可再生能源技术创新，提高可再生能源产业的国际竞争力。

（3）农林及土地利用部门减少碳排放。农林产业和土地利用部门的碳排放量约占澳大利亚碳排放总量的 1/4。为了实现减排目标，澳大利亚将发展低碳农业，政府将采用一系列的有效措施促进农业部门减少碳排放，包括采取多种形式对低碳农业技术进步项目提供资金援助，鼓励农民和土地管理者应用先进的低碳农业技术。

第三节　澳大利亚能源法律制度的特点及其借鉴

澳大利亚是具有丰富能源资源的发达国家,而我国是能源资源相对紧缺的发展中国家。两国国情的不同决定了两国之间的能源法律制度存在很大的差异。但这种差异并不排斥我国在完善能源法律体系中借鉴澳大利亚的相关经验。

一、全面的能源法律体系

澳大利亚联邦和地方的能源法律、法规、规章和标准共同构筑起澳大利亚完善的能源法律体系。无论是各类能源的开发和利用,还是能源的市场化改革和能源安全的保障,澳大利亚都有相应的能源立法予以规范。大到能源政策的确定和能源监管机构的设立,小到具体的能源指标和补贴标准,澳大利亚都有相应的法律规定。可以说,澳大利亚将与能源相关的各类活动都纳入到能源法律规范调整的范围。

我国在能源立法中一方面要注意能源法律体系的完整,确保各类能源、能源问题的各个方面都有相应立法;另一方面又要注意能源法律规范的细化,确保其具有可操作性。

二、完善的能源管理体制

澳大利亚工业、旅游和资源部负责国家的能源资源管理,能源部长理事会负责能源市场政策的制定,能源管理局负责能源市场政策执行的监管,能源市场委员会负责能源市场的发展。澳大利亚建立起的能源管理体制有效地协调了能源管理部门、能源监管部门、能源市场之间的关系,对我国的能源市场发展和监管体系建设具有重要的借鉴意义。我国在能源立法中,应注意用法律的途径推动能源管理体制的完善,建立职责明确、分工合理的能源管理体制,在推动能源市场化改革的同时,更好地监管能源市场的行为。

三、法律推动下的能源市场改革

打破能源领域的市场垄断,确保公众获得稳定和价优的能源是澳大利亚推进能源市场改革的目标。为实现该目标,澳大利亚制定了专门的《澳大利亚能源市场法》。《可再生能源(电力)法》、《国家电力法》、《国家天然气法》和《澳大利亚能源市场法修正案(天然气立法)》等法律规范中都有不少关于通过吸引能源市场投资、加大能源市场竞争和给予税收优惠等措施促进能源市场改革和发展的规定。我国在完善能源法律体系的过程中,应当借鉴澳大利亚的有益经验,运用法律的手段打破能源领域的市场垄断,加强能源市场竞争,以推进能源市场的改革和发展。

四、重视能源安全

能源安全包括能源的供给安全和使用安全。澳大利亚有关能源供给安全的法律规定主要体现在《液体燃料突发事件法》中。相对于能源的供给安全,澳大利亚更加重视能源的使用安全,注重能源利用过程中的环境保护,相关法律规定有《臭氧层保护与温室气体管理法》、《能效机会法》和《国家温室气体与能源报告法》等。近年来我国能源对外依存度不断增高,能源使用带来的环境问题日益凸显。我国在能源立法中必须重视能源安全问题,在保障能源供给安全的同时,也要加强能源使用安全方面的规定。

第三章 日本能源法律制度

第一节 日本传统能源法律制度

一、日本天然气法律制度

在日本，天然气上游领域主要适用《石油天然气资源开发法》，规定石油天然气资源开采的批准程序等。天然气下游领域适用《天然气公用事业法》。1995 年日本修订了《天然气公用事业法》，规定合同气量超过 200 万立方米的大型用户实现市场自由化，要求大阪燃气、东京燃气和东邦燃气起草"第三方准入"(TPA)准则，推出燃气费修订的标准评价方法。1999 年日本再次修订了《天然气公用事业法》，规定市场自由化范围扩大到年合同量超过 100 万立方米的用户(占 40%的市场份额)，要求大阪燃气、东京燃气、东邦燃气和西部燃气提交 TPA 条款和条件。2003 年日本第三次修订《天然气公用事业法》，2004 年将市场自由化范围扩大到年合同量超过 50 万立方米的用户(占 44%的市场份额)，在 2007 年扩大到 10 万立方米的用户(占 50%的市场份额)，要求更多公司提交 TPA 条款和条件。规定 LNG 接收站采用谈判实行"第三方准入"准则，允许小型燃气企业经营天然气业务。[①]

二、日本电力法律制度

1995 年，日本首次修订了日本政府 1964 年颁布的《电力事业法》，并于 1996 年 1 月 1 日正式生效。主要内容包括：放开发电侧市场，引入独立发电商(IPP)；在电力批发市场引入竞争机制。1997 年，日本内阁通过了经济机构

---

① 张文：《不同形态天然气的价格问题研究》，中国石油大学硕士学位论文 2006 年 10 月，第 20～21 页。

改革创新法案计划（Action Plan for Reform and Creation ofan Economic Structure），电力工业委员会成立了基础政策委员会研究该内阁法案。根据基础政策委员会和电价体系委员会的报告，日本政府于 1999 年出台了第 2 次修订的《电力事业法》，并于 2000 年 3 月 21 日正式实施。这次修订包括在电力零售侧引入部分自由化及重新修订电价制度。2003 年以前，日本的电力工业改革已经取得了很大成果，不仅提高了经济效率，电价也有所下降。为了总结电力改革成果、展望未来，电力工业委员会于 2001 年 11 月对下一步的电力工业改革方案进行了研究讨论，会议的结果之一就是在 2003 年 2 月作了题为"未来电力工业合理框架"的报告。在该报告的推动下，日本在 2003 年 6 月对《电力事业法》进行了修订，2005 年 4 月 1 日正式实施。这次《电力事业法》修订，增加了用户选择供电商的自由，为日本下一步的电力市场化改革指明了方向。这次修订的内容主要包括：(1)输电系统仍然保持垄断，但建立了电网针对不同电力供应商的调度机制，以保证电网对电网用户的公平与公开；(2)重视环保问题，在此基础上对日本全国的电力交易与配售机制进行重新审视；(3)在保持原有管制电力公司垂直垄断的基础上，创造促进电源开发的有利环境，如鼓励开发核电、建立电力批发交易中心等。[①]

三、核能

日本能源匮乏，核能必定是其重要选择。日本目前运行的核电机组共 55 台，其中 20 台(约 1400 万千瓦)在 20 世纪 70 年代投运，16 台(约 1400 万千瓦)在 80 年代投运，15 台(约 1500 万千瓦)在 90 年代投运，4 台在 2000 年后投运。日本核能发电占其总发电量的 29%。2006 年日本公布"核能立国计划"，计划日本的核能发电在 2030 年将维持在总发电量的 30%—40%，为达成这一目标，2030 年前将再兴建 13 座核电站。值得一提的是，日本的核电设备公司在近两年展开了令世人瞩目的重大行动——东芝斥资 53 亿美元收购控股西屋公司、日本与美国 GE 组建两个合资公司、三菱寻求与法国 AREVA 的合作。日本公司这些行动的目标市场依其可能获得之市场容量先后次序应当是美国市场、日本国内市场、中国印度市场和全球其他市场。

日本国会 1955 年通过的《原子能基本法》是日本核利用的基本法律，该法规定："原子能的研究、开发和利用，限于和平目的，以确保安全为宗旨，在民生

---

① 参见栾凤奎等：《日本电力供应改革及其我国电力市场建设的借鉴》，载《华东电力》2006 年第 9 期。

的运营下自主进行,其成果公开,促进国际合作。"根据该法,在日本,原子能被限于和平利用,禁止原子能的军事利用。法律上促进了"无核三原则"的形成,可以说《原子能基本法》和"无核三原则"是日本无核政策的法律和政治基础。

日本政府在参加国际核不扩散和促进核裁军进程方面采取了较积极的态度。日本 1964 年签署并批准《部分禁止核试验条约》,1970 年签署《不扩散核武器条约》,日本国会 1976 年 6 月正式批准。1996 年 9 月 24 日,在《全国禁止核试验条约》开放签署的当天,日本就签约了。1997 年 7 月 8 日,日本国会批准了该条约。日本反对核武器在其他国家的横向扩散,积极参加国际和不扩散机制。日本已参加了核供应国集团、桑戈委员会、《核材料实物保护公约》、导弹及其技术控制制度等。日本签署了国际原子能机构附加议定书。在印度 1998 年、朝鲜 2006 年进行核试验后,日本都进行谴责并参与了国际制裁。①

日本建有完善的全国性灾难管理机制,《紧急事态法》是灾难管理的法律基础。在核事故应急管理方面,日本政府吸取 1999 年 9 月在东海村发生的 JCO 临界事故的教训,于 2000 年 6 月颁布了《核灾害事故应急特别法》(日本为《原子力灾害对策特别措置法》,简称"原灾法")该法要求对核设施的安全性实施严格的控制,防止灾害事件的发生,并规定灾害事件发生时成立国家核灾害对策总部,直接隶属于内阁首相。"原灾法"规定,核设施发生事故时,由经济产业省成立原子力灾害对策本部,在事故现场的场外核应急指挥中心成立现场对策总部,经济产业省一名副大臣到现场任总指挥。现场对策本部人员组成包括国家原子能安全委员会、地方行政长官、安全保安院监督官和日本原子力安全基盘机构专门官以及核设施营运单位负责人等。由经济产业省副大臣在现场直接指挥应急行动,对于强化指挥体系、减少场内场外各级应急组织的矛盾和摩擦、提高行动效率起到了良好作用。根据"原灾法",发生国际核事件分级表(INES)2 级或 2 级以上的事故,都必须及时在互联网上用日文和英文公布。事故情况下,经济产业省遵照日本原子能安全委员会制定的干预原则和干预水平予以执行。日本原子力安全基盘机构及其核动力工程设计实验中心(NUPEC)是日本核应急体系的主要技术支持单位。"原灾法"规定,每个核电站都必须建立场内核应急指挥中心;同时,由国家出资,在每个核电站附近 20 公里范围内,建立一个不小于 800 平方米的场外核应急指挥中心。日本目前共有 20 个场外核应急指挥中心,其中 17 个建在核电站附近。平时,由原

---

① 参见夏立平:《论日本核政策的走向与影响》,载《国际观察》2008 年第 4 期。

子力安全保安院派驻人员担任场外核应急指挥中心负责人；事故时，国家、地方政府、核电站均有代表在此工作。在日本，国家、地方政府与核设施营运单位每年都应举行核应急演习。经济产业省每年都以一个核电站为对象举行一次国家、地方政府与核设施营运单位都参加的国家级核应急演习，逼真度较高。[①]

第二节　日本促进新能源发展的法律制度与政策

作为能源十分匮乏的国家，日本十分注重本国能源的安全性、稳定性、长期性和高效性，大力发展新能源是日本能源政策与能源立法的重要组成部分。经过 30 多年的政策引导和法律调整，日本的新能源开发利用也出现了扭亏为盈的倍增趋势，使日本对传统能源的依赖度大幅降低，经济抗风险能力大大增强。因而，研究和借鉴日本在促进新能源发展方面的政策和法律对我国有极其重要的意义。

一、日本新能源发展现状

（一）太阳能利用

1. 太阳能发电

日本鼓励和支持太阳能发电，实施住宅太阳能发电系统补助计划以及电力公司净电表计量法，以鼓励民众使用太阳能发电系统。日本对住宅用太阳发电系统进行补贴，补贴标准为设备及其他费用的 1/2 到 1/3，约合 1000 美元/千瓦。另外，太阳能发电系统用户与所有者可与电力公司签订契约，将系统剩余电量卖给电力公司。据统计，1994 年至 2000 年，补助费用支出 7 亿多美元。

根据日本太阳能发电实行的递减补助政策，到 2004 年已将补助金额调降50%，但是申请补助的系统用户并未减少。在日本，太阳能发电市场已初具规模，实现商业化应用的目标已为期不远。

2004 年，日本太阳能发电容量约为 320 万千瓦，到 2010 年预计可达到

---

① 参见巢哲雄：《日韩的核应急体系及其对我国核应急体系的启示》，http://www.energy-law. org. cn/html/news/2008/7/2008752350103238. html，下载日期：2011 年 7 月 5日。

4800 万千瓦,增长了 15 倍。目前,日本太阳发电居全球第一。

2. 太阳热利用

目前,日本太阳热利用系统超过 400 万套,但被废弃的数量超过新增的数量,主要原因在于太阳热利用系统成本过高。随着科技进步,将会增加太阳热利用系统的使用。发展方向是太阳热利用系统取代屋顶建材,或者与太阳光电系统混合利用。

(二)风力发电

近几年,日本风力发电显著增长。2004 年 9 月风电总装机容量为 684 千瓦,2005 年 3 月总装机容量已达 936 千瓦。2010 年目标设定为 3000 千瓦,2030 年则要达 6020 千瓦。日本对风电设备给予补助,剩余风电可卖给电力公司,这是近年来日本风电急剧增加的原因。随着大型风场建设的增加,日本风电建设成本已下降至 850 美元/千瓦左右。

(三)垃圾发电

1998 年,日本垃圾资源回收利用只占 12.1%。至 1999 年底,日本约有 2000 座垃圾焚化场,其中 250 多座附加发电设备,占 12.5%,发电装机容量约 1000 千瓦。预计到 2010 年垃圾发电装机可达到 4200 千瓦左右。

(四)生物质能发电

生物质能利用受到日本政府的重视。目前由于生物质能的收集、运输等经济上的原因,生物质能发电的市场没有扩大。2002 年 12 月,日本内阁议会拟定了生物质能综合策略,主要内容包括生物质能生产、收集、运输、转换及转换后的利用策略等,组织开展跨部门合作,共同解决生质物能开发利用问题。

(五)地热发电

日本是由火山构成的国家之一,地热资源丰富。在日本,地热资源的调查始于 1950 年,第一座地热站于 1966 年开始运转。到 2000 年,共有 16 个地热发电厂,总装机容量为 500 万千瓦,占日本总发电装机容量的 0.2%,年发电量约 34 亿千瓦小时,占日本总发电量的 0.3%。日本的地热发电容量占全世界比例为 6%。

(六)燃料电池

至 2000 年,日本磷酸型燃料电池电站 69 座,发电装机为 11.6 兆瓦。其中连续运转超过 5000 小时以上的有 27 座。燃料电池在技术上和可靠性上已达到或接近实用的水平,但相对成本过高。专家预计只有燃料电池成本下降至 2000 美元/千瓦才有可能与商用电力竞争。为发展燃料电池,2001 年日本经济产业省提出了指导氢能和燃料电池技术发展的国家行动纲领,并明确了燃料电池实用化的目标。日本计划投资 110 亿美元组织研发,计划到 2010 年使燃料电池总装机容量达到 220 万千瓦,到 2030 年建成 8500 个加氢站,燃料电池汽车达到 1500 万辆,占汽车拥有量的 20%。

（七）洁净能源车

日本大力发展清洁能源车,2000 年底,共有清洁能源车 6.2 万辆,其中电动车 3800 辆、混合车 5 万辆、天然气车 7800 辆、甲醇车 1304 辆。燃料供应设施中有 54 处充电站、556 处天然气加气站、38 处甲醇添加站。2010 年,洁净能源车约为 348 万辆,比 2000 年增长 50 多倍。

二、日本促进新能源发展的政策

新能源政策是日本经济政策的重要组成部分。日本之所以在新能源开发利用方面取得长足的进步,应该说是国家的新能源政策发挥了重要的作用。日本新能源政策有下列特色。

（一）明确发展新能源产业的具体目标

日本能源政策的重要目标是实现能源安全（Energy Security）、经济增长（Economic Growth）和环境保护（Environmental Protection）（简称 3Es）的共同发展①。3Es 中的三个因素同样重要,不可偏废②。在这一重要目标指导下逐步形成日本新能源产业发展的子目标:

（1）完成《京都议定书》规定的减排温室气体目标。在 1997 年京都召开的世界环境会议上,日本政府签署了《京都议定书》,承诺在 2008—2012 年期间,温室气体（GHG）排放量比 1990 年减少 6%③。为此,许多日本企业明确社会责任,发布"可持续发展报告书"④,增强了发展新能源产业的信心和动力,而政府则分别从供应和需求方采取措施。

（2）着力提高能源使用效率。日本是较早重视提高能源效率的国家之一,自 20 世纪 70 年代以来,日本的能源效率已经有很大提高。日本经济产业省编制的《新国家能源战略》提出要大力发展节能技术和新能源产业,争取到

---

① 参见高士宪:《日本能源领域新举措及对我国的启示》,载《中国能源》2003 年第 4 期。

② 参见吴志忠:《日本能源安全的政策、法律及其对中国的启示》,载《法学评论》2008 年第 3 期。

③ 参见王乐:《日本的能源政策与能源安全》,载《国际石油经济》2005 年第 2 期。

④ 日本环境省:《环境白皮书》2004 年,第 21 页。

2030 年前将全国的整体能源使用效率提高 30％以上[①]。

（3）实施能源多样化，开发利用新能源。1973 年第一次石油危机后，日本开始推行摆脱石油依赖的政策，增加液化天然气的使用，发展核能和水力发电。作为能源多样化战略的重要一环，日本更是加强了对风力、太阳能、燃料电池以及其他新能源的开发利用。通过上述这些努力，日本的能源多样化战略取得了显著成果，对石油的依赖程度明显减少。[②]

（二）注重制订发展计划等来推动新能源产业的发展

新能源产业是技术含量很高的综合性高技术产业，具有高风险、高投入的特点。基于此，日本新能源产业的发展始终是通过制定明确的发展计划来加以推行的。日本于 1974 年制定并实施了发展新能源的"阳光计划"，1978 年制定并实施了有关节能的"月光计划"，1989 年又推出了"地球环境技术开发计划"。在这些计划的实施过程中，日本认识到三项计划的目标和内容是紧密联系的，新能源、节能和地球环境技术三方面的技术开发存在互相重复的部分，把三者有机地联合起来，能够更有效、更快捷地推进能源环境技术的开发利用。于是，1993 年日本将上述三项计划有机地融为一体，推出了"能源与环境领域综合技术开发计划"，又称"新阳光计划"，目的是促进能源的开发利用和商业化。下面重点阐述"阳光计划"和"新阳光计划"。[③]

1. 阳光计划

1974 年的"阳光计划"也称"新能源开发计划"，把发展太阳能和燃料电池技术定为国家战略。这项由政府投资 10000 亿日元以上、时间目标定在 2000年的超大型国家计划，其主要目的是开发太阳能、地热能、合成天然气以及氢能等新能源，建立一个适合日本国情的新能源体系。阳光计划的技术开发重点主要是对上述的太阳能等四个方面的新能源项目的基本技术、输送、有效利用和储存等进行全面研究；对风能技术和海洋能技术等多种新能源项目进行基础研究。其主要目的旨在寻求新的替代能源以代替石油，力图从根本上解决日本的自身能源供给问题，减少环境污染。

---

① 参见马玉安：《从〈新国家能源战略〉看日本石油政策走向》，载《金融时报》2006 年12 月 19 日第 4 版。

② 参见单宝：《日本推进新能源开发利用的举措及启示》，载《科学·经济·社会》2008 年第 2 期。

③ 参见井志忠：《日本新能源产业的发展模式》，载《日本学论坛》2007 年第 1 期。

2.新阳光计划

提出该计划的主要目的是:在政府领导下,采取政府、企业和大学三者联合的方式,共同攻关,以革新性的技术开发为重点,在实现经济可持续增长的同时,同步解决在能源开发中尤其是新能源开发中遇到的各种难题,包括能源环境问题。它由下面三部分组成:(1)"革新技术开发",以防止地球变暖计划为目标。开发的主要项目有非晶硅太阳能电池、燃料电池、超导发电机、陶瓷汽轮机、分散型电池蓄电、能量的有效利用、能量与环境的先导基础技术等。(2)"国际大型合作研究",以推进地球再生计划为主。研究的主要项目有磁流体发电技术、烟气脱硫催化技术、二氧化碳的固定与贮藏、氢能利用等清洁能源技术。(3)"使用技术的合作研究",主要是帮助日本邻近的发展中国家开展节能技术研究与节能工作。其主要项目有燃料电池、太阳能利用技术、风力发电、煤的汽化和液化、生物质能利用技术。

"新阳光计划"是一项将对能源和环境产生巨大贡献的综合性长期计划,从1993年开始起至2020年为止,总的研究经费高达16000亿日元。"新阳光计划"的主导思想是实现经济增长与能源供应和环境保护之间的平衡。其主要研究课题大致可分为几大领域:能源技术、基础性节能技术、高效与革新性能源技术、环境计划。为了大力推进"新阳光计划",日本政府还对该计划的技术开发进行了大规模的财政支援。

该计划的实施对日本新能源的开发利用有着极大的促进作用,到2001年度末,日本的太阳能发电已达45.2万千瓦,是5年前的8倍,在世界太阳能发电中位居第一。此外,2001年度末日本的风力发电也达到了31.2万千瓦,大约是5年前的22倍。

此外,为配合和促进"新阳光计划"的实施,1994年12月,日本内阁会议通过《新能源推广大纲》,指出投入能源事业的任何人都有责任与义务全力促进新能源和再生能源的推广工作,并正式宣布了日本新能源发展的政策基础:在国家层面上,要求政府全力推进新能源和再生能源;在地区层面上,要求当地县市政府全力配合宣传,使私人企业、一般大众了解此项基本政策。2004年6月,日本政府公布了"新能源产业化远景构想",目标是在2030年以前,把太阳能和风能发电等新能源技术扶持成产值达3万亿日元的支柱产业之一,从而进一步摆脱对石油的依赖,将日本对石油的依赖程度从目前的约占能源消费量的50%降低到40%,而新能源上升到20%,提高日本新能源产业的国际竞争力。2006年5月,日本政府颁布了《新国家能源战略》,提出了今后25年日本能源战略的三大目标、八大战略措施计划及相关配套政策。在该文件中，"支持和促进新能源合作创新计划"即位列八大战略措施计划之中。

（三）系统推出财税金融激励政策

日本政府在新能源的研发上舍得投入，力图确保未来能源科技的制高点。1993 年推出"新阳光计划"后，每年拨款 570 多亿日元，其中约 362 亿日元用于研究新能源技术、能源输送与储存技术等。[①]

在财政补贴政策上：一是投资补贴。日本把石油进口税的一部分用作新能源项目补贴，政府每年向从事新能源事业的公司发放奖励性补助金，对大规模引进风力发电、太阳光发电、太阳热利用及废弃物发电等，或宣传新能源的公共团体，补助 50％以内的事业费及推广费；对于符合新能源法认可目标的新能源推广项目，则补助 1/3 以内的事业费；另对非营利组织给予支持，以协助和推广新能源事业的发展。二是对消费者的补贴。为鼓励国民使用新型能源，除向生产企业发放补贴，令其降低设备价格外，还按 1 千瓦新能源能耗补贴 9 万日元标准直接补助用户家庭。[②]

在税收政策上：日本对于开发新能源的行业企业都实行一定程度的税收优惠。在 1998 年的税制改革中，日本将开发利用新能源写入"能源供给结构改革投资促进税制"中，在税制上提供第一年获取利润的 30％作为特别奖赏。

在金融政策方面：一是向新能源产业提供低息贷款和信贷担保，如住宅安装太阳能系统提供低息贷款，自 1994 年 10 月起，贷款利率为 3.9％和为期 5—10 年的长期贷款；二是提供出口信贷，如利用项目援助推动太阳能发电产品的出口；三是吸引民间资本的投入。

各种各样的经济激励政策的实施，使从事新能源事业的日本公司和消费者对新能源产业的前景信心十足，极大地促进了这个新兴产业的快速发展。

三、日本促进新能源发展的法律

在新能源研发上，日本政府遵循法治原则，注重立法为开发利用新能源保驾护航。1980 年日本制定了《替代石油能源法》，依照该法设立了"新能源和产业技术开发机构"（NEDO），开始了大规模的支持能够实用化的新能源技术的开发和各项领域的节能技术的开发以及对其的推广应用。进入 20 世纪 90

---

① 参见唐瑞雪：《日本政府对新能源产业的扶持政策》，载《科学时报》2008 年 7 月 28 日第 2 版。

② 参见唐瑞雪：《日本政府对新能源产业的扶持政策》，载《科学时报》2008 年 7 月 28 日第 2 版。

年代后,日本加快了新能源的立法工作,一系列法律法规的陆续出台,为新能源的开发和利用提供了必要的支撑。日本于 1997 年 4 月制定了《促进新能源利用特别措施法》,大力发展风力、太阳能、地热、垃圾发电和燃料电池发电等新能源与可再生能源。此后,该法于 1999 年、2001 年、2002 年先后进行了修改。为贯彻实施该项法律,日本政府在 1997 年 6 月又制定了《促进新能源利用特别措施法施行令》,具体规定了新能源利用的内容、中小企业者的范围。该法规于 1999 年、2000 年、2001 年、2002 年经过多次修改。2001 年 4 月日本制定并开始执行《关于推进采购环保产品法》。日本国会在 2002 年 6 月通过颁布了《日本电力事业者新能源利用特别措施法》,以促进"新能源国家标准"的实施。该法于 2003 年 4 月生效。为配合该法的实施,日本政府在 2002 年 11 月和 12 月相继颁布了《日本电力事业者新能源利用特别措施法实行令》和《日本电力事业者新能源利用特别措施法施行规则》等法规。

(一)《促进新能源利用特别措施法》

在 1994 年制定的"新能源推广大纲"的基础上,日本政府于 1997 年 4 月 18 日制定了《促进新能源利用特别措施法》。在体系结构上,该法正文分为总则、基本原则、促进企业对新能源的利用、分则 4 章,共 16 条。正文之后还有附则。

第一章总则,包括该法的第 1、2 条,明确了其立法目的和相关定义。按照该法第 1 条的规定,制定该法的目的是为了确保安定稳妥地适应内外社会经济环境的能源,在促进公民努力利用新能源的同时,采取必要措施以顺利推进新能源的利用,为国民经济健康发展以及人民生活安定作出贡献。

第二章基本原则,包括该法的第 3、4、5、6、7 条。根据该法的第 3 条和第 4 条的规定,促进新能源利用的基本原则由经济产业大臣制定并予以公布。具体而言,基本原则包括:(1)新能源利用中能源使用者应采取措施的相关基本事项;(2)为促进新能源利用而进行能源供给的企业(能源供给企业)和从事新能源利用中的机械工具制造和进口的企业(制造企业)应采取措施的相关基本事项;(3)促进新能源利用措施法的相关基本事项;(4)其他与新能源利用相关的基本事项。能源使用者、能源供给企业、制造企业须注意基本原则的制定,努力促进新能源的使用。该法第 5 条明确说明,经济产业大臣应根据新能源利用的特性、新能源利用相关技术水平及其他情况,不断注意保护环境,在应予推进利用的新能源种类和方法等相关事宜上,为能源使用者制定方针并予以公布。

第三章旨在促进企业对新能源的利用。它由第 8、9、10、11、12、13 条构成,主要明确了在企业活动中欲使用新能源的,须制定与该新能源利用相关的计划,并向经济产业大臣提交,方可获得对该利用计划适当性住址的认定。如变更该利用计划,必须得到主管大臣的承认。如果该企业未按照该计划进行新能源的利用,主管大臣可取消认定。新能源产业技术综合开发机构为促进新能源的利用,还从事进行与认定企业按照所认定的利用计划进行新能源利用中必要资金相关的债务保证和与此相关的附带业务。

第四章为分则,包括第 14、15、16 条,就征收报告、主管大臣的认定和处罚规则等进行了规定。

附则主要规定了本法的具体执行。[①]

(二)日本电力事业者新能源利用特别措施法

2002 年 6 月 7 日颁布的《日本电力事业者新能源利用特别措施法》包括正文 17 条和 1 个附则,附则有 6 个条文。

制定该法的目的是为了保障与国内外经济社会环境相适应的能源稳定和适当的供给,完善电力事业者利用新能源的必要措施,促进环境保护和国民经济健康发展。

该法的主要内容是电力事业者有义务使用一定量的新能源。这里的新能源主要包括风力发电、太阳能发电、地热发电、水力发电(仅限于输出功率1000 千瓦以上的水路式水下发电)。经济产业大臣每 4 年根据经济产业省令的规定,负责制定以后的 8 年间电力事业者新能源电力的利用目标,并在情况发生显著变化而又特别必要时,变更新能源电力目标。经济产业大臣制定或变更新能源电力目标时,应及时公告。电力事业者应当在每年按照经济产业省令的规定,利用超过基准利用量的新能源电力。"基准利用量"以前一年度该电力事业者的电力供给量为基础进行测算。电力事业者应当在每年的 6 月1 日前,按照经济产业省令的规定,将该年 4 月 1 日起至次年 3 月 31 日止的一年间预计利用的新能源电力的基准利用量和经济产业省令规定的其他事项,以及前一年度 4 月 1 日起至当年 3 月 31 日止一年中的电力利用量和经济产业省令规定的其他事项,报经济产业大臣备案。电力事业者还可以通过从其他电力事业者购买新能源发电等方式,来完成其应承担的义务量。电力事业者所利用的新能源未达到基准利用量,经济产业大臣认为该电力事业者未达基准利用量没有正当理由时,可以对其进行劝告。如果未达到基准利用

---

① 参见何建坤主编:《国外可再生能源法律译编》,人民法院出版社 2004 年版,第193～199 页。

量的程度致使未达到经济产业省所规定的基准时,经济产业大臣可以命令该电力事业者在一定期限内进行改进。不服从改进命令者,最高罚款可达100万日元。

附则规定了本法的施行日期、过渡措施和本法施行情况的评估等问题。[①]

从此,太阳能、风能、地热能等发电列入日本电力事业者必须完成的指标体系。该法的实施对日本开发利用新能源产生了积极影响。

四、几点启示

促进新能源的发展对于日本这样资源缺乏的国家,其意义自不待言。同样,对于我国这样一个有着庞大人口基数的发展中国家,其意义更是不言而喻。通过分析日本促进新能源发展的政策法律,结合我国的具体情况,我们可以得出以下几点启示。

(一)尽早建立着眼长远、目标明确的新能源政策体系

从前面的论述中我们可以看出,对于日本这样一个典型的"能源小国、经济大国",能源尤其是新能源没有成为制约国家经济发展的瓶颈,而是为有效地支撑国家经济社会的快速发展作出了较大贡献。应该说,国家的新能源政策发挥了重要的作用。日本制定新能源政策主要有以下三个鲜明的特点。

(1)着眼长远。一方面能源的短期波动与长期发展趋势往往不一致,仅注重短期形势而忽略了长期发展趋势难免造成决策失误;另一方面核电的建设、太阳能发电等新能源的大规模发展,推进节能所需要创造的社会环境等都需要付出长期努力,必须从长计议。

(2)明确目标。设置明确的目标,并为实现该目标创造必要的条件,是政府制定能源政策的真正意义所在。通过确立具有向心力的目标,引导政府、企业、科研机构乃至民间投资者共同努力,这种做法在日本证明是行之有效的。

(3)注重国家新能源总体而不是单一能源行业政策及战略的研究。只有这样制定出来的新能源政策,才有利于能源与经济、环境部门之间以及能源各行业之间政策的协调一致,避免出现各行各业各自为政、能源与经济和社会发展不相协调的问题。

日本上述制定新能源政策的三个鲜明特点值得我们学习和借鉴。我国应尽早建立着眼长远、目标明确的新能源政策体系,以至少不低于国际同期平均

---

① 参见何建坤主编:《国外可再生能源法律译编》,人民法院出版社2004年版,第203~207页。

发展水平的标准来规划我国新能源的发展。

（二）注意制订发展计划，以促进新能源和相关行业的发展

毫无疑问，明确的发展计划对促进新能源和相关行业的发展发挥着重要的引领和推动作用。从前面的论述中我们可以看出，日本的"新阳光计划"在引领和促进日本新能源开发及新能源产业的发展方面，发挥了极为重要的作用，亦是促进日本新能源普及应用的加速器。也可以我国的"863"计划为例，自从制定并实施以后，极大地带动和促进了我国高技术及其产业的发展，缩小了同世界先进水平的差距，为传统产业的改造提供了高技术的支撑，产生了巨大的经济和社会效益。有鉴于此，结合我国的具体情况，积极创造条件，制定实施相应的新能源发展计划，不失为我们促进新能源和相关行业发展的一种重要的选择和参考。

（三）发展新能源要坚持以科技为核心、以自主知识产权为主的发展模式

在促进新能源的发展过程中，我国要紧紧把握科学技术这一核心内容，加大投入力度，以科学技术推动新能源的开发利用，以科学技术提高新能源的使用效率。这样才能够彻底改变我国能源使用结构不合理的现象，促进能源使用多样化。鉴于目前新能源产业处于发展初期，其对于经济的带动主要表现在技术收益上，在大规模产业化方面还不具备市场条件，需要政府政策支持。因此，我国新能源产业发展应注重立足于技术创新及自主知识产权的产业化方面，避免我国搭台唱戏、发达国家卖票收钱的问题。要把我国拥有的巨大能源市场优势，用于促进我国具有自主知识产权的新能源产业发展方面。

（四）优先开发利用本国具有资源优势的新能源

我国在开发太阳能、风能、生物能、氢能以及其他新能源方面，具有巨大的潜力和优势。我国地域辽阔、自然资源丰富，开发新能源所需的原料和资源十分充足。以风力资源为例，我国10米高度层的风能总储量为32亿千瓦，实际可开发的为2.53亿千瓦，加上近海（1—15米水深）的风力资源，可装机容量共计10亿千瓦。因而我国在开发太阳能、风能、生物能、氢能以及其他新型能源方面具有巨大的潜力和优势，应该充分发挥这方面的资源优势。当然我们应该看到目前我国在新能源的开发与利用方面，已经取得了许多可喜的成果。特别是在太阳能和风能的开发与利用方面成果尤为显著，太阳能温室、太阳灶、被动太阳房、太阳能热水器和太阳能干燥器等多项技术，在农村和城市得到推广应用。这为缓解边远地区的能源短缺、改善生态环境和居民生活起了积极作用、收到了良好成效。风力发电近年来也异军突起，呈现出快速增长局面。尽管如此，由于我国在新能源开发上与日本这样能源利用技术较先进的

国家相比还比较落后,因此发展的空间还很大。例如,我国风力发电有 10 亿千瓦的潜力,而目前的开发还不到 1000 万千瓦。我们必须在坚持自主开发的同时,积极引进国外的先进技术,加快推进我们的整体研发能力,并快速形成规模化产业。

(五)新能源立法应注重可操作性和适应性

日本的很多新能源政策是通过立法推动的。法律的可操作性越强,就越容易贯彻执行。法律健全和完善的过程,实质上也是一个操作性不断强化的过程。

日本在新能源立法方面的一个重要特点就是可操作性强,主要表现在新能源立法的法律条文明确具体,与其配套的法规衔接紧密、颁布及时。基于新能源的一些固有特点,日本在保障新能源法律的可操作性上,一方面注重在新能源法律中规定具体的量化指标,以此保证法律目标的具体化。实践证明,在法律中规定量化指标与保障法律的稳定性并无矛盾,反而较好地保证了法律制度的贯彻执行。另一方面注意及时制定和颁布与之衔接配套的法规。在制定某一新能源专门法后,日本政府会及时以《施行令》、《施行规则》等形式制定相关配套法规,旨在更加具体、细致地对相关问题进行规范。如前所述,日本在 1997 年 4 月制定了《促进新能源利用特别措施法》。为保证其实施,同年 6 月日本政府又制定了《促进新能源利用特别措施法施行令》。2002 年 6 月,日本颁布了《日本电力事业者新能源利用特别措施法》,为与此衔接配套、便于执行,日本政府于同年 11 月和 12 月颁布了《日本电力事业者新能源利用特别措施法施行规则》等法规。

此外,日本新能源法的另一个特点是其适应性。日本注意根据客观实际需要和形势发展变化,不断修订完善新能源法,体现出了较强的适应性。

相比较而言,我国现有的新能源法总体上偏重原则化,可操作性方面存在一些不足,相衔接的配套法规颁布不是很及时,也不完备。这种情况在涉及我国主要的新能源的立法《可再生能源法》里表现较为明显。与日本新能源立法的特点相比,该法在操作性方面存在的不足主要体现在以下三个方面:

(1)缺乏配套实施的具体细则。例如,伴随着 2006 年《可再生能源法》的生效,本应与该部法律同时配套的多部实施细则未及时出台。我国计划出台《水电使用可再生能源法的规定》、《可再生能源资源调查和技术规范》、《可再生能源发展的总体目标》等 12 个可再生能源配套法规,直到目前尚未全部完成,致使其可操作性大受影响。

(2)有的法律条款表述不够严谨。以《可再生能源法》第 17 条为例,该条

明确地规定国家鼓励单位和个人安装和使用太阳能利用系统,要求房地产商
为太阳能利用提供必备的条件,并规定对已构成的建筑物,住户可以在不影响
其质量与安全的前提条件下安装符合技术规范和产品标准的太阳能利用系
统,而对是否影响建筑物质量与安全并没有规定一个具体判断标准,这容易导
致用户和物业双方当事人各执一词,为物业公司以"影响建筑质量与安全"为
由禁装太阳能利用系统提供借口,为太阳能利用系统的推广和普及增加难度
和障碍,不利于很好地达到鼓励单位和个人积极安装和使用太阳能利用系统
的根本目的。

　　(3)有的法律条款以宣示性和口号性为主,过于原则和抽象。《可再生能
源法》里的很多规定原则性较强,主要以鼓励的法律规范为主要内容,直接进
行行政控制和管理的规范条文很少。例如,《可再生能源法》第13条规定"国
家鼓励和支持可再生能源并网发电",第18条规定"国家鼓励和支持农村地区
的可再生能源开发利用"等。这些规定只是表明了国家的一种鼓励支持的态
度,较为原则和抽象,缺乏可操作性。

　　上述情况直接导致有法可依的同时却又无法可施的局面,法律的可操作
性大受影响。我国应借鉴日本新能源立法在保障可操作性上的一些经验,完
善相关法律规定,注意及时制定与主干法律衔接配套的完备的实施细则,强化
新能源法律的可操作性和适应性。

第四章 英国能源法律制度

第一节 英国传统能源法律制度

一、天然气法律制度

英国天然气行业合理的政府管制及法律法规体系不断完善,使其天然气市场逐步发展成为一个完全竞争性的市场,成为世界上其他国家自由化过程的典范。英国政府对天然气行业的每一步改革都以法律的修改为先导。从1948年至今,英国政府四次修改了"天然气法案"[1],每一个新的"天然气法案"都成为政府指导改革进程、主管部门和监管机构制定具体的改革政策和方案、企业调整经营方式的基本依据,从而使整个行业的改革在法律设定的框架内有序进行,并最终得以实现政府的目标。英国天然气行业之所以能够有今天这样举世瞩目的成就,法律先行的做法是功不可没的。[2]

20世纪80年代中期以前,英国的天然气行业是由国家通过英国天然气公司(British Gas,简称BG)进行控制的。1982年的《石油与天然气法》奠定了英国天然气行业自由化的基础,取消了BG从海上和陆上天然气生产者那里购买天然气来供应全国天然气输配的优先取舍权,该法案也允许第三方进入BG的天然气管道,但天然气行业还是不存在竞争。BG在1986年私有化以前,是通过完全综合的输气和配气管网供应所有用户的国有垄断者。

1986年英国政府颁布了《天然气法》。根据该法案,BG实行了私有化,同时设立了天然气行业管制机构——燃气管制办公室(the Office of Gas Regu-

---

[1] 这还不包括"大陆架法""竞争法""公用事业法"等与之相关的非专业法的修改。

[2] 宣国渝等:《借鉴欧盟经验加快完善我国天然气行业你的政府监管》,载《国际石油经济》2003年第2期。

lation,简称 OFGAS)来限制垄断势力,保护消费者的权益,培育竞争性的天然气市场,从而促进天然气行业的发展。法案明确规定对于年用气量超过25000 therms① 的大型用户,除了可从 BG 那里购买天然气外,还有权从供应商那里购买天然气;强化了第三方进入 BG 管网的条件;授权 BG 作为 25 年的公众天然气供应商,BG 可以垄断年用气量低于 25000 therms 的用户市场;法案也规定了 BG 的法定义务。

OFGAS 负责管制天然气行业,它的主要职能是监督 BG 作为公众天然气供应商的行为,贯彻执行 1986 年《天然气法》和 1995 年《天然气法》以及后来的修正案的规定。根据《天然气法》,OFGAS 负责为公众天然气运输公司、通过公用管网系统托运天然气的公司以及为终端用户供应天然气的公司颁发营业执照。OFGAS 也可以向垄断与合并委员会(Monopolies and Mergers Commission,简称 MMC)咨询,要求 MMC 对于特定执照的条款相关的任何情况作出报告。

1995 年《天然气法》的核心内容是确立天然气市场进入准则与推动天然气各个领域的竞争。市场进入时英国政府根据天然气行业经营资质要求与实际需要,通过发放天然气公共运输企业经营许可证、天然气托运商管网使用许可证和天然气供应商供气许可证来加以审批。该法案为仍存留的供应垄断市场(由 1900 万小居民用户组成)制定了引入竞争的时间进度表,旨在 1998 年完成向完全竞争性市场的转变。为了给这一转变创造条件,法案建立了新的营业执照体系,其使用对象为天然气输气系统的经营者(基本上是 BG)、托运人(管网的使用者)和天然气供应商(所有类型的零售商)。供应执照强化了许多条款,包括非歧视的对待和有义务在提高能源效率方面提供建议。执照只颁发给 OFGAS 认为财政安全的公司。法案同时促成了《管网规范》的产生。

《管网规范》是在管网的使用和管制方面的一个全面的综合规范,是由当时全国唯一的公众天然气运输商——BG Trance(BG 解散后所形成的 BGplc 下面的一个公司)应法案的要求制定的。该规范设定了标准的条款和条件,其适用对象为任何想使用 BG 输气管网和储气设备的托运人。这样,《管网规范》就为英国天然气输送的商业和操作方面的管理制定了合同方面的规定。该法案对英国天然气市场向完全竞争性市场的转变是必不可少的。规范在 1996 年付诸实施。

1996 年 8 月,地质地球物理调查部门(Division of Geological and Geo-

---

① 1therms＝100 000 BTU(British Thermal Unit)＝105.5MJ.

physical Surveys,简称 DGGS)建议分别确定天然气输气和储存的价格上限,建议将实际的输气费(即扣除了通货膨胀因素)下降 20%,BG 反对。因此这一情况在 1996 年 10 月被提交给 MMC。同时,OFGAS 也要求 MMC 对 1997—2002 年价格公式建议要进行的变化作报告,因此就产生了 1997 年 MMC 报告。该报告同意将输送和储存分离,赞成分别的价格上限是对服务分类定价的第一步,并对输气费的价格公式的结构做了改动,输气费和储存费分别进行管制。1997 年实行了对输气和储存服务进行价格分别控制。

1996 年 6 月,英国政府将天然气行业的管制机构——OFGAS 与电力行业的管制机构——电力管制办公室(the Office of Electricity Regulation,简称 OFER)合并为天然气与电力市场办公室(the Office of Gas and Electricity Markets,简称 OFGEM),成为天然气和电力行业的管制机构。

1999 年通过了《新天然气贸易协定》。该协定分别对天然气平衡体制和管输能力体制作了介绍。2000 年的《公用事业法》对 1986 年的《天然气法》和 1995 年的《天然气法》的有关内容作了修改,对天然气执照和天然气的执行标准作了修改和新的规定,进一步完善了天然气方面的立法。

总之,英国的许多天然气立法都是以加强天然气供应方面的竞争为目的的。因为天然气的生产不是自然垄断环节,可以逐步引入竞争,通过降低天然气的成本来最终降低天然气的终端用户价格。即使天然气行业发展到较高的程度,进入相对成熟的发展阶段,天然气输送和地方配气仍然会处于政府的监管之下,这是因为自然垄断的环节需要合理的监管来防止垄断市场势力的运用,但是管制的程度会因天然气的发展程度不同而有所不同。在非自然垄断环节不断引入竞争,在自然垄断环节不断寻求合理的管制方法,这两方面的努力都是为了发展和完善天然气市场,推动天然气行业的发展,这一点很值得我国天然气行业借鉴。[①]

二、煤炭资源法律制度

英国煤炭开采历史悠久,尤其是比较完善的垂直管理的煤炭安全检察体制,对世界许多国家的煤炭行业健康发展均产生了积极地影响,印度、南非等英联邦国家及许多欧盟成员国,在改善煤炭安全状况过程中都不同程度地借鉴了英国的经验,并取得了明显的成效。

---

① 杨凤玲:《英国天然气行业政府管制及立法》,载《上海煤气》2004 年第 1 期;曹建军:《英国天然气产业的发展及其启示》,载《中国物价》2004 年第 1 期。

英国 1974 年颁发了针对所有行业的《职业健康与安全法》,根据该法成立了两个安全监察机构,一个是健康与安全委员会,另一个是健康与安全执行委员会。前者的主要职能是为政府提供安全政策建议和信息,并提供技术咨询;制定修改安全法律法规的实施细则;受政府委托对重大事故进行调查和分析。后者的主要职能是审批安全法律法规,由议会审批颁布;贯彻、落实并实施健康与安全评估;实施事故调查等。矿安全执法主要由健康与安全执行委员会进行,即贯彻落实并实施健康与安全的法令,强制企业实施。矿山安全监察人员的条件要求严格,并且通过严格的考试才能被录用,录用后还要进行定期培训。近 50 年来英国颁布了一系列关于矿山健康与安全的各项法令,数目已达到了 53 件,主要包括《职业健康与安全法》、《煤矿健康与安全管理规定》、《重大伤害、疾病及危险事故报告规程》等。这些法律的规定对企业的安全管理行为起到了有力的约束和引导作用,也为煤矿监察执法提供法律依据。[①]

三、电力资源法律制度

在 20 世纪 80 年代以来的国际电力监管体制改革进程中,英国电力监管改革被公认为比较成功并具有较大影响,改革中电力资源立法起到了重要的保障作用。

改革以前,英国的电力产业组织结构是国有体制下的高度一体化垄断经营。1983 年颁布了《能源法》,取消了非公有企业进入电力行业的限制,允许各种所有制的独立电厂自由使用国家电网。同时,要求地方分销电力公司公布电力价目表,允许其向电力公司直接购买电力。[②] 1988 年 2 月,英国政府出版了名为《电力私有化》的白皮书,宣布电力行业引入竞争的改革机制。1989年 7 月,英国议会再次修订《电力法》(*Electricity Act* 1989),通过了关于英格兰、威尔士和苏格兰电力企业私有化的规定,开始了电力工业的第一次改革,为英国电力监管体制改革确立了法律依据和实施程序。在 1989 年电力法框架下进行电力市场化改革中,英国成立了电力监管办公室(OFFER)作为电力监管机构进行独立监管,1999 年电力监管办公室和天然气监管办公室合并成为燃气电力市场办公室(OFGEM),1989 年电力法授予电力监管机构的监管官相当大的法定全力,如监管官与负责电力产业的国务大臣协商后有权发放

---

① 参见窦永山、王万生:《英国的煤矿安全监察体系》,载《当代矿工》2002 年第 4 期。
② 参见黄芬平:《电力体制改革的国际经验及启示》,载《湖南水利水电》2007 年第 1 期。

企业发电、输电、配电和售电许可证等。

1990 年,英国在英格兰和威尔士地区建立了强制性的电力交易系统——电力库,电力库的所有法定运行规则在议会通过的《电力库及结算规程》(*Pooling & Settlement Agreement*)中进行了明确确定。电力库实施取得成功并积累了丰富经验:电力质量和系统安全得到保证,鼓励新的发电商进入市场;允许引入购电测的竞争,等等。同时,电力库模式也存在一些缺点:定价缺乏足够的竞争;相对缺乏用户和需求方的参与;电力库的管理过于集中,等等。为此,英国对电力市场进行了改革,电力市场改革采用纵向分离模式。英国的电力改革是私有化模式,是一条完整的资本主义国家电力从国有向私有化转变之路。英国彻底厂网分开的结果,是国内电力公司丧失了国内的电力市场,使其成为跨国电力公司的天下。英国私有化改革的设想是厂网彻底分开、输配分开、用户自由选择供电商,将发电、输电、配电、售电各个环节分解。但经过十年左右的时间,英国又重新出现了纵向整合的趋势。2000 年 3 月 27 日起英国取消了强制性电力库,实行多边合同主导的新交易规则,允许电力合同跨度从当天到几年以后。并重新设定新的电力交易规则(NETA),从私有化模式到管制的不断加强,改革政策仍在不断地调整之中。英国电力改革的设想是:公平竞争,每家公司的市场占有率在 20% 以下。[①] 相反,在国际市场中的大企业却要做大做强、争夺市场,许多国家正在使国内公司合并成大公司,以争得一席之地。国际资本的兼并重组趋向和最近出现的纵向整合趋势,反映了国际资本的动向和竞争的结果是大企业占优势,这是不可阻挡的趋势。

2000 年,英国议会批准了《2000 年公用事业法》(*Utilities Act* 2000),宣布以新的《平衡和结算规范》取代店里库时期的《店里库及结算规程》。2001 年 3 月 27 日,新电力交易制度(New Electricity Trading Arrangements,简称 NETA)正式启动运行,这是一个新的、更加市场化的交易制度,其基础是发电商、供电商和用户自愿参与的双边交易市场。

2003 年 11 月 27 日,英国政府向国会上议院介绍了《能源法(Energy Bill)草案》,该草案涉及建立一个统一的不列颠电力交易与输电制度(British Electricity Trading and Transmission Arrangements,简称 BETTA)的提议;支持可再生能源发展的措施建议;任命一个特别管理人来维持网络的运行;申请议

---

① 任继勤、方春阳:《国外电力改革的经验及启示》,载《北京交通大学学报》(社科版) 2004 年第 2 期。

会授权政府根据燃气电力市场办公室的决定来修改现行的电力法规。[①]

四、替代能源法律制度与政策

英国政府十分重视提高能源利用效率、大力发展新能源和可再生能源，其根本的出发点是为了保护和改善环境。同欧洲其他国家相比，英国的可再生能源开发起步较晚，但发展迅速、成绩显著。这主要归功于其可再生能源开发政策。

(一)《非化石燃料公约》(NFFO)

英国政府高度重视新能源和可再生能源发展。由于新能源和可再生能源的开发运营成本比传统的能源高，在市场价格竞争中处于不利地位，为了促进新能源和可再生能源的发展，英国政府从多个方面探索扶持政策。初期主要是通过政府补贴对新能源和可再生能源的发展予以支持。1988年，英国政府构建了以非化石燃料义务和化石能源税为核心的法律框架——《非化石燃料公约》(NFFO)。根据NFFO，可再生能源发电的企业或项目前5年可享受政府的基金补贴，后15年电力公司以固定价格收购其电力，当市场价格低于固定价格时，其差额由政府补贴。

实施NFFO的主要目的有两个：一是通过控制化石燃料能源的使用，限制或减少有害物排放，减少环境污染；二是建立一定的资金渠道，以支持新能源与可再生能源的发展。NFFO相关政策的主要内容有：(1)通过实施NFFO，争取到2003年使英国非化石燃料(新能源和可再生能源)发电量占总电量的3％；(2)向电力用户征收化石燃料税(占总电价的1.5％)建立发展基金，用于补贴新能源项目的研究与建设；(3)对拟投资的新能源项目进行公开招标，使项目可行性研究提出的电价最低的公司中标，政府在对项目进行投标补贴的同时，约定收购其电力。NFFO的优点有三个：一是由电力消费者承担的税收负担较小；二是由于政府对新能源和可再生能源发电公司有购电协议，可有效保障银行及这些新建项目投资者的利益，促使投资者投资新能源和可再生能源；三是通过公开的招投标，对新能源与可再生能源项目的建设引入竞争机制，从而可以显著地降低新能源和可再生能源的电力成本，使新能源与可再生能源更具有市场竞争力，同时也可大幅度减少政府的项目补贴资金。

推行NFFO以来，英国的新能源和可再生能源的电价从1992年的4.35

① 参见赵九斤：《英国不列颠电力交易与输电制度》，载《国际电力》2004年第8期；王汝英：《英国电力市场改革探讨》，载《天津电力技术》2006年第1期。

63

便士/千瓦时降到目前的 2.71 便士/千瓦时,1998 年新能源的发电量达到
1200 万千瓦时。总之,英国通过实施 NFFO 取得了较好成效:能源消费结构
得到了有效的调整;能源价格结构得到调整,形成正确的市场导向;新能源和
可再生能源的应用取得了很大突破;环境质量明显改善。[①]

(二)英格兰和威尔士《可再生能源义务条例》

为了完善激励机制、促进可再生能源的更大发展,2002 年英国废止了
NFFO,实施了《可再生能源义务条例》。该条例强制性规定了可再生能源义
务。可再生能源义务要求电力供应商在其供应消费者的电量中必须有一定比
例来自可再生能源,其比例与政策确定的该年度可再生能源在电力总供给所
占比例目标同步浮动(如 2002 年为 3%、2001 年为 10%),电力供应商可以选
择投资可再生能源项目自己发电,从其他可再生能源发电商处购所需额度,并
以限定价格供应消费者。可再生能源电力的比例由政府每年根据发展目标和
可再生能源世纪发展情况和市场情况确定,这实际上是一种配额制度。在该
法令中具体规定了合格的可再生能源电力的范围和指标要求,主要包括风电、
波浪发电、水电、潮汐发电、光伏发电(每年发电量至少达到 0.5 兆千瓦小时)、
地热发电、沼气发电和生物质发电等。

(三)苏格兰《可再生能源义务条例》

新的苏格兰可再生能源义务以及相关可再生能源义务立法,在英国政府
策略中引入了一种不可或缺的方法。这种方法要求电力公司以固定价格购买
一定比例从可再生能源中获取的能源。英国政府倡议,通过新的可再生能源
义务,到 2010 年年底,可再生能源应占英国电力供应的 10%,销售价则限制
在最高限度内。英国政府认为这些目标将充当产业的刺激点,成为控制发展
进程的里程碑。

英国不断完善可再生能源法律法规和经济政策,有力地促进了能源消费
结构的调整,使环境质量明显改善。英国政府加强立法,制定明确的减排目标
计划,依靠法律法规和经济政策执行,并着力培育和完善竞争性可再生能源市
场,这种做法有较强的可行性并已经取得较好的效果。

---

① 郑坚平:《英国可再生能源政策及启示》,载《能源工程》2001 年第 4 期。

第二节　英国新能源法律制度

在新能源立法方面英国一直处于世界前列[①]。英国颇具特色的能源法范式,在很大程度上体现了哈耶克社会秩序规则二元观的理念。特别是英国2010年能源法,更是将内部规则与外部规则与新能源发展紧密结合在一起,也是对市场与政府在新能源发展定位上做出的一个恰如其分的界分。虽然这些制度设计未必完全适合中国的新能源立法建设,但是它所体现出来的理念价值却是值得我们深思的。

一、英国 2010 年能源法中的市场激励机制

英国 2010 年能源法是继 2009 年英国低碳转型计划国家战略文件公布后,在能源法律与政策领域出台的第一部法律。它规定了碳捕获与封存、强制社会价格支持机制等相关新能源法律问题。其中,对碳捕获与封存的制度性设计,正是旨在实现新能源发展的市场激励。

碳捕获与封存(Carbon Capture & Storage,简称 CCS)是新能源中最具潜力的技术之一,它具有使单位碳排放减少 90% 的潜能[②]。因而世界各国特别是发达国家竞相开发这一技术[③]。而英国在 CCS 上不但占据技术上的优势,而且拥有他国不可比拟的地理环境优势。[④] 无疑,一旦实现 CCS 彻底商业化,不仅有利于英国本身的经济发展,而且将给全球低碳市场带来一场新的技术革命。英国在其 2007 年《能源白皮书》中正式提出发展 CCS 技术的新能源

[①] 英国是世界上第一个提出创建低碳经济的国家、第一个将温室气体减排目标写进法律的国家、第一个实施"碳预算"的国家;同时,也是第一个以法律规定碳捕获与封存商业化的国家。See The UK DTI,Our Energy Future-Creating A Low Carbon Energy,London 2003;The UK Climate Change Act 2008,The UK Energy Act 2010.

[②] See IPCC,Carbon Dioxide Capture and Storage,Cambridge University Press 2005, p. 3.

[③] See IEA,Carbon Capture and Storage :Progress and Next Steps,Paris 2010,pp. 11 ~24.

[④] 英国北海地区拥有大量适宜存储二氧化碳的岩层,其空间超过了除挪威以外的所有欧洲国家的总和。这意味着英国可以将碳储存许可销售给其他国家,每年可获利高达50 亿英镑。参见薛亮:《碳存储有望为英国带来巨额收益》,http://env. people. com. cn/GB/10049106. htm,下载日期:2011 年 12 月 22 日。

政策。2008 年能源法则第一次以法律形式确定了 CCS 技术的法律地位。2009 年英国低碳转型计划国家战略文件又将 CCS 设定为低碳转型的主要手段和途径。2010 年能源法则正式启动了 CCS 的商业化运作。[①]

2010 年能源法规定,在全英燃煤发电厂建造 4 个具有 CCS 商业规模的示范项目,到 2025 年全面实现 CCS 发电能力,并使英国成为全球 CCS 研发中心。为实现这一目标,立法机构拟第一步提出 CCS 的市场激励机制;第二步在 2010 年夏对市场激励机制立法进行征询;第三步于 2010 年秋季正式提交 CCS 市场激励机制立法;第四步在 2011 年 4 月进入 CCS 市场激励机制的操作阶段。为此,2010 年能源法提出三项制度设计:一是创设 CCS 税;二是以合同形式资助 CCS 示范项目;三是通过市场竞争选择 CCS 示范项目。

为此,英国 2010 年能源法规定的三个制度性设计都紧密围绕市场展开。首先,创设 CCS 税种,税收的份额分配是根据电力供应商在电力市场上拥有的市场份额比例进行征收。这样,对电力供应商而言,税收份额的比例不是固定的,而是随着市场变化而变化的,不会造成 CCS 技术进步来自电力供应商的阻碍。其次,政府对 CCS 示范项目的资金拨付是以合同形式完成的,通过法律手段确立了政府与开发商之间的市场地位、权利和义务以及相关责任,保证了资金拨付使用的有效性和开发商按市场运作进行技术创新的自由。最后,通过市场竞争对 CCS 示范项目进行选择。开发商将通过展示燃烧前捕获技术、燃烧后捕获技术以及燃烧后二者最大捕获值的比较这一方式来自由竞争,最终拥有最优技术的开发商将首先获得项目资助。毫无疑问,这种围绕市场进行的制度设计,会极大地促进 CCS 技术的创新与进步。即使我们不知道哪一种 CCS 技术更符合商业化运作,但最终脱颖而出的必将是经由市场选择出来的 CCS 技术。

二、英国 2010 年能源法中的强制社会价格支持机制

在英国,"燃料贫困"[②]是一个非常严重的社会保障问题。1996 年,英国共有 500 万人处于"燃料贫困"。经过工党政府在能源政策上的有力推进,到

---

① 杨泽伟主编:《发达国家新能源法律与政策研究》,武汉大学出版社 2011 年版。

② 所谓"燃料贫困"(Fuel Poverty)是指家庭难以支付取暖费用,按英国标准,它是指一户家庭如果其总收入的 10% 用于取暖(通常卧室要求保持在 21 度,其他房间在 18 度以上),那么就属于燃料贫困。引发燃料贫困的主要因素有:房屋的低能效、昂贵的能源价格以及较低的家庭收入等。

2004 年这一数字已下降到 120 万人。其间,2001 年出台的《英国燃料贫困战略》是其最主要的应对策略,它提出到 2010 年彻底解决英国的燃料贫困问题。[①] 然而,据英国 2009 年燃料贫困年度报告的数据显示,到 2007 年英国已连续三年出现燃料贫困人口激增的情况,近 400 万人生活在燃料贫困中[②]。对于这种不降反升的局面,英国政府 2008 年开始与能源供应商达成资源协议,向燃料贫困家庭提供各种援助。

在此基础上,2010 年能源法创建了相关法律框架,即强制社会价格支持机制。它授权国务大臣在现有自愿协议的基础上,采取强制措施,要求所有能源供应商提供具体的社会价格支持;提供削减能源账单,直接向燃料贫困家庭提供援助,实现 2013—2014 年间能源供应商每年投入 3 亿英镑用于此项目。

无论是经济理论还是国家实践都已揭示,市场不是万能的。因此,市场失灵引发的各种社会问题就成为政府进入市场的主要原因之一。英国的"燃料贫困"问题正是基于能源在市场运作过程中产生的那些不能为市场秩序所调整而引发的社会问题。尽管政府干预不是唯一解决这一问题的途径,但是在其他办法未采取之前,政府则应负有首要责任。因此,2010 年能源法规定的强制社会价格机制正体现了政府行使社会保障的最根本的职能。当然,在提供能源保障的同时,英国并没有采取直接的行政手段,而是进行了一系列的制度性设计,规定供应商有权在英国天然气、电力办公室的监督下选择援助水平和种类,亦可选择援助目标群体。此外,为了保障分配的公平性,英国政府还设立了协调机制,按能源供应商在能源市场上占有的份额进行分配,以保证价格支持的公平性。

总之,无论是对碳捕获与封存技术的市场激励机制,还是对强制社会价格支持机制的法律设定,英国 2010 年能源法都融入了哈耶克社会规则二元观的理念。这也启示我们在进行能源立法时,应注重贯彻这一理念,从而促进能源的进一步发展。[③]

---

① See The UK Government, The UK Fuel Poverty Strategy, London 2001, pp. 10~12.

② See The DECC, UK Fuel Poverty Strategy-7th Annual Progress Report—2009, London 2009, pp. 7~9.

③ ［英］哈耶克:《法律、立法与自由》(第二、三卷),邓正来等译,中国大百科全书出版社 2000 年版,第 338 页。

第三节 英国能源立法的新趋势及其全球影响

2010年5月11日,被称为"自1992年以来竞争最为激烈"的英国大选尘埃落定。卡梅伦领导的保守党与克莱格领导的自由民主党达成权力分享协议。然而,联合政府的出现使得英国未来能源法律与政策的走向扑朔迷离。一方面,保守党与工党存在重大分歧,调整能源法律与政策势在必行;另一方面,自由民主党与保守党也存在诸多对立,双方在能源法律与政策方面能否达成一致也面临巨大挑战。鉴于英国能源法律与政策具有延续性的传统,以及英国三大党派之间也存在某些共同利益,因此,我们通过剖析英国能源立法的现状,研究其在能源政策上的立场,就可略知英国未来能源立法的基本走向。

一、英国工党执政时期的能源立法

1997年布莱尔领导的工党上台执政后,对英国能源法律与政策进行了大规模的调整。在工党执政的13年期间,英国基本上形成了以市场为主、政府支持的低碳能源组合,且在应对气候变化和能源安全方面出台了一系列国家战略性文件。

(一)以市场为主、政府支持的能源法律政策

英国工党政府完全继承了撒切尔政府时期对能源领域的私有化改革,在其历次的能源法律与政策中,均提到市场机制的重要性。例如,《2003年能源白皮书》中提到:"政府将尽可能确保市场框架与政策相互促进、相互配合。自由的、竞争性的市场,仍将是能源政策的基石。"《2007年能源白皮书》也指出:"我们的战略是建立在自我规范、有竞争力的能源市场上,这不仅最具成本效益,也有助于完成我们的能源战略目标。"特别是2009年出台的英国国家战略性文件——《低碳转型计划》,更是将市场竞争放在主要位置。该计划一方面肯定了欧盟排放贸易机制在减排中的主导作用,另一方面继续强化可再生能源义务制度。

此外,1989年电力法规定的市场机制模式,不但解决了英国电力市场的垄断问题,而且推动了其他能源领域的改革,并最终促成英国能源结构的调整,实现燃煤向天然气发电的过渡,为英国掌控国际气候政治的主动权赢得了先机。

然而,布莱尔执政后,能源市场的过度竞争、低收入家庭的"燃料贫困"以

及能源生产消费过程中对环境的极度破坏却愈演愈烈。为了应对这一窘迫局面,布莱尔政府果断地提出,必须对能源产业进行必要的"政府干预"。1998年,工党出台了第一份能源白皮书,详细探讨了在能源领域市场和政府之间的"经济与政治界线",提出能源市场必须建立在"供应安全、多样化以及可持续发展"的基础上。

其后的能源法律与政策都极好地体现了这一理念。例如,《2003年能源白皮书》指出:"如果市场本身无法发出正确的信号,我们将采取措施鼓励企业进行创新并发展新的机遇,以实现我们所寻求的结果。"《2007年能源白皮书》也指出:"我们需要的是一个清晰、稳定的规则体系,以减少企业的不确定性,帮助它们获得充分及时的投资。"

（二）低碳能源组合的能源发展路径

英国工党上台执政时,在能源领域面临着以下两个亟待解决的问题:一是如何完成工党提出的社会主义民主进程,即解决能源领域的社会和环境问题;二是如何应对《京都议定书》为英国设定的减排目标。最终工党政府选择了低碳组合的能源发展路径。

2002年英国《可再生能源义务法》第一次以法律形式规定了可再生能源义务制度。《2003年能源白皮书》提出:"到2010年国家发电量的10％要来自于可再生能源,到2015年或2016年增加到15.4％,到2020年增加到20％。"《2007年能源白皮书》则从能源战略高度第一次提出低碳能源组合的设想,即形成以核能、可再生能源、碳捕获与封存（CCS）并重发展的战略布局。

1. 核能

《2008年核能白皮书》明确指出:"政府相信,为了公众利益,在英国未来的能源组合中,新核电站应与其他低碳能源一起发挥作用;投资新核电站必将符合公众利益,为此政府将采取积极措施,努力促成新核电站的建设。"2009年《低碳转型计划》又重申了发展核能的重要性,指出"政府将发挥它的战略性作用以革除新核电站发展的诸多障碍",旨在确保2018年建起第一座新的核电站。

2. 可再生能源

《2007年能源白皮书》提出,要进行可再生义务制度改革,消除可再生能源电力输送的主要障碍。《2008年能源法》随即简化了可再生义务制度并创设"条带"规则,同时第一次以法律的形式规定了上网电价。此外,《2009年可再生能源战略》提出进一步扩大可再生能源的电力、热力和运输,旨在到2020年替代10％的石化能源需求、20％～30％的天然气进口以及30％的发电量;

到 2030 年减少 7.5 亿吨二氧化碳的排放,实现 1000 亿英镑的投资。

3.碳捕捉与封存(CCS)

2009 年 4 月,英国政府正式宣布,任何新建发电能力达 300 兆瓦的发电站都必须安装"碳捕获就绪"设备(Carbon Capture Ready,简称 CCR),以便于将来进行 CCS 技术改造。至此,英国成为世界上第一个以法令形式推广 CCS 技术的国家。2010 年通过的《能源法》又将 CCS 的发展作为重点,旨在通过税收和资金拨付的方式支持 4 个具有商业规模的 CCS 示范项目,并要求政府定期对 CCS 的发展情况作出报告。

(三)应对气候变化和能源安全的战略转向

从 2001 年起,国际油价开始攀升,国际能源形势一度非常紧张。再加上地缘冲突、能源民族主义甚嚣尘上,使国际社会对未来能源形势非常悲观。而英国本土能源供应已不再像 20 世纪 80 年代那样完全可以满足本国的需求,其能源的对外依存度逐渐加大。2005 年英国总体能源消费已达到 234.7 亿吨石油当量,特别是天然气消费由原来的 7% 上升到 2008 年的 41%。而英国国内能源生产则逐年下降,2008 年的石油产量仅有 1999 年的 48%,天然气产量仅 2008 年就下降了 36%,煤炭也仅占到了总产量的 6%。而且由于英国核电站的陆续关闭,低碳能源发电由总产量的 9% 下降到 7%。因此,英国不得不考虑本国日益严峻的能源安全问题。

当然,在对能源安全高度重视的同时,英国没有忽视应对气候变化问题。其原因主要有:一是不愿意丧失在国际气候政治中得来不易的主导权,这是英国在欧盟乃至世界领导地位的关键体现,也是英国国际地位提升的标志。二是工党在国内最值得称颂的业绩就是在国际气候政治上的主导权,加之 2010 年英国大选,工党不会放弃自己的优势。三是《京都议定书》以及欧盟的"能源与气候一揽子规划"也为英国应对气候变化规定了时限。

因此,英国政府的《低碳转型计划》就非常明确地指出,该计划是应对"气候变化和能源安全"的国家战略,并认为:"本白皮书所要做的就是减少排放、确保能源供应安全,提升经济机会和保护脆弱群体,通过该转型计划将英国变成低碳国家。"

二、英国保守党和自由民主党在能源法律政策上的基本立场

如前所述,英国的能源法律与政策是英国经济发展在能源领域的直接体现,是应对能源安全、气候变化方面的现实考虑,更是争夺国际能源秩序和气候政治主导权的反映。因此,保守党和自由民主党组成的联合政府上台后,必

然会对英国能源法律政策进行调整,以期反映本党在能源政策上的基本立场。

（一）保守党的能源政策立场

与工党不同,英国保守党在其政策传统中更多关注经济发展,尤其在当前金融危机对英国经济的冲击下更加重了这一趋势。这在其施政纲领中可窥见一斑。2009 年,保守党出台了政策绿皮书——《低碳经济:安全、稳定和绿色增长》,试图阐述保守党对低碳经济的态度以及如何发展低碳能源。2010 年 3月,保守党又发布了《重建安全——保守党在不确定世界下的能源政策》的能源绿皮书(以下简称《2010 年能源绿皮书》)。上述两份政策性文件均是保守党关于未来英国能源法律政策的总体设想以及英国应在能源气候议题上的基本立场与纲领。概言之,其主要内容包括以下几个方面。

1. 对工党政府能源法律政策的否定

保守党认为工党政府制定的能源法律政策是"过时的",是建立在 30 年前英国能源状况基础上的,已不能适应变化的环境。对此,《2010 年能源绿皮书》指出,英国目前的能源政策是以北海油气充沛为必要条件的,而现在英国面临电力设备老化、油气开采下降以及气候变化的严重影响。环境发生了变化,能源政策也应随之进行调整。而工党却错失良机,在其执政的 13 年里没有一个清晰的能源政策,如果这一现状维持到 2020 年将会导致:(1)将更多地依赖进口油气,其中 2018 年即将有 70% 的天然气来自海外;(2)1/3 的燃煤电厂、2/3 的燃油电厂将被迫关闭,同时 3/4 的核电站将退役;(3)可再生能源比例将由现在的 2.5% 提高到 15%,达到 7 倍之多;(4)须在 1990 年基础上温室气体减排 34%;(5)更为重要的是,有 1000 亿～2000 亿英镑的能源基础设施投资的缺口。此外,由于能源政策的滞后,英国电力供应将自 20 世纪 70 年代以来第一次出现下降,天然气和其他能源将面临供应中断的威胁。

2. 提出制定能源法律与政策的目标和原则

由于能源的供应安全、可持续发展和负担能力都受到威胁,英国正面临着"能源政策的危机",所以必须重构这一政策。保守党指出,任何改革进程的成功首先是要有明确的目标以及为完成这些目标所需要的清晰一致的原则。为此,《2010 年能源绿皮书》提出四大目标和八项原则。

四大目标是:(1)安全,即英国必须有满足现在以及将来电力、供暖和交通所需的能源供应;(2)可持续,即所有一切均须建立在健康的环境下,能源的开采、生产和消费都不得有违生态系统;(3)经济,即能源是消费者和企业必需的生活日用品,它应是丰富的和负担得起的;(4)机遇,从历史上看,能源一直是英国工商业发展的重要力量,所以必须发展和利用好能源,为英国创造新的财富。

八项原则为:(1)以市场为基础,有利于投资者更多地进入能源领域,并激发能源产业的革新。(2)审慎的监管,促成能源安全、环境影响以及消费者保护目标的实现。(3)清晰的能源战略,由能源大臣直接对议会和选民负责。(4)有利的多样化,通过促进技术、能源来源和供应链的多样化实现能源供应安全。(5)寻求物有所值,以最小化的能源成本,通过市场而不是公共补贴,达到能源市场的可持续发展。(6)加强环境监管,将能源使用的环境成本和效益以持续和透明的价格进入政府和市场的政策制定中。(7)采取国际主义的路径,加强和发展长期协议,便利英国与邻国电网并联,承认在目标分享上与欧盟和国际合作的重要性。(8)促进竞争,消除市场准入的障碍。

3. 拟定完成任务的 12 点行动计划

《2010 年能源绿皮书》指出,为了重构能源体系,保守党政府将开展以下12 点关键行动:[1](1)确保英国有一个明确和稳定的能源政策。能源气候变化部将承担主要的能源政策战略制定的责任,改革天然气和电力市场办公室(OFGEM)。(2)建立电力市场的能源保障,监督和评估边际能力的充足性,保证公平和透明度。(3)建立天然气供应安全保障机制。促进天然气进口多元化,提高储备量;与进口国签订长期供应合同。(4)改革气候变化税,提供碳底价。将气候变化税征收对象从"下游"的消费者转移到"上游"的能源生产者;将排放贸易机制与气候变化税挂钩。(5)简化大型基础设施建设的审批手续。敦促议会修改《国家规划阐述》。(6)发展核能。加快核能基础设施建设,在核能领域适应"碳底价",保留核能发展办公室。(7)加速 CCS 的示范作用。新建发电厂装备 CCS,将其纳入到"碳预算",并与贸易排放制度挂钩。(8)促进可再生能源发展。便利小规模可再生能源和废弃电力上网,授权地方政府促进可再生能源供暖。(9)建立能源互联网,革新能源供需关系。出台智能电表共同标准;实现不同智能电力网间的互融性,达到与邻国智能电力网的并联。(10)通过绿色新政(Green Deal)的方式提高能源效率,资助每户 6500 英镑以提高能效。(11)电气化运输,减少对石油的依赖。加速建造高速电气化火车系统;提高燃料经济标准;启动可再生能源运输燃料义务制度。(12)创建绿色投资银行。与碳基金、海洋可再生能源部署基金一起,加强公共投资的

---

① See the Conservative Party, Rebuilding Security : Conservative Energy Policy for an Uncertain World, 2009, available at http://www. conservations. com/news news_ stories/2010/03/conservatives_propose_radical_overhaul_of_britains _energy_policy. aspx.

来源。

此外,《2010 年能源绿皮书》还提出了减少能源安全的成本建议,通过消减资金成本、提高能源效率、减少补贴以及最大化附加利润来实现这一目标。

(二)自由民主党的能源政策立场

自由民主党是英国的第三大政党,自 1988 年创建以来,一直奉行中左翼的政治路线,在公共服务、社会公正、环境保护等方面拥有更强的进取意识。它主张建立福利型国家,反对限制公民的自由和权利;在外交方面,支持多边外交,反对伊拉克战争,积极参与欧盟的宪政建设。此次大选,自由民主党提出每年减削 150 亿英镑的政府开支、改革选举制度、提高个人所得税起征点以及全力支持欧盟的施政纲领。由于自由民主党历来奉行积极的环境保护政策,因此,其能源政策立场也反映出这一特点。

(1)建设绿色基础设施,创造就业机会。自由民主党指出,当前是推动经济发展、进行大规模投资的又一次最佳时机。投资绿色技术、住宅保暖以及公共交通,将会创造更多的就业机会。况且,从长期来看,投资这些产业势必会使英国经济更加持久和可持续。

(2)寻求公平的燃料消费支付。改革支付形式,通过制定"社会税"等方式,以一个更低的能源价格支持弱势群体的燃料消费。

(3)制定住宅保暖规划。确保每一家庭都能在严冬有一个温暖的居室,并且改进建筑标准,要求所有新建住宅都必须达到高能效。

(4)大力发展可再生能源发电。建议设立"生态——现金返还"机制。

(5)反对燃煤和核能发电。

三、英国保守党和自由民主党能源法律政策的影响

虽然英国保守党和自由民主党提出的上述能源政策立场更多地体现出政党利益,甚至有些观点不符合客观事实,但是我们也不能否定,他们的观点基本上反映了当前英国所面临的能源现状,而且有些观点也迥异于工党政策。上述政策一旦具体实施,将会给未来英国能源法律与政策带来实质性的变化;更为重要的是,它还很有可能对世界能源气候格局产生新的影响。

(一)英国未来能源法律与政策的走向

由于英国保守党和自由民主党在能源政策立场上具有某些共同利益,以及它们对工党政府制定的能源法律政策也要保持一定延续性的特点,因此英国未来的能源法律政策不会出现较大的断层。不过,英国保守党和自由民主党在某些能源政策立场上差异较大,这就为未来英国能源法律与政策的发展

埋下了不稳定的伏笔。综观英国保守党和自由民主党在能源政策上的立场，可以肯定的是，在低碳经济和能源组合方面，联合政府将延续工党政府一贯的能源政策路线，但在核能和可再生能源的发展战略上将存在更多的变数。

1. 低碳经济的道路不会改变[①]

从 2003 年英国工党政府的能源白皮书《我们的未来——创建低碳经济》到 2009 年《低碳转型计划》国家战略文件的出台，低碳经济的理念已深入到英国各政党的能源政策立场中。2009 年保守党出台的《低碳经济：安全、稳定和绿色增长》，尽管在具体的实际低碳行动上与工党略有差别，但对于未来英国走低碳经济的能源战略确是矢志不渝的。

2009 年《低碳经济：安全、稳定和绿色增长》政策绿皮书指出，重建经济不应简单地倚重于少数几个行业，包括那些不稳定的低碳密集能源部门。未来应该是不同于过去的，保守党深信，他们迫切需要采取一个低碳经济的行动。因为只有这样，才能创造更多的就业机会，提升英国的竞争力；只有这样，才能保障我们的能源安全；也只有这样，才能保护我们下一代的环境空间。

同样，自由民主党早在 2007 年就通过了《零碳英国——引领全球》的政策文件。2009 年，该党再次重申了这一立场。《零碳英国——引领全球》的政策文件指出："发达国家应率先转型进入低碳、高能效的经济模式。而英国更要引领这一国际气候框架，通过贸易、税收或者规则确立碳价，鼓励、示范和部署低碳技术，并激励人们长期行为的改变。"

2010 年 5 月 11 日，保守党和自由民主党达成权利分享的《保守党自由民主党联盟协议》（以下简称《联盟协议》），其中就规定："两党同意实施含有一系列举措的全面方案，以期完成低碳和生态友好型经济的目标。"可见，英国联合政府将延续低碳经济的未来发展。

2. 继续发挥低碳能源组合的战略导向

英国工党政府在《2003 年能源白皮书》中首先提出低碳能源组合的问题，但是直到《2007 年能源白皮书》才确立以核能、可再生能源和 CCS 为主的低碳能源组合。从英国保守党的能源政策立场来看，它提出的能源多元化政策，尽管与工党政府的低碳能源组合在范围、方法上有所不同，但都将工党提出的

---

① See the Liberal Democrats Policy Briefing, Climate Change and Energy, available at http://www. libdemsorg. uk/siteFiles/resources/PDF/Election％ 20Policy/01％ 20 _％ 20Climate％20and％20Energy. pdf, last visit on June 22,2010. 转引杨泽伟主编：《自发达国家新能源法律与政策研究》，武汉大学出版社 2011 年版。

低碳能源囊括其中。卡梅伦在《能源绿皮书》的前言中指出:"安全和可持续是硬币的两个面。除非多元化我们的能源来源,除非提升我们的能源网络,除非提高我们能源的有效性,否则我们既不会有安全,也不会有持续。"

英国自由民主党对低碳能源组合也持肯定态度。虽然自由民主党反对核能作为低碳能源组合的一部分,但它在对可再生能源、CCS 的支持上远比工党政府的力度要大。在自由民主党《零碳英国——引领全球》的政策文件中,它试图通过引入碳税、加大排放贸易机制、强化上网电价以及促进 CCS 技术转化等多个方面,来促进低碳能源的全面发展。特别是在达成保守党与自由民主党组建联合政府的协议中,关于环境的 18 个共同建议中,其中有一半都涉及低碳能源。因此,未来英国能源法律政策在低碳能源组合的发展趋势上,将不会出现大的变化。

3. 核能法律政策面临挑战

英国保守党和自由民主党在能源法律政策上的最大分歧体现在核能的利用上。保守党认为,核能应该作为低碳能源组合中的重要一环,它甚至批评工党政府由于不能尽早地决定将核能纳入到低碳能源组合中而延误了能源的多元化发展,造成今天英国在能源供应上的被动局面。为此,保守党在其《2010年能源绿皮书》的第 6 个关键行动中,提出要加快核能发展,支持国家规划阐述(NPS)将"碳底价"适用于核能,并保留核能发展办公室。[①]

而自由民主党极力反对新建核电站,它在其《零碳英国——引领全球》中对核能作出如下评价:"首先,核电站的建设将花费大量的公共补贴;其次,新建核电站将会使英国陷入中心化和不灵活的电力供应,而且这将阻碍对可再生能源、家庭发电以及 CCS 的投资,有损促进节能的努力;最后,核废物至今还没有找到一个安全的和可接受的处理方式,民用核电的全球增长将引发核扩散和核恐怖主义的风险,这与英国的核战略是相违背的。"[②]

可见,英国保守党和自由民主党对于发展核电的立场是截然不同的。这

---

① The Conservative Party Policy Green Paper, The Low Carbon Economy : Security, Stable and Green Growth, 2009, p. 3, available at http://www. conservatives. com/ ~/ media/Files/Downloadable%20Files/lce. ashx, last visit on June 22, 2010. 转引杨泽伟主编:《自发达国家新能源法律与政策研究》,武汉大学出版社 2011 年版。

② The Liberal Democrats Party Policy Paper, Zero Carbon Britain——Taking a Global Lead, 2009, p. 1, available at http://www. libdems. org. uk/siteFiles/resources/ PDF/Zero_Carbon_Britain. pdf, last visit on June 22, 2010. 转引杨泽伟主编:《自发达国家新能源法律与政策研究》,武汉大学出版社 2011 年版。

也体现在保守党与自由民主党的《联盟协议》中,双方在协议的最后部分表示两党难以在核能问题达成一致,因而只能做出"边走边看"的妥协。首先,保守党和自由民主党都同意目前的三家核电站按期退役,不再延长其运行。其次,承诺核电站建设将得不到任何公共补贴。再次,在自由民主党保留反对发展核能的同时,保守党可以通过核能国家规划阐述(NPS)提交议会修改,以促使核能发展。最后,双方都同意在核能方面的分歧不属于法律意义上的"信任问题"。

英国保守党和自由民主党在核能问题上的不同立场,势必会影响两党的联盟,同时也会影响未来英国核能法律政策的走向。尽管《联盟协议》试图在这一问题上达成协议,但它依然是英国联合政府在能源法律与政策上最薄弱的环节。

4.可再生能源政策存在分歧

相比核能而言,英国保守党和自由民主党在可再生能源发展上的分歧仅限于如何促进可再生能源的方式上。保守党认为,在促进可再生能源发展方面,工党政府创立的可再生能源义务制度(RO)与上网电价机制相比,不但费用高,而且程序更行政化,投资者根本难以知晓对可再生能源的投资是否会收益。因此,这一制度阻碍了可再生能源的发展。

而自由民主党认为,可再生能源义务制度促进了英国可再生能源的发展,只是在刺激投资方面,该制度需要进一步改革,但不至于废除这一制度。当然,可以考虑在未来上网电价机制的基础上代替可再生能源的发展。

保守党和自由民主党最终在《联盟协议》中达成如下妥协:全面支持上网电价机制,但同时保留经改革后的可再生义务制度;如果双方无法在可再生能源目标上达成一致,最终决定下一步可再生能源发展的目标将根据气候变化委员会的建议作出。

(二)对国际能源气候格局的影响

英国保守党对工党政府最尖锐的批评就体现在天然气供应问题上。它指出,工党政府的天然气政策是建立在 30 年前的理念上(即英国的天然气供应是充沛的,是无须过多考虑能源供应安全的),这完全是错误的。工党政府在天然气政策上的"不作为"将英国带入了一个"不安全"的能源环境。

为此,保守党提出相应的改革建议:第一,在战略上英国应全面进入国际天然气市场,特别是在液化天然气(LNG)和页岩气开发上,确保英国在多元的国际天然气贸易框架中发挥核心作用,而不仅仅是欧亚天然气供应链上的"末端"。第二,英国将在欧洲乃至全球签订新的 LNG 和管道天然气的"长期供应合同",维持和加深与其他北海天然气的传统贸易关系,特别是与挪威的关系。第三,大力推动欧盟甚至全球天然气和其他能源市场的自由化。第四,加大天然气的战略储备。可见,卡梅伦政府在英国天然气的改革方面将有较大动作,而这可能会增加国际天然气市场上的不确定性。

(1)英国势必会积极参与欧盟天然气政治,对欧俄"北流"管道和途径土耳其的"纳布科"管道施加影响(英国在天然气管道上是主要的投资者之一)。它们有可能迫于英国的压力,为满足欧盟特别是英国的天然气供应而减少对其他国家天然气的输送。况且,自由民主党也一直主张积极参与欧盟事务。因此,欧盟境内天然气网络建设的速度将会加快,并将增加欧盟在国际气候谈判中的砝码(天然气是碳排放最少的化石燃料)。

(2)英国将会在液化天然气方面有所行动。据国际能源机构预测,尽管2007—2030年间世界天然气的需求量将增加17%,但在未来几年里,由于北美非常规天然气技术的突破,天然气有可能供应过剩。[①] 英国正是希望利用这一机会进军液化天然气市场,实现英国天然气的多元化供应。然而,英国的加入极有可能会造成国际天然气价格波动,液化天然气的国际市场会更加复杂多变。

(三)对国际气候变化协议的影响

英国保守党对气候变化的科学性一直心存怀疑,因此在温室气候减排问题上没有工党政府积极。然而,这并不意味着保守党将在这一问题上不作为。相反,出于政治考虑,特别是与工党的竞争,保守党亦提出相应的气候变化的改革举措,如通过制定"碳底价"来取代气候变化税,并与欧盟的排放贸易制度(ETS)挂钩。

与保守党相比,英国自由民主党在气候变化问题上要激进得多。首先,它率先提出到2020年英国电力供应的30%应来自可再生能源,到2050年将达到100%。其次,它要求直接将气候变化税改为"碳税",在碳排放基础上,向新出厂的车辆征收"绿税"(Green Tax),改革航空税,制定可再生运输燃料义务(the Renewable Transport Fuels Obligation,简称RTFO),实现到2015年燃料中有10%来自可再生能源。再次,它要求英国制定国家适应规划,以提升个人和企业适应气候变化的能力(它成为英国第一个提出适应气候变化举措的政党)。最后,它提出帮助发展中国家减排和适应的议题。例如,通过建立国际跨越式基金(International Leapfrog Fund),帮助发展中国家发展低碳

①　参见国际能源机构:《世界能源展望2009——执行摘要》,第8~10页。

技术、可再生能源技术，以提高能源效率；支持建立一个新的联合国适应基金。

此外，为了提高英国政府对气候变化的关注度，自由民主党还要求改革政府机构，设立气候变化内阁委员会，创建新的环境、能源和交通部。

可见，尽管保守党在气候变化问题上并不积极，但由于英国联合政府中的环境发言人由自由民主党的胡尼担任，这就决定了英国不但会继续重视气候变化问题，而且还会在气候变化问题上有较大的举措。正如《零碳英国——引领全球》所言："自由民主党相信，在制定国际气候变化政策上，英国应发挥更为强大的作用，以促使其他发达国家包括美国在内以及发展中国家都进行减排。"

值得注意的是，2010年3月，英国政府迅速出台了《超越哥本哈根——英国政府的国际气候变化行动计划》，以推动在2010年墨西哥坎昆气候变化会议上达成全面的具有法律约束力的国际气候变化协议。

（四）对国际低碳能源投资的影响

虽然在低碳能源发展规模上英国不及美国和中国，但是在低碳能源发展的法律和政策方面，英国却一直独领风骚。不论是"碳预算"还是可再生能源义务制度，都是如此。

（1）英国在可再生能源方面的发展，将会促进国际可再生能源的投资。尽管英国保守党和自由民主党的《联合协议》没有最终确定可再生能源的目标，但该协议明确规定只会增加可再生能源的比重，而不会减少。这在某种程度上说明，可再生能源仍是低碳经济发展的主流，各国在可再生能源发展方面的竞争势必会更加激烈。

（2）英国将更加关注对碳捕获与封存的发展。这是因为联合政府已意识到碳捕获与封存的研发，特别是碳捕获与封存的商业化将是未来国际低碳能源发展的重点和核心。谁率先掌握这一技术，谁将获得引领全球低碳经济的话语权。碳捕获与封存技术的发展，将彻底改变能源安全等非传统安全的性质，并将步入一个新的技术革命时代[1]。因此，在碳捕获与封存的发展上，无论是英国保守党还是自由民主党均无异议。《联合协议》要求所有的新建燃煤电厂都必须装备符合排放标准的碳捕获与封存设备，并且将对公共部门进行碳捕获与封存的投资开展咨询。

（3）英国联合政府在核能利用上的模糊立场，可能会给世界民用核能的发

---

① 转引杨泽伟主编：《自发达国家新能源法律与政策研究》，武汉大学出版社2011年版。

展蒙上一层阴影。英国自由民主党反对新建核电站,不但会对英国未来低碳能源发展战略产生实质性的影响,而且也会给国际核能的发展利用带来消极影响。近年来,特别是 2011 年日本福岛核事故发生后,发达国家对核能利用的态度摇摆不定,使其完全没有达到像可再生能源那样的发展势头,英国联合政府在核能开发利用上的消极态度更加重了这一趋势。因此,未来世界核能开发利用能否走出摇摆不定的局面,将变得更加不确定。

四、结语

英国未来低碳能源的发展将走向何方,在很大程度上取决于英国联合政府能持续多久。如前所述,英国保守党和自由民主党在基本的能源政策上仍然存在较大分歧,这是它们难以逾越的障碍。然而,英国的能源法律与政策进入了一个新的发展期,它是对工党执政 13 年能源法律与政策的重新评估。更重要的是,鉴于英国在国际能源气候政治中占有举足轻重的地位,其能源政策的变化将直接影响国际能源气候格局的走向,因此,包括中国在内的发展中国家应高度重视英国等发达国家在低碳能源法律与政策上的新动向。一方面,通过与其进行广泛的能源合作,吸收它们在低碳能源发展上的新技术,从而推动本国低碳能源的发展;另一方面,借鉴其成熟的低碳能源法律与政策,吸取它们在能源发展中的经验教训,以完善本国的能源立法,最终促成能源结构的调整,构建起安全低碳的能源体系。

第五章　美国能源法律制度

第一节　美国能源法律制度概述

一、美国能源概况

根据 2011 年 6 月《BP 世界能源统计年鉴》(BP Statistical Review of World Energy June 2011)，2010 年美国是世界第二大能源消费国、世界最大石油消费国、世界最大石油进口国、世界最大天然气消费国、世界最大核能消费国、世界第二大煤炭消费国。[①] 从人均能源消费来看，美国的人均能源消费在加拿大之后，位于第 7 位。1949 年，美国人均使用能源 2.14 亿 Btu；[②]2009 年，人均消耗 3.08 亿 Btu，比 1949 年增加了 44%。

从能源种类来看，美国的能源分为三大类：化石能源、核电和可再生能源。其中化石能源包括煤炭、石油、天然气和液化天然气；核能主要用于发电；可再生能源包括传统的水电、生物燃料、木材以及地热能、太阳能、风能等新能源。在这三大类能源中，化石能源是美国能源的主要组成部分。虽然可再生能源在能源政策中发挥越来越重要的作用，但可再生能源的总体作用尚小。根据美国能源信息委员会发布的《2010 年年度能源回顾》，2010 年各种能源消耗占美国总能耗的比例分别为：化石燃料 58.53%、核能 8.44%、可再生能源 8.05%，在化石能源中，煤占 22.08%、天然气 22.10%、石油 11.67%。

---

① 报告显示 2010 年中国能源消费增幅为 11.9%，中国赶超美国成为世界最大能源消费国。该报告中文版 http://www.bp.com/assets/bp.internet/globalbp/globalbp_uk_english/reports_and_publications/statistical_energy_review_2011/STAGING/local_assets/pdf/Chinese_statistical_review_of_world_energy_full_report_2011.pdf.

② Btu 为英国热量单位，全称 British thermal units。一个英国热量单位是指在华氏 59.5 度时，将一磅水升高一华氏度所需热量。

从消耗能源的行业来看,共有 4 个能源消耗行业——居民、商业、工业和运输业。民用能源主要用于供暖、供电、食品和洗衣,商业能源主要用于商店、娱乐、办公等,工业能源主要用于采矿、加工、生产,交通能源主要用于高速公路、铁路、航空、船运等。居民主要使用电和少量的天然气和燃油,商业也是如此。工业生产则使用各种能源。运输业几乎只使用石油产品。能源在交通运输业、工业、居民生活及服务业中发挥着越来越重要的作用,能源供应和需求对于美国经济发展和人民生活意义重大。

未来 25 年,在法律法规维持不变的情况下,美国还将会持续依赖化石燃料,但化石燃料占能源总量的份额将会降低,而可再生能源的份额将增加。预计到 2035 年,非水电类能源消费量将会翻番。美国信息委员会在《2011 年年度能源展望》中对美国能源未来 25 年的发展作出以下几点关键性结论:页岩气(shalegas)的产量会迅速增加,天然气和可再生能源会越来越多用到电力发电上,对液体燃料的进口量会有所下降,与能源相关的温室气体排放会缓慢增加。

二、美国能源立法的发展历史

为了加强对能源的监管,保障国家能源安全,美国联邦政府从 20 世纪 30 年代就开始进行能源监管立法。在 20 世纪 30 年代之前,美国联邦在能源法律方面较少建树。经历 20 世纪 30 年代经济大萧条和第二次世界大战后,在许多机构的参与下,联邦政府才开始建立起有少量能源法规的框架。从 20 世纪 30 年代中后期至今,美国国会的能源监管立法可依据集中程度和立法主题分为四个时期。

(一)电力管控时期

20 世纪 30 年代中后期是美国国会能源监管立法的"管控时期",这一时期美国能源监管立法的主题是如何加强政府对电力工程、电力基础设施的协调和监管,可以将其称为"管控时期"。其中,具有代表性的能源监管立法成果是《联邦电力法案》、《公共设施控股公司法案》、《农村电气化法案》和《天然气法案》等。

(二)核能监管时期

20 世纪 40 年代至 60 年代是美国能源监管立法的"核能时期",其主题是核能的应用和管理,具体而言是如何将核能生产和管理向民用、非政府实体转移。这一时期具有代表性的能源监管立法成果是《1946 年核能源法》、《1954 年核能源法》、《原子能委员会财产获得法案》和《普莱斯安德森核工业赔偿法案》。这一时期能源监管立法的争论点在于在核能领域是否应该"民进官退"，即是否将核能的生产和管理从联邦政府更多地分散到民用、非政府实体。

（三）能源安全时期

20世纪70年代至80年代是美国能源监管立法的"能源安全时期"，强调能源安全问题。这一时期的美国国会连续通过多项能源监管立法，具有代表性的是《阿拉斯加石油管道授权法案》、《1975年能源政策与能源节约法案》、《1977年能源部组织法》、《1978年国家能源法案》和《1980年能源安全法案》。20世纪70年代至80年代，石油消费成为世界能源消费的主体，美国对进口能源的依赖逐渐加深，加上1973年阿拉伯国家的石油禁运，使得美国联邦政府加强了对能源安全的重视。

（四）放松管制时期

20世纪90年代至今是美国能源监管立法的"放松管制时期"，这样做的目的在于培育有序的市场竞争，以最终获得更为便宜而可靠的能源。这一时期的能源监管立法有《1990年清洁空气法修正案》、《1992年能源政策法》、《2005年能源政策法》、《2007年能源独立和安全法》。其中，近年来美国颁布的两部能源法尤为重要，一部是《2005年能源政策法》，另一部是《2007年能源独立和安全法》，这两部都是美国政府适用能源的综合性法律。《2005年能源政策法》是美国近40年来范围最广泛、内容最丰富的能源政策，其立法目的是通过促使能源多样化、提升能源效率、扩大战备石油储存，保护环境和巩固能源安全。《2007年能源独立和安全法案》旨在推动美国减少能源依赖性和实现供应安全。

三、美国能源管理体制

根据现行的美国能源立法，美国能源管理体制分为联邦和州两个层次。在联邦层次，对能源进行监管的主要有两个部门：美国能源部（Department of Energy，简称DOE）和联邦能源监管委员会（Federal Energy Regulatory Commission，简称FERC）。其中能源部是联邦政府的能源主管部门，联邦能源监管委员会是内设于美国能源部的独立监管机构。除这两个部门之外，还有一些与能源相关的其他监管机构，如美国环保团、国会内政部等。在州层次，由于各地的能源资源情况不同，能源管理机构也不尽相同。

（一）联邦层次的能源监管

1. 能源部

依据美国总统吉米·卡1977年8月4日签署生效的《能源部组织法》

(The Department of Energy Organization Act)，1977 年 10 月 1 日原核规划局和原子能研究与发展署合并成为美国能源部。能源部主要负责能源发展和安全的大政方针的制定。在能源部成立之前，联邦的能源监管职能分散于几乎所有的内阁部门。成立能源部的目的在于协调并集中全国能源方面的能力，以应对由阿拉伯国家在全球范围的石油禁运和提价造成的 20 世纪 70 年代石油危机。能源部的使命在于运用最新科技应对能源、环境和核辐射的挑战以保证美国的安全和繁荣。

能源部的具体职责包括收集、分析和研究能源信息，提出能源政策方案和制定能源发展与能源安全战略，研究开发安全、环保和有竞争力的能源新产品，管理核武器、核设施及消除核污染，负责石油战略储备和石油天然气进出口，对油气资源开发、储运、油品加工、环境治理等方面作监管分析、经济分析和市场分析等。能源部还设有信息管理局（EIA），负责对能源供应、需求和价格趋势等数据进行收集和分析。能源部还下设联邦能源监管委员会，作为独立的监管机构，发挥前联邦电力委员署的全部职能。事实上，能源领域的主要规则由联邦能源监管委员会制定，而不是由能源部制定。

2. 联邦能源监管委员会

联邦能源监管委员会的前身是成立于 1920 年的联邦电力委员会（FPC），其主要职责是协调联邦水利开发。1977 年《能源部组织法》将各类与能源有关的机构并入能源部，同时将联邦电力委员会更名为联邦能源监管委员会，并保留了其独立的监管地位。

联邦能源监管委员会是《联邦水电法》、《联邦电力法》、《天然气法》、《天然气政策法》等能源立法及能源政策的执行机构。作为一个独立的监管机构，联邦能源监管委员会的使命在于通过管制和市场的手段帮助消费者以合理成本获得可依赖、有效率、可持续的能源。委员会主要拥有以下权力：市场准入审批，价格监管，受理业务申请，受理举报投诉，进行行政执法与行政处罚，就监管事务进行听证和争议处理等。具体来说，委员会负责州际之间电力、天然气及石油的输送；审核液化天然气终端站的建设计划和州际之间天然气管道的铺设计划；负责颁发水电站项目的许可证等。其中，对州际电力的输送以及石油和天然气管道贸易的管理是联邦政府的关键任务之一，因它关系到整个石油和电力产业能否维持一个有效竞争的市场。

委员会虽然行政上隶属能源部，但委员会主席是由总统提名经国会批准的。为了保持其规制的独立性，委员会实行自筹自支，其经费不是来自联邦预算，而是通过向其所规制的企业收取年费来支付其运行成本。委员会的所有决定由联邦法院审议,而不是由美国总统和国会审议。委员会的职员由能源开发的各个领域的专家构成,并分属若干办公室。

3. 与能源相关的其他监管机构

除能源部和联邦能源监管委员会外,美国的核能监管委员会负责核能监管的职能,美国联邦环境保护署、内政部、劳工部及运输部等其他政府部门也有部分油气资源管理的职责。虽然《能源部组织法》试图统一政府的主要能源计划,但鉴于不同的原因,政府的一些能源监管部门仍不属能源部管辖。其中最重要的机构是核能监管署。该署作为一个整体,负责制定管理核反应堆和核材料的安全事项的规则和条例、向许可机构发布行政命令并就其负责的法律事宜作出裁决。不将核能监管署职能并入能源部的主要原因是为了强调核电站安全的重要性,以避免由于监管部门的职责过宽而疏于对核电站安全的监管。

另一个对能源有着深刻影响的监管部门是美国环境保护署(EPA)。环境保护署主要负责研究和制定各类环境计划的国家标准,并且授权给州政府和美国原住居民部落负责颁发许可证、监督和执法。同时,环境保护署还负责可再生能源和节能技术的推广,侧重于可再生能源和节能的产业建设和市场开发等。能源部的主要职责是确保能源充分和可靠的供应,而环境保护署的主要职责是避免能源的利用对环境造成不利的影响。另一个承担了很多能源相关职责的重要监管部门是国会成立的内政部。内政部的使命之一是妥善管理能源和矿藏资源。内政部下属的一些机构也承担着与能源监管相关的一些职责。除此之外,美国联邦政府的其他很多机构和计划也影响能源行业,在此就不一一列举。

(二)州层次的能源监管

美国的能源监管权分属于联邦政府与州政府,它们各自在法律规定的范围内行使职权。一般来说,在州层次各州负责能源规制的部门主要有三个:州能源委员会、州公用事业委员会以及州环保局。

1. 州能源委员会

州能源委员会是能源政策和规划机构,根据本州的相关法律建立。委员会成员通常由州长亲自任命,任期为5年。5名委员必须具有工程、物理科学、经济学、环保或法律等方面的专业背景,有1名成员必须选自大众。委员会的职责包括:预测未来的能源需求,并保持能源历史数据;给50万千瓦或更大功率的火电厂颁发执照;制定本州的设备和建筑物能效标准,并与当地政府合作,执行这些标准;运用先进的能源科学和技术,支持能够促进公共利益的能源研究;支持、鼓励新能源的开发和利用;规划和领导本州能源紧急情况的处理。州能源委员会通过上述规制活动,鼓励公共或私营机构采取行动改善能源系统,营造一个良好的经济和健康的环境,使本州居民有理想的能源选择,能够获得负担得起、可靠、多样、安全和环保的能源。

2.州公用事业委员会

州公用事业监管委员会(Public Utility Commission,简称 PUC)通过市场准入监管和价格监管、受理业务申请和处理举报投诉、行使行政执法和行政处罚权等监管手段,实施对资源、产业、市场的有效监管。此外,以下事务也主要由各州 PUC 负责:完全位于一州境内的油气运输管道管理;监管向消费者零售的电力和天然气销售;批准发电、输配电项目的实体建设;不包括水电站和一些位于"国家电力传输走廊"的电力传输项目;监管市政电力系统、田纳西流域管理委员会等联邦电力营销机构的行为,大多数的农村电力合作社;发放州水质证书;监督石油管道的建设;石油设施的退役;石油企业的并购;穿越或位于外大陆架的管道安全或管道运输;监管地方天然气配送管道;开发和运营天然气车辆等。

州公用事业委员会下设执行办公室、通信部、能源局、水利局、消费者保护和安全局、消费者服务及资讯局、信息和管理服务局、法律部、政策和规划局。其中,能源局主要根据州能源委员会制定的能源开发和管理政策以及计划,对州内的电力、天然气、煤气等私营企业进行规制,并提供客观的专家分析和咨询,确保消费者能以合理的价格享受安全、可靠及实用的能源服务,防止欺诈,保护并促进本州的经济发展。

3.州环保局

州环保局主要负责研究和制定各类环境计划的地方标准,如空气质量标准等,并按照国家环保署的授权负责颁发许可证、监督和执法。同时,负责本州可再生能源和节能技术的推广,侧重于可再生能源和节能产业的建设和市场开发等。除联邦政府和州政府能源规制部门之外,美国还有大量的行业协会(学会)、科研机构和非政府组织。例如,美国能源部伯克利国家实验室,拥有科学家近 4000 人,仅加利福尼亚州能源服务产业的从业人员就近 3 万人。这些机构拥有世界一流的科研能力和行业管理经验,经常为美国各级政府充当智囊团的角色,成为政府和企业之间沟通的桥梁,对各州乃至联邦政府的能源规制发展战略和政策的制定发挥着重要的作用。

第二节　美国能源法律体系构成

美国能源法律体系具有二元化特点,既有联邦层面的立法又有州层面的立法,既有判例法又有制定法。

美国最早的能源法是 1920 年的《联邦动力法》,大规模的能源立法是在 20 世纪 70 年代能源危机的背景下开始的,适用于能源领域的第一个综合性法律,即为 2005 年颁布的《能源政策法》。据统计,从 1920 年到 2005 年之间,美国共有 25 部调整能源的法律法规颁布实施。[①] 美国能源法律体系有以下几个特点。

第一,从法律性质上看,美国能源法既有基本法,也有单行法。基本法为《国家能源政策法案》。单行法主要有《联邦电力法》、《美国化石燃料法》、《郊区风能开发法》等常规能源与新能源法;《电力事业贸易促进法》、《国家核能安全管理责任法》等公用事业法;《节能促进法》、《节能建筑法》等能源利用法;《国家能源与环境安全法》、《全球温室气体减排法》等能源污染防治方面的法律。

第二,美国能源法律体系不是单一的体系,涉及联邦法律和州法律。美国是联邦制国家,其法律也有联邦和州两个层面的不同体系。美国联邦宪法对于联邦和州的立法权进行了划分,美国联邦宪法第 1 条第 8 款规定了联邦政府的立法权范围,除了该款所列举的联邦立法的领域外,都属于州立法的领域。关于能源方面的立法不属于联邦宪法第 1 条第 8 款明确规定的 17 项立法权,但由于能源关系到国计民生,地位非常重要,联邦政府运用默示权力条款对能源进行立法。由于没有在明确列举的 17 项联邦立法权范围内,因此能源立法就成为各州立法的主要内容之一。也就是说,能源领域的立法成为联邦和州立法的共同范围。因此,美国的能源法律法规既有联邦法律系统的,也有州法律系统的,且各州法律又是一个个独立的法律体系,因此各州的能源立法也不尽相同。

美国属于英美法系,以判例为表现形式的普通法是其法律的主体,因此能源方面的规则也可以在判例中找到踪影。虽然属于英美法系,但是美国的制定法也很发达,最典型的是其联邦宪法是制定法。随着社会的发展,制定法的

---

① 中国法学会能源法研究会:《中国能源法律体系框架研究》,课题研究报告(二)。

数量在增加、作用在加强，尤其在税收、社会安全、能源、移民等领域更是如此。正如美国学者卡拉布里希所说：过去50年到80年间美国法发生了根本变化，我们已从普通法占统治地位的法律体系转变为立法机构的制定法成为主要渊源的体系。① 美国能源领域的相当一部分法律法规属于制定法。

　　总而言之，美国是普通法国家，与能源有关的法律在联邦法律、各州法律及判例中都可以找到踪影。可以说，美国的能源法数量极为庞大，涉及能源领域的各个方面，几乎可以说每年都有有关能源的法案出现。美国能源法的特点就是事无巨细，法律具体而又庞杂，可以说美国能源法体系极为完备。

第三节　美国传统能源法律规范

一、煤炭立法

　　美国是一个高度法治的国家，法治是行政制度的基本要求。煤炭资源管理的方方面面，包括战略规划、管理体制、运行机制等，都依法进行。美国规范煤炭勘查开采的法规体系包括联邦、州及地方3个层次，本节主要着眼联邦层次。实际上，在煤炭资源的管理上，联邦层次的立法除了调整联邦所拥有的煤炭资源勘查开采外，在有些情况下也调整与由州拥有的煤炭资源有关的活动。美国规范煤炭活动的法规体系包括3个层次，即法律、法规、政令。每一层次都包括直接和间接规范煤炭业活动的法律法规。

　　直接规范煤炭资源管理的法律主要集中收编在《美国法典》第30编"矿产土地和采矿"及第43编"公共土地"中。第30编"矿产土地和采矿"共分成31章，代表31个方面的内容，其中有13章内容直接涉及煤矿勘查开采方面的活动，是政府管理煤炭资源的主要法律依据，包括：矿产土地和法规总论；含煤、油气、盐、沥青、钠、硫及建材的土地；购置土地的矿床租约；褐煤资源开发；矿产租赁法调整范围内土地上的采矿声明权；同一地块的多矿产开发；煤矿山火情控制；无烟煤矿山排水和水灾控制；煤炭研究和开发；矿山安全卫生；露天采矿控制和复垦；材料和矿产政策；研究和开发。第43编"公共土地"共分成41章，同煤炭资源管理有关的内容主要包括：土地管理局；美国地调所；调查；地区土地办公室；土地行政区。同煤炭资源管理关系密切的法律是第35章的

① 朱景文：《比较法总论》第2版，中国人民大学出版社2008年版，第156页。

"联邦土地政策和管理法",是政府进行煤炭资源管理规划的主要依据。

(一)联邦法律

1.《矿产租赁法》和《联邦煤炭租赁法修正案》

1920年以前,煤炭作为可销售矿产销售。1920年,美国出台了《矿产租赁法》(全称《矿产土地租赁法》),把包括煤炭在内的一些高价值矿产分离出来,采用租赁方式授予矿权。该法颁布后,曾历经40多次修改,是煤炭资源勘查开采的核心立法,是在联邦公共土地和蕴藏联邦保留矿产的土地上进行煤炭、磷酸盐、碳酸钾、钠、硫黄和其他可租赁矿产资源勘查开采的重要依据。该成文法包括总则和单矿种部分,前者适用于所有可租让矿产,后者则是针对煤炭等各类可租让矿产的一些特别规定。

《矿产租赁法》对租约发放前的土地综合利用规划与煤炭资源评价、租约设置程序、授予方式、土地准入、承租人资质、承租人权利义务、租约保有、转让及吊销的条件、权利金费率及少付未付的法律责任、最低权利金、政府特权、权利金收益分配及分配方式等广泛内容均进行了规定。该法既调整了联邦政府和煤炭承租人之间的关系、承租人与土地所有权人之间的关系,也调整了联邦政府各机构之间以及联邦政府同煤炭所在地州政府之间的关系。

1976年《联邦煤炭租赁法修正案》主要是对1920年《矿产租赁法》中涉及煤炭的内容进行了重大修改,主要目的是抑制煤炭租约的投机行为。20世纪70年代早期,人们开始大量地囤积储量,其结果是置于联邦煤炭租约下的储量是60年代以前的4倍,但实际产量却并未显著增加。当时,仅有10%的联邦煤炭租约在生产煤炭。这引起了政府的担忧,同时社会公众也怀疑政府没有从煤炭租赁中取得资源的公平收益。在此背景下,1976年国会通过了《联邦煤炭租约修正案》,增加了一系列要求,包括所有煤炭租约都需要通过竞争途径授予,同时规定了开发的时间框架、最低产量(商业产量)勤奋开发、持续经营以及设置逻辑采矿单元的要求等。

2.1976年《联邦土地政策管理法》

1976年《联邦土地政策和管理法》确立了美国公共土地政策、土地管理局管理联邦土地时的管理指南、土地利用规划等内容。根据该法的规定,管理联邦土地时主要基于6个要素:(1)联邦政府所有公共土地需要为公共利益服务;(2)以多用途、连续生产为基础;(3)保护历史文物和古迹,保护大气和水质;(4)联邦政府在公共土地和资源利用中获得公平的市场价值;(5)湿地、野生动物区、风景区及河流等要特别保护;(6)联邦土地管理部门重视国家对动物、食物、木材和纤维的需求。其中政府在公共资源利用中获得公平的市场价值是土地管理局在管理煤炭租约中遵循的一条重要原则。根据《联邦土地政策管理法》的规定,内政部需要编制和维护所有土地管理局管理的土地及其资源和其他价值的清单。

3.1977 年《露天采矿控制复垦法》

20 世纪 70 年代以来,随着采煤的日益活跃,环境污染问题引起人们的关注,要求控制煤炭开采、保护环境的呼声日益高涨。《露天采矿控制复垦法》就是在这一背景下出台的。该法分为 9 章,包括发现和政策声明、地表采矿复垦和强制执行、州采矿和矿产资源研究、废弃矿山复垦、露天采矿环境影响控制、圈定禁止非煤矿开采区、管理及其他方面规定、大学煤炭研究实验室、能源资源毕业人员等。该法确立了统一标准,州和联邦都需要遵守,各州依此制定实施细则。该法规定,露天采矿或地下矿山进行地表工作以前要得到联邦或州的许可,要到露天采矿和复垦办公室申请和取得采矿许可证,采矿后除特殊情况外要求矿山经营者将土地恢复到原始状态,并向土地所有权人赔偿因采矿造成的损失。该法还设立了一系列的基金,包括废弃矿山复垦基金、水土保持基金、水质保护基金、复垦回填基金、能源研究生基金、能源研究实验室基金等。美国内政部露天采矿局负责该法的实施。

4.1969 年及 1977 年的《矿山卫生和安全法》

围绕煤矿安全与卫生生产,美国先后制定了 10 多部法律,最早制定的煤炭安全法律是 1952 年的《煤矿安全法》。1968 年康苏尔发生了瓦斯爆炸,促使联邦政府于 1969 年颁布了《矿山卫生与安全法》,确定了严格的安全卫生标准,1977 年再次修订。该法对所有采矿活动都规定了综合健康安全标准。

另外,作为 1969 年和 1977 年《矿山健康和安全法》的一个组成部分的"黑肺利益改革法",要求为患黑肺病和死于黑肺病的煤炭工人支付福利。美国关于影响雇员健康安全的其他法律还包括《职业安全和健康法(OSHA)》(州层次上也有类似的法律)、《煤炭业退休者健康利益法》(也称为《煤炭法》)及《美国矿山工人联合利益基金》(UMWA CBF)等。

5.2005 年《能源政策法》

美国制定了多部涉及能源和矿产政策方面的法律,其中对煤炭影响最大的是《能源政策法》。政策被上升到法律高度,实际上是把能源战略和规划法制化,《能源政策法》出台后,涉及煤炭资源方面的立法也需要进行相应调整。

1973 年中东战争时期油价上涨后,美国于 1975 年开始制定《能源政策和保护法》,1978 年出台;1987 年制定了《国家设备能源保护法》,1992 年演变为《能源政策法》。进入 21 世纪,美国政府根据能源形势,历经 4 年,对国家能源政策和相关法律进行了全面梳理、整合和修订补充,2005 年制定了新的《能源政策法》。《能源政策法》全文 1724 页,其中条款非常具体,可操作性也很强。

2005 年《能源政策法》放宽了煤炭勘查开发的条件,涉及需要修改煤炭租约方面的法律主要包括第 432 条(煤炭租约面积限制)、433 条(煤炭租约合理采矿)、434 条(煤炭租约预付权利金)、435 条(提交煤炭租约经营和复垦计划)、436 条(煤炭租约保证金要求)、437 条(煤炭租约库存)等条款。为落实2005 年《能源政策法》,美国内政部一直在着手对现行涉及煤炭租约方面的条款进行修改,以便遵守新的能源政策法的要求,目前已制定了一些临时性规定。对其他修改也进行了具体工作安排并制定了时间表。

6.《能源部组织法》及其他法律

1977 年《能源部组织法》被收编在《美国法典》第 42 编"公共健康与福利"中,包括 16 个子章节,对成立能源部的意义、能源部机构构成、过去分散在不同政府部门的职能的转变、联邦能源规制委员会的成立和职能、能源部制定法律法规执行令的程序、能源规划等广泛的内容进行了规定。关于创建能源部的意义,法律罗列了 20 条之多,包括确保联邦能源政策和计划的有效和协调管理,以解决国家中短期及长期能源问题;制定综合能源保护战略,这在能源规划中具有最高优先地位;集中能源数据采集和分析;促进联邦、州及地方政府在实施国家能源政策和计划中的协调;确保竞争、私人投资、公共参与等。

在能源部机构构成中,通过立法确立了能源部能源信息署的职能。根据法律规定,能源部下设能源信息署,能源信息署行政负责人由总统任命,该人员在专业背景和经验上要有管理能源信息系统的资质。同时法律对信息署履行职能的独立性,统计、调查、分析及研究的内容,可利用的手段,向其他机构及公众提供信息的义务等都进行了详细的规定。同时,根据法律规定,在信息署下设立租约联络委员会,由内政部及能源部各一半的成员组成。

1972 年《联邦顾问委员会法》确定了由政府任命顾问委员会的工作框架。《政府绩效和结果法》要求所有联邦机构制定 5 年战略规划,明确各自的使命和长期工作目标;制定年度绩效计划,明确为实现长期目标采取的重大措施和绩效测量标准;提出年度绩效报告,评估各自的绩效状况并向国会和公众公开。该法的实施把政府绩效评估制度化、法定化,使政府工作保持连续性,不因行政首长的更迭发生变化。此外,在刑法的侵犯罪中,也涉及煤炭侵犯罪方面的条款。

(二)联邦法规:煤炭管理

规范煤炭资源的第二层次立法是法规。根据美国联邦行政程序法规定,

"法规是指行政机关为执行、解释或规定法律或政策,或为了规定机关的组织、程序或活动的规则而颁布的具有普遍适用性或特殊适用性而且对未来有约束力的文件的全部或一部分,包括批准或规定未来的收费标准、工资、法人体制或财政体制及其改革、价格、设施、器具、服务或津贴在内,也包括批准或规定各种估价、成本费用、记账方式以及上述事项有关的活动在内"。由于煤炭资源管理日趋复杂和技术化,国会法律一般只规定要达到的目标或必须遵守的标准,具体的、可操作的行为往往通过法规来规范。和《美国法典》类似,美国编撰了《美国联邦法规法典》(简称 CFR),这是美国联邦政府执行机构和部门在"联邦公报"(简称 FR)中发表与公布的一般性和永久性规则的集成,具有普遍适用性和法律效力。

《联邦法规法典》的编纂也是按照法律规范涉及的领域和调整对象分成50编,这50编同美国联邦法典的50编类似,但不严格一一对应。《联邦法规法典》是以联邦机构管理的内容作为分类标准的。

1.第43编"公共土地"中的煤炭管理法规

规范煤炭资源管理的联邦法规集中地编在《联邦法规法典》第43编《公共土地》(主要由土地管理局管理的业务)的《煤炭管理》一章中,长达6万字(英文字数),涉及内容广泛,主要包括:一般规定、勘查许可、竞争租约、非竞争租约、开采许可、现有租约管理、环境要求、煤炭管理规定和限制、煤炭勘查和采矿操作条例等章节。

2.第30编"矿产资源"中权利金管理

在第30编"矿产资源"(由矿产管理局管理的业务)第F分部"煤炭"中,也集中了煤炭方面的内容,主要涉及如下内容:煤炭权利金计税价格的计算标准,长达7000多字;对煤炭价格审计、租约人、经营者需要提交的表格、权利金职能的州代理、联邦与州及印第安部落的合作、保证金等广泛内容通过行政法规进行了规范。

第三层次的立法是裁定令。裁定是裁决的结果,凡是法规以外的最后决定都是裁定,由联邦政府下发的具有普遍规范作用的裁定令也具有法律效力。比如联邦12898号裁定令,要求每一个联邦机构都要考虑其计划对少数民族和低收入人群的影响。另外,美国在煤炭租约发放时,往往由联邦政府和企业签署协议,协议中就租约期限、面积、缴费标准等进行了规定,也具有法律效力。

(三)各类标准、指南、操作手册等

除联邦法律、行政法规以及裁定令外,为履行管理职能,美国内政部还制定了一系列的指南、操作手册、标准等。指南是永久性的书面政策和程序上指南，主要为政府官员所用，如果没有特别说明，这种指南中的指导是强制性的。比如土地管理局的指南系列包括指南、指南附录、手册及手册附录，手册更详细一些，根据相应指南编撰。指南和手册内容不能冲突，两者具有同等效力，合起来构成了完整的指示性文件。此外，政府还发布指示备忘录，这是在没有足够时间发布指南的情况下制定的新政策或程序性指南，或是对现有法规、政策、指示进行解释，往往是在紧急情况下发布的文件。当然，有些指南是为管理对象编写的。这些指南和手册对现行法律法规进行了详细解读，同时融合了最佳实践，也是政府规范煤炭资源的重要依据。目前，内政部土地管理局有效的指南有86项、38个手册，同煤炭资源管理有关的有《土地利用规划指南》和手册，对规划过程、方法、数据的取得和处理、人员分工、协作等进行了详细规定。此外，内政部同煤炭资源管理有关的手册还包括《联邦权利金审计手册》等。除了指南和手册以外，内政部还制定了一些标准，如《联邦土地征用统一评估标准》，对煤炭资源出租取得公平市场价值作了详细的规定。这些指南、手册、标准减少了执法的随意性。

二、石油立法

在所有能源构成中，石油是具有最广泛用途和最稀缺的物资。但是石油资源分布不均衡，集中在少数地区，所以控制争取石油资源造成了国际局势的紧张，也成为冲突和摩擦的焦点。几次石油危机的爆发，对各国经济发展造成冲击。因此，在世界范围内，石油安全是能源安全的核心和集中表现，是涉及国家经济安全的关键问题之一。美国是全球最大的石油消费国，其石油消费量历年均占世界石油消费总量的1/4左右。2010年美国石油消费量为8.43亿吨，石油依存度达到了61.4%。据美国石油部预测，到2025年，美国石油依存度将达到70%。为应对石油短缺，凭借强大的经济实力，美国在长期的发展中形成了自由市场型的石油安全战略体系。[①]

(一)美国的石油工业政策

美国政府对于石油问题的政策主要包括了保障石油天然气供应安全、提高石油天然气行业效率、加强石油天然气行业基础设施建设、增加政府战略石油储备、保障石油行业与环境协调发展等一系列政策，这些政策的目标旨在保

---

① 陈孝俊:《美国石油安全战略分析及对中国的启示》，载《经济研究导刊》2012年第3期。

障石油天然气的发展能满足国民经济持续发展对于石油天然气的需求。安全、效率和环保是石油天然气行业政策的三大目标。

（二）美国政府在石油工业中的作用

美国政府在石油工业中的作用主要体现在制定石油工业发展战略、确立竞争规则和维护资源的可持续开发三个方面,行之有效的计划和激励政策以及政府部门间的分工协作确保了其作用的发挥。具体体现在:制定油气勘探开发的公共政策和战略,推行各种计划和活动来鼓励私人企业实现政策目标;建立和实施适当的联邦绩效标准、限制和惩罚措施,确保产业活动与公共利益相一致;有效地管理联邦土地,促进联邦所有的油气资源能在有效和环保的基础上可持续开发,等等。

（三）美国石油工业的监管体制

美国政府对于石油工业的监管主要针对不受竞争力量制约的石油经济活动的控制和指导。监管的内容主要包括:国有资源的勘探开发准入,油气资源开发中避免浪费健康、安全及自然环境保护;自然垄断领域防止滥用优势地位,等等。而对于石油及其产品的价格、买卖双方的交易和进出口,则主要是让市场发挥作用。

（1）分设石油工业的主管部门和监管部门。美国的石油工业主管部门主要有能源部、联邦内政部下属的矿产管理局及联邦环保署,劳工部、运输部等其他政府部门也负有部门油气资源的管理职责。能源部下属的能源监管委员会是一个独立的能源监管机构,主要负责具体的监管政策的制定和执行。

（2）分级监管与相互协调的监管。美国对于石油工业监管分设联邦能源监管委员会和州公共事业监管委员会,联邦能源监管委员会主要负责跨州和跨国的监管,各州则要负责本地的监管。

（3）监管的法律体系。美国拥有比较完善的能源监管法律体系,涉及石油工业的主要包括了《天然气法》、《菲利普斯决议》、《天然气政策法》、《联邦能源委员会 436 号令》、《放松进口管制法》以及专门的反垄断法。

美国联邦政府的石油政策主要体现在制定能源战略、确立竞争规则和维护资源的可持续开发三个方面,为石油产业提供了一个经济、技术和制度框架,从而使私人部门能够有效地满足国家目前和将来对石油资源、能源安全、市场公平竞争以及保持清洁和安全的环境的需要。[1]

（1）制定和实施国家能源发展战略,增加石油供应。美国能源部是制定国

---

[1]　廖英敏:《美国联邦政府的石油政策》,载《中国金融》2004 第 23 期。

家能源战略的主要部门,国家能源战略的主要目标是:提高能源效率;确保应对能源危机的能力;促进环保能源的生产和利用;通过不断的科技进步来拓展未来的能源选择;在能源问题上进行国际合作。石油在美国能源中占据重要地位,为实现这些战略目标,联邦政府推行了一系列关于石油的计划和激励政策。

第一,重视石油技术的基础研究和应用研究,在合理价格下,确保国内石油的安全供应。积极推进企业、大学和地方政府的合作研究,美国石油界每年的研究开发和技术改进投入都达到数亿美元,这些资金几乎全部来自公司自身,而不是联邦政府。

第二,建立战略石油储备体系,保障国家能源安全。1975 年,美国国会通过了《能源政策和节约法》,授权能源部建设和管理战略石油储备系统,并明确了战略石油储备的目标、管理和运作机制。美国石油储备体系分为政府战略储备和企业商业储备。政府战略石油储备的目标是防止石油禁运和石油供应中断,平时不轻易动用,商业石油供应一旦发生中断,在美国总统下令的 15 天之内,应急储备油就能被迅速运至石油提炼厂。美国战略石油储备的运行机制可以概括为:政府所有和决策,市场化运作。从建设储库、采购石油到日常运行管理费用均由联邦财政支付。联邦财政设有专门的石油储备基金预算和账户,基金的数量由国会批准。为了避免对市场价格的冲击,战略石油的采购和投放基本上采取市场招标机制。通常选择价格低迷时采购,既要避免引起市场价格波动,又要防止造成石油储备资金损失。战略石油储备的投放也采取招标机制,政府向石油公司招标,再由石油公司按市场价格销售,回收资金交财政部的石油储备基金专门账户,用来补充石油储备。企业商业储备远远超过政府储备。目前,全国的石油储备相当于 150 天进口量,其中政府储备为 53 天进口量,仅占 1/3,其余是企业储备。美国的企业石油储备完全是市场行为,既没有法律规定企业储备石油的义务,政府也不干预企业的储备和投放活动,企业根据市场供求和实力自主决定石油储备量和投放时机。

第三,通过税收优惠政策鼓励企业开展研究开发等活动,引导企业实现国家能源目标。通过政策实践,近年来联邦和州的税收政策被认为能够较为有效地激励私人部门实现能源政策目标,如研究开发和投资税减免、减收矿区使用费等。但总的来看,由于各州之间油气运营和经济情况差别很大,多数税收鼓励政策是由州政府实施。

第四,政府机构分工合作,通过补贴、技术援助和融资手段支持国内能源企业参与国际竞争,获取和利用国际资源。能源部、贸易开发署和美国进出口银行是支持能源企业参与全球竞争的三大主要机构。能源部矿物能源办公室下的矿物能源国际计划和石油天然气进出口办公室承担支持美国油气产业界开发新的商业机会和技术的职责。美国贸易开发署通过资助可行性研究、专业培训补贴、商业研讨会和其他技术援助,帮助国内油气公司在发展中国家和中等收入国家参与能源项目的竞争。作为政府机构的补充,美国进出口银行对美国公司的海外销售活动提供融资支持。进出口银行也提供信用担保,以保护美国出口商免受因国外政治或商业原因导致的拒付风险。

(2)确立公平竞争的市场环境。在石油市场化运作的条件下,联邦政府石油政策的一个重要方面是弥补市场缺陷、促进公平竞争、提高市场运作效率。

第一,创造公平竞争的市场环境。美国的石油生产和经营完全由私人部门按照市场规则运作,政府的职能是对市场主体的经营行为进行规制、促进公平竞争、提高市场效率。联邦和州政府也不制定和指导石油产品的市场价格,即使是在 1973 年石油冲击的危机中也如此。联邦政府还通过鼓励和支持市场创新,运用金融衍生品工具和期货市场来分散和回避国际石油价格激烈波动的影响。

第二,对州际管道贸易进行监督管理,维护油气产业的公平竞争。美国的石油运输基础网络由约 16.9 万英里的石油传输管道构成,对州际管道贸易的管理是联邦政府的关键任务之一,因为它关系到整个石油产业能否维持一个有效竞争的市场。能源部的联邦能源规制委员会(FERC)负责对重要的石油州际贸易进行管理。

第三,提供能源信息服务,提高市场的透明度,为形成合理价格奠定基础。联邦政府提供的能源信息服务包括三大类:收集和分析油气市场的数据;研究影响油气供应的事件和政策;评价资源状况。能源部所属的能源信息局(EIA)负责对能源供应、需求和价格趋势等数据进行收集和分析,其分析工作具有独立性,不受联邦政策目标的影响。

第四,要求大油气公司提交财务报告,作为评估和制定能源政策的重要参考。联邦政府要求油气产业大公司向能源部的财务报告系统(FRS)提交年度财务和运营情况报告。能源信息管理局负责分析 FRS 信息,并向国会提交年度分析报告和相关数据。

(3)管理联邦土地和环境,保证石油资源的可持续开发。在美国经济发展过程中,美国政府的石油政策经历了石油供应从简单的以满足经济发展的基本需要为目标向以在满足需求的基础上重视环境和效益为目标、保持石油资源可持续发展的转换,通过政策实现市场自身无法达到的国家经济、环境和安全目标。

第一,有效管理联邦土地,保证石油资源的可持续开发。联邦所有的石油资源是出租给私人公司经营的,私人公司参加联邦所有的陆上和海上土地的勘探和开发权竞标,中标者向联邦支付开发权的基本费和年租金。出于环保考虑,联邦通过国会立法或总统令的形式,严格限制或禁止开发部分联邦土地内的油气资源,如佛罗里达油海、加州海岸等。

第二,制定环境标准,改革环保管理方式。关于陆地和海上油气经营的环境性能标准是在联邦和州两个层次上制定的。在过去的 25 年间,几个主要的联邦法律建立了关于气体排放、水中排放,危险和无危险固体废物的管理和处置等联邦环境标准,对油气经营中各阶段的环保问题都作了具体规定。在过去的几年间,美国的国家环保战略发生了重大转变,联邦和州政府越来越多地通过与企业界的合作计划来达到环保目标,不再强制企业采用特定的环保技术和措施。从油气产业的实施情况来看,这种基于自愿的合作计划能够迅速地以更低成本实现环保目标。

第三,保障职业健康和安全。联邦政府在确保油气产业工人健康和安全方面同样发挥着重要的作用。职业安全和健康管理局通过与州政府的合作,实施并加强有关工作场所健康和安全标准的管理。

三、天然气立法

美国的天然气工业发展历经了百余年的历史。为配合其发展,政府制定了不少相关的法律与政策,虽然有些经历了反复,但多数是在已有法律政策的基础上针对新问题做出改进,进而使法规不断得到完善,以促进天然气行业健康有序的发展。下面介绍在美国天然气发展史中一些主要的天然气法律与政策形成的背景及其所产生的影响。

(一)1938 年《天然气法》

该法规定成立美国联邦电力委员会(以下简称 FPC,是联邦能源管理委员会的前身)来管制州际天然气管道运输。天然气输送具有自然垄断性。天然气管道的建设耗资大且工期长,为合理配置资源,避免人力、物力和资金的浪费,实现规模经济效益,同时,考虑到管道公司运用市场势力定价的潜在可能性,美国政府认为应该对天然气的输送进行监管。这也是美国天然气发展多年以后,管道输送和地方配气仍然处于政府监管之下的原因。国会授权FPC 为州际管道公司的输送制定公平合理的价格,但井口价格和州内天然气的输气和配送不受 FPC 监管,由各州公用事业委员会负责监管。美国政府在因自然垄断而无法引入竞争的情况下,首先对该行业进行了监管。

（二)1954 年《菲利普斯决议》

20 世纪 40 年代和 50 年代,美国天然气工业发展迅速,但管道建设速度相对缓慢,由此导致了天然气价格的急剧波动和一些地区的供应短缺,这也促成了 1954 年《菲利普斯决议》的出台。根据这一协议,国会授予了 FPC 设定价格限制的权力。美国最高法院决定,天然气法应该包括对天然气州际管道和井口价格的监管,并由国会授权 FPC 设定州际井口价格。这个决议确立了美国早期的天然气供应结构:生产者将天然气销售给管道公司,管道公司再销售给地方配气公司,最后由地方配气公司销售给终端用户。天然气供应链上的各个环节的价格也受到了监管:前两个销售价格受联邦政府或州政府机构监管,终端环节的价格受州或地方政府机构监管。《菲利普斯决议》虽然控制住了价格的波动,但是由于设定的价格低于天然气实际的市场价值,导致了需求增加。同时,生产商利润微薄便失去了勘探和开采动力。因此最终导致了 20 世纪 70 年代的供应短缺。人们将供应短缺归咎于对井口价格的控制,这些情况就促成了 1978 年《天然气政策法》的出台。

（三)1978 年《天然气政策法案》

1978 年 11 月在天然气供应短缺的高峰时期,美国国会颁布了《天然气政策法案》,将其作为国家能源法案的一部分。在意识到为保护消费者不受到垄断价格的侵害而制定的天然气价格体系实际上导致了天然气的短缺,从而损害了消费者的利益后,联邦政府在天然气政策法案中更改了对天然气销售价格的规定。从根本上,这个法案有 3 个主要目标:(1)确立唯一的国家天然气市场;(2)根据需求确定供应;(3)允许根据市场的力量确定天然气的价格。这个法案试图通过制定天然气最高的法律价格以及取消天然气销售州际间的障碍来实现以上目标。作为国家监管天然气市场的实体,联邦电力委员会被另外一个机构——联邦能源管理委员会所取代。

《天然气政策法案》第一次从根本上减少了对天然气市场的规定,市场对它的反应包括如下方面:(1)管网公司在过去几年习惯于天然气的短缺,现在签订了许多的长期天然气合同;(2)生产商扩大了开采和生产,通过与管网公司签订长期订货合同而取得的部分资金,投资开掘新的燃气井;(3)平均的天然气价格在数年间迅速攀升;(4)给最终用户的价格在提高,但是管网公司通过新旧销售合同的调剂,缓解了一部分价格上升的压力;(5)价格上升导致了需求的减少。《天然气政策法案》允许更多的价格竞争出现。但是,许多产业链上的企业并没有为需求减少而做好准备。管网公司习惯于天然气短缺的状况,迅速地签署了照付不议协议。根据协议,管网公司不管是否输送了协议规定的天然气量,都要按照协议的规定支付固定数量天然气的价格。《天然气政策法案》刺激了发现新的天然气资源的欲望,提高了天然气的价格,管网公司尽量地输送尽可能多的天然气,这些都导致了天然气的超额供应。

(四)联邦能源管理委员会 436 号法令

1985 联邦能源管理委员会颁布了第 436 号令,它改变了对跨州管网公司的规定。在这个法令中首先构架了管网公司作为天然气的输送者单独运作而不是成为天然气商品的一部分。这个法令适用于所有的天然气用户,而不是80 年代"特别市场安排"中规定的工业用户,这样避免了歧视的问题。

基本上联邦能源管理法案允许管网公司应用户的要求在其自愿的基础上为用户提供管输服务。管输服务的收费设置了上限和下限。在这些限制内管网公司可以自由地定价为用户提供服务。尽管 436 号法令的框架是基于自愿的原则,但几乎大部分管网公司都最终采用了。436 号法令产生了立竿见影的效果,主要表现在以下几个方面:

(1)管网公司开始为各种类型的用户提供天然气输送的服务。

(2)管网公司的用户们感觉到了成本的节约。通过这种方法得到的天然气价格比管网公司按照照付不议方式输送给他们的天然气价格要便宜得多。

(3)仍有一些用户愿意按照照付不议方式通过管网公司购买天然气。

(4)管网公司和燃气的生产商一起努力去缓解照付不议合同的弊端。

436 号法令还产生了一系列的长远影响,主要有如下几个方面:

(1)相对于提供捆绑的天然气商品服务,输送天然气成为管网公司基本的经营方式。

(2)根据最终用户的多种选择,出现了各种不同的天然气购买和输送的方式。

(3)新的定价方式出现。这个价格减去了配气的成本和长距离输送的成本,是直接从生产商手中购买天然气的井口价。对消费者而言,他们可以有多种选择购买和输送天然气的方式。

436 号法令成为用户开放进入燃气销售领域的法令。在此期间一些针对管网公司继续有效的照付不议合同的案例出现了。为应对这些问题,联邦能源管理委员会在 1987 年颁布了第 500 号法令。这个法令鼓励跨州管网公司转让它们的照付不议合同,同时允许它们在合理的范围内转嫁部分因照付不议合同而增加的成本给其用户。

（五）1989 年《天然气反控制法案》

在《天然气政策法案》中对天然气井口价的限制开始松动。但是直到1989 年美国国会通过了《天然气井口价反控制法案》才最终不再对天然气井口价实行管制，允许完全根据市场的状况自由地制定价格。

《天然气反控制法案》规定"第一次销售"可以不受任何联邦法案对价格的规定。关于"第一次销售"的定义如下：（1）销售给管网公司；（2）销售给当地的配气公司；（3）销售给最终用户；（4）联邦能源委员会规定的其他"第一次销售"。"第一次销售"不包含管网公司和当地的配气公司销售的天然气。

（六）联邦能源管理委员会 636 号法令

联邦能源管理委员会 436 号法令使管网服务与天然气商品分开成为可能，但管网公司提供的天然气输送服务仍是以自愿为基础的。联邦能源管理委员会第 636 号法令完成了管网输送服务与天然气商品分开的最后一步。该法令 1992 年颁布，规定管网公司必须将管网输送服务和天然气销售分开，任何用户都可以自由地选择天然气的销售商、管网的运营商以及天然气的储存商，可以自由地选择他们需要的天然气数量。636 号法令被认为是最后的反控制的法令，它是过去 20 年中所有的放松监管政策发展的最终结果。从根本上这个法令规定了管网公司不再介入商品的销售，或者以捆绑的价格提供销售服务。联邦能源管理委员会的 636 号法令是对跨州天然气工业放松管理的最终结果。它的主要目的是给予所有的天然气销售商相同的机会销售天然气给最终用户或者是零售商。它要求输送、存储和市场营销分离，这样消费者可以以最经济的手段获得天然气。

（七）当今美国天然气市场及管理政策

现在的天然气工业生存的管理环境更加依赖于市场上的竞争力量，不再像以前一样僵硬。在过去的 20 年间对天然气工业的管理发生了巨大的变化。尽管在天然气产业链的某些部分存在重建和放松管理的情况，在天然气的长距离输送和配气上还存在很多的监管。这些监管主要是为了防止大的垄断集团滥用它们的权力影响天然气市场平稳高效的发展。

经过这 100 多年的发展，美国的天然气市场已经较为成熟，并逐渐形成了竞争型天然气市场交易的运行模式。在解除价格管制后，美国天然气市场完全开放且极具竞争性。生产商、管网公司、经纪公司、输配公司、销售公司和大用户在很多区域性市场进行天然气交易。天然气经纪公司是美国天然气工业的重要组成部分。经纪公司代表天然气生产商、管网公司、配气公司和销售公司进行天然气的买卖。经纪公司通过尽力减少交易费用、供应和价格风险使其他市场参与者得到实惠。它们将市场参与者的供需意向汇集起来并为它们选择适宜的合约。这种结果使买家和卖家不必自己寻找适合的最佳合约,减少了交易的费用。同时经纪公司通过汇集所有供需合约,使每个合约的供应和价格风险都不一样。由于经纪公司能够汇集所有合约来处理某一笔业务,因此它们能够更好地降低风险。

美国天然气市场解除管制后,竞争性的天然气市场显示出了较强的生命力。开放的市场增加了许多的获利机会,这吸引了许多新公司投入到生产、分销和供应领域。这些新生力量的介入带来了许多新的服务和产品,这增加了天然气市场的活力并最终使消费者获益。

四、电力立法

电力对社会产生的影响在技术上是以 1800 年由伏打创造的第一个电池、1821 年法拉第发明的第一台电动机、1879 年爱迪生的白炽灯以及意义最大的由高拉德和吉布斯于 1883 年发明的变压器开始的。汤姆斯·爱迪生创立了竞争地区性商业街照明系统的第一个电力公用事业,名叫珍珠街,并于 1882 年 9 月 4 日在纽约城开始营业[①]。此后,电力公用事业工业经历了惊人的结构变化。到 19 世纪 80 年代末,对电力的需求猛增。这就导致了几个主要使用直流电的美国城市的一些区域供电站的扩建。而直流电将它们限制于较短距的配电。乔治·威斯汀豪斯 1886 年开发的从尼亚加拉瀑布水电站向远在 20 英里外的布法罗及纽约供电,将地区性的发电厂延伸到远程的输电。这是使用变压器提供交流电的好处的一个强有力范例。私营电力事业和某些市政电力事业继续发展并扩展到全美国。

从 1900 年到 1932 年间尽管有大萧条,但电力事业容量和发量每年平均增长 12%。当工业开始增长(尤其在经济规模上)和联邦政府增加其对工业的参与时,政府也采取了重大措施开始管制私营公用事业并战略性地把联邦发电项目安排于某些供给廉价、非营利的电力的领域。1920 年的《联邦电力法案》(FPA)是建立联邦政府管理当局的最重要的立法。它对电力事业作了定义,建立了针对州际输电的联邦电力委员会管理当局,并规定了它们的工作内容。

---

① U. S. Department of Energy,"The Changing Structure of the Electric Power Industry:An Update,"Energy Information Administration,Washington,DC,2000.

（一）1935年《公用事业控股公司法案》（PUHCA）

1935年《公用事业控股公司法案》（PUHCA）规定了拥有管理设计、垄断特许权的基本原则。可以认为它是破除竞争性电力市场的主要障碍的基础。实质上作为1920年《联邦电力法案》（FPA）的一个附录，PUHCA成为了FPA的第II部分和第III部分，确立了对电力公用事业管理的法律支持。FPA已设立了联邦电力委员会，它具有批准在美国可通航水道上建设水电项目的有限责任，这些项目只相当于当时发电量的50%。

为了弄清PUHCA重要性的背景，有必要进行简短的历史回顾。从1900年到20世纪30年代中期，电力事业的数量和范围都有很大程度的增长。当时电力事业的绝大多数都由主要进行州际商业活动的控股公司管理，这些控股公司被看成是公用事业财政失败的主要原因。在1924年，74.6%的发电公司都由控股公司拥有，且在20世纪30年代要求调整呼声处于顶峰时，全部电力公用事业的90%仅由19个控股公司所拥有。控股公司是一个按照总表决股本中大多数的所有权来控制其他公司的特殊目的而成立的公司。通用地说，该术语适用于任何实际上控制了其他通常叫做子公司的公司[①]。控股公司一般对许多公用事业公司在大萧条之前、期间及之后不久的转让负有责任。PUHCA立法的主要原因是要解散控股公司并为一种新的、更为可靠的公用事业企业结构奠定基础。联邦政府指责控股公司采取掠夺性的经营方式，指责它们在这种成长性和重要的工业中造成了不稳定的环境。

控股公司系统的衰落是随其子公司的经营状况而定的。贷款转给控股公司并且对提供的服务收取过高的费用，这使许多公用事业的财政处于非常脆弱的状态。譬如在1926年，金字塔式控制股权造成了1000多次兼并。公用事业在脆弱的营业系统下的大量合并激怒了联邦政府，它要求进行更为有效的管理以重组控股公司和电力工业。在法律上，PUHCA要求证券交易委员会（SEC）负起执行该法案以及对控股公司管制的责任。在执法时，几家最大的控股公司都违了法，证券交易委员会立即采取措施解散了它们。

随着控股公司的重组，PUHCA已经获得成功。在1998年之前已将注册实体数减少到15家。PURPA第210节特别对合格设施及非公用事业发电设施取消了发展限制，并准许它们不受PUHCA和证券交易委员会的管制[②]。

---

① W. E. Mosher and F. G Grawford, Public Utility Regulation. New York：Harper and Brothers, 1993.

② Public Utility Regulatory Policies Act. Statutes at Large (1978).

在1992年《能源政策法案》中,对 PUHCA 作了其他重要变更。并且有许多考虑改变电力公用事业性质的彻底废除 PUHCA 的要求,包括需要多样化和公平竞争的场地。

(二)1978年《公用事业管理方针法案》(PURPA)

PURPA 要求电力公用事业购买由非公用事业发电设施发出的电力。国会颁布这个法案主要是对1973年石油输出国组织(OPEC)的几个阿拉伯成员对若干国家石油禁运而作出的反应。这次石油禁运是阿拉伯国家对美国在1973年阿以战争中支持以色列行为的气愤促成的。虽然这次禁运只持续了5个月,但对消费者和政府的影响是深刻和持久的。随着石油价格提高,电力价格上升。由于这个原因(还有公用事业股票在1974年中不到6个月的时间内下跌约38%),美国颁布了《公用事业管理方针法案》(PURPA)。

PURPA 的目的有两个方面:提高节能水平和提高效率。然而,这个法案由于一个当时被认为并不重要的因素而变得更为广为人知。PURPA 标题 II 要求通过让电力公用事业购买来自被认定为合格企业(QF)实体的电力来实现节能。特别是那些被认定为热电联产技术工厂和使用再生技术的5万千瓦容量的工厂。PURPA 规定电力公用事业使用免除成本公式购买由合格企业提供的电力。免除成本是指公用事业通过不必建新的电厂或购买新的容量就以免除的容量和能源节约。这种成本是付给合格企业(QF)的费用。

这一条款被广泛地看作是朝着使美国电力公用事业回到竞争的第一步。实际上人们认为 PURPA 颁布的近20年证明了,非公用事业,尤其是使用燃气轮机的非公用事业能够有效地生产电力,并且现已占了当今发电量的10%。

使用煤、木材、垃圾或废品的原动力通常符合这些准则,而石油和天然气一般在使用不冷凝循环时是合格的。除了满足效率要求外,合格企业(QF)还必须将电力公用事业的所有权限于它们资产的50%以下,从而保持作为非公用事业发电设施不受管制的资格。PURPA 为了电力通过公用事业输电线,进行大规模贸易,批准了开始关于公开准入的安排。

PURPA 设计的免除成本,譬如1995年,电力公用事业购买了其电力需求的13%,其中25%来自非公用事业的再生能源。与其他公用事业所进行的竞争性电力采购相比,对非公用事业合格企业来说,批发价格相当高。根据1995年的数据,每千瓦小时的大规模公用事业价格为0.353美元/千瓦小时,而由非公用事业提供的电力为0.631美元/千瓦小时,严格使用再生能源产生的非公用事业提供的电力则要平均付0.905美元/千瓦小时。当人们考虑当时由终端用户支付的平均零售价只有 0.689 美元/千瓦小时时，这个价格是太高了。

虽然 PURPA 的意图是鼓励开发本地创新能源，但实际情况是让电力公用事业对合格企业再生能源发的电力比国家电力平均零售价整体上多付了31%。这是由于 PURPA 设计的免除成本造成的。由于这种免除成本是不确定并且可能要低于所预期的，所以协议的免除成本支付在法律上面临着挑战。1980 年美国最高法院支持一个 FERC 颁布的条款：让免除成本协议不受实际免除成本计算结果的影响，这些结果可能相当于协议时间和交货时间之间成本的差异。这是 PURPA 争论的主要方面。在颁布 PURPA 时，州管理者注意到了 1978 年反映那时能源危机的研究。这些研究的结论是，在 1998 年之前销售油价将为每桶 100 美元。实际上，那年的平均价为每桶 12 美元。固定的免除成本与基于预测不当的能源成本的国家磋商成交的长期合同，两者都对 PURPA 的基本原则的一些问题产生了影响。

随后一些州重新参照 PURPA 的一些条款，并对实际遵循的经历作了回顾，并采取了一些措施校正了免除成本的不平衡。尤其是缅因州与中央缅因电力（CMP）合作在 1984 年通过管理对在合格企业（QF）中的竞争投标而不是正常的免除成本计算公式进行了实验。这项举措降低了由 CMP 向合格企业（QF）支付的价格。然而，争论还存在，起源于 PURPA 的内在性质是当今仍在扩大的争论的根源。而且像 PUHCA 一样，有人要求将它废除。

（三）1992 年《能源政策法案》（EPACT）

1989 年美国参议院收到了一份议案——《1989 年竞争性大规模发电法案》。该议案特别提议准许独立发电商（IPP）不受 PUHCA 管理条款的约束，也准许有这种设施的公司不必宣布自己属于哪个控制公司，后者应受证券交易委员会的管制。发起人 J. 贝内特·约翰斯特参议员首先引入术语 IPP，在法律上规定了合格企业或不受 PUHCA 约束的发电厂（现在称为 IPP）与受管制或潜在受管制的发电厂商之间的差别。该参议员提出了不受约束的大规模发电厂商（EWG）的新分类。这种发电厂商被专门定义为"任何专门从事大规模发电业务的法人"[1]。由于约翰斯特提出的议案受到全国管理事业委员会协会（NARUC）的一些批评，因此加了一个条款，保证在将 IPP 归类为 EWG 时，州和联邦政府一起参与。约翰斯特的议案成了 1992 年《能源政策法案》

---

① R. G. Tessmer, Jr., J. R. Boyle, J. H. Fish, W. A. Martin, Cogeneration and Wheeling of Electric Power. Tulsa, OK: Pennwell Books, 1995.

(EPACT)的 PUHCA 改革要素的基础。

历史上,《能源政策法案》(EPACT)的基础是老布什政府对对外国石油日益增长的依赖的担心。1989 年一份报告的结论显示:美国正在进口其所用石油的 42%。政府启动了一项国家能源战略,它受到 1990 年 8 月萨达姆·侯赛因的伊拉克军队对科威特入侵和吞并的附加推动。随着伊拉克行动而来的是,联合国进行了一次石油禁运,有效地每天从市场上去掉了 430 万桶石油。该项法案于 1992 年 10 月 24 日经签署成为法律,并被那些提倡对国家电力公用事业采用更为自由市场化方法的人们认为是非常有利的。EPACT 的主要条款如下:

(1)独立发电商(IPP)不受 PUHCA,特别是不受有关受管制电力公司的公司结构条款的管制,而被定义为免管的大规模发电厂商(EWG)。(2)准许电力公用事业拥有 EWG 设施。(3)EWG 设施不需要符合 PURPA 的热电联产或再生燃料等条款的限制。(4)电力公用事业不一定要购买 EWG 的电力。(5)在修改 1920 年的联邦电力法案后,EPAC 允许公开进入国家输电网进行大规模交易。(6)联邦管理者(FERC)的权限得到了扩大,特别是 FERC 有权命令电力公用事业允许通过其输电线路规模输送电力。(7)对 PURPA 关于统一资源规划包括节能和需求管理工作方面的投资与发电和供电能源的投资等条款进行修改。(8)它需要所有州的新定额标准,它要考虑:长期的大规模电力采购对公用事业资本成本和零售额的影响;关于大规模电力卖方可靠性的补充资本结构;长期的大规模电源贷款的审批;长期电力采购合同方面足量燃料供应。

由于对一些独立发电商(IPP)实行免管,EPACT 的通过大大削弱了 PUHCA,突出了 PURPA 中某些条款的非竞争性质。

(四)对废除《公用事业控股公司法案》(PUHCA)和《公用事业管理方针法案》(PURPA)的要求

普通一致的看法是 PUHCA 是一项比较有效的法案,在当时解决了电力公用事业的一些特定问题。然而,当有人在考虑 PUHCA 和 PURPA 的有利方面时,主要讨论点则是为一些发电厂商(厂)和电力公用事业结构在合理的公平竞争范围内提供机会。已提出了 2 个支持废除 PUHCA 的主要理由:(1)PUHCA 已经达到其管理和调整控股公司的目标;(2)与该法案同时存在的变化已否定了对其大多数条款的需要。关于后一个理由,被强调为取消PUHCA 的理由,其主要变化方面如下:(1)所有股份公司都有一个充分发达的公告系统;(2)会计事务所的现代权限和独立性(最近一些事件可能对这点表示了怀疑);(3)现代会计原则和审计标准以及实施它们的能力;(4)证券市场的现代复杂性和统一性;(5)州管理者有了实施法律的足够的权力。以下是一些反对废除 PUHCA 的理由:(1)PUHCA 条例保护消费者直到充分的全国性的零售竞争成为现实时为止;(2)PUHCA 防止垄断和反竞争的行为;(3)合并现在在电力公用事业中越来越多,而 PUHCA 可以管理这个方面;(4)任何对 PUHCA 的重要调整都应包含在一个更为全面的国家能源计划中。

PURPA 也已经是被要求废除或大幅度调整的目标。PURPA 鼓励合格企业(QF)的存在,在发电领域推广再生能源和热电联产技术。对 PURPA 变更或废除的主要原因不在于发电原动力类型的内部,而是在于法律颁布的条款:电力公用事业必须从这种法律上规定的实体购买电力。对 PURPA 的主要意见和提出的更改有如下几个方面:(1)使公用事业规划缺少灵活性;(2)未考虑电力公用事业的最小成本采购和会计原则;(3)未考虑大规模(和零售)用户的合理利润率;(4)实质上反竞争(与其他独立发电商和免管大规模发电商(EWG)相比时);(5)按照能源政策法案(EPACT),EWG 使 PURPA 过时作废;(6)PURPA 批准的合格企业按照不利的免除成本计算,导致长期合同非常昂贵;(7)热电联产和再生发电资源已在市场上确立了稳固的基础,不需要进一步帮助;(8)零星的废除是不正确的,立即废除是必要的。

相反,还有支持 PURPA 维持下去的思想流派,其理由有些与主张废除的理由相同。参照当前的统计,总量为 1,436,072 百万千瓦小时的美国电力采购包括从公用事业采购的 87% 和从非公用事业合格企业采购的 13%。在这 13% 中,只有 25% 是由再生资源发的电。这是支持保留 PURPA 的主要论据。这点和其他方面都列在这里,突出了保留 PURPA 或重写最佳条款编入新的立法中的主要理由:(1)由于自由市场并没有明确或有效地确立其在美国发电部门的地位,因此要求 PURPA 维持当前的水平和鼓励在再生和热电联产技术方面的投资;(2)PURPA 有助于燃料的多样性,这在国家遇到国际危机燃料来源切断情况下尤为需要;(3)许多合格企业减少了对大型、高成本传统电厂的需要;(4)若 PURPA 基本上都包括在新的、国家的、全面的电力立法中时,才应考虑废除的问题。

有些废除 PURPA 的理由包括了 PURPA 要求长期合同这样的意见,这是不正确的。个别州政府政策要求公用事业订立长达 20 年的合格企业合同,诸如纽约的六分规则和加利福尼亚的标准供货合同。有些州现在在做缩短合格企业合同有效期的缓解工作。

PUHCA 和 PURPA 二者都包含在当代建议的结构改革立法中,主要修改 PUHCA 控股公司证券交易委员会(SEC)管辖的部分和去除 PURPA 的必买条款。最近美国参议院金融委员会以 19 比 1 的投票结果废除了 PUHCA。消费者群体、公用事业和一些参议员都对这个有利于在一个比较全面的能源政策范围内修改 PUHCA 的投票结果表示失望。

（五）建议全面的电力立法

1999 年 12 月，在美国国会前提出了 25 个法律来满足对电力公用事业系统的联邦法律举措的放松管制、结构改革和全面性的需要。这些建议中有 10 个来自参议院、15 个来自众议院。这些提议的法律涉及的范围从特别着重于市场定价、再生能源推广等方面到 PURPA 第 210 节的特定延期偿付。

1999 年 4 月，克林顿政府发布了其全面电力竞争计划的修改版。这个计划的目的是推进建立一个全国性的竞争性电力系统，降低价格，产生更多的技术创新，最终为电力消费者提供更多选择。这项提议的法律概括了进一步推进清洁环境、提高电网系统的可靠性和扶持低收入群体的路径。该项计划试图通过寻找一条更为全面的途径处理参议院和众议院提出的单项提案的许多异常问题。

上届政府的建议的重要条款中有一个弹性指令，要求电力公用事业在 2003 年 1 月以前为消费者提供有效的零售电力选择。有意思的是，这项条款允许个别州如该法令所概述的那样全面地停止零售竞争或保留当前的垄断系统，这是在州公用事业委员会决定公共物品的基础上进行的。与州的权利原则相一致的是，该项计划为确立陷入困境的多股成本(stranded-cost)的回收提供了 FERC 下的辅助权限。但因受宪法限制，只有在州不能解决该问题的情况下才能进行。该法案的其他主要原则为：要求公开利润率和发电资源的消费者保护要素；废除 PUHCA 的主要要素，确立 FERC 对公用事业兼并和合并的权限；废除 PURPA 的必买条款，制订要求 2010 年之前每年有 7.5% 的电力由再生资源产生的再生资产标准(RPS)；撤销州的权利。该法案支持 FERC 批准零售竞争的权限，并给予 FERC 对市政公债和合作组织的管理权限。对消费者具有特别意义的是该法案建议草案的第 201 节——消费者询问。它要求所有电力供应商都公布有关价格、条款和条件的信息，发电过程中所用能源的类型以及使用该类发电带来的环境效益或问题。这项指令可能来自能源部长，但可由联邦贸易委员会(FTC)或各个州实施。

克林顿政府估计由该计划导致的零售竞争每年将至少为消费者节约 200 亿美元，相当于每户家庭平均节约 232 美元。比该计划条款中体现的利益更重要的是，该计划确认了在电力公用事业放松管制和结构重组方面需要一个联邦方法。

2002年3月5日即加利福尼亚电力危机后一年,美国参议院就一个全面的能源法案展开了辩论。美国节能经济委员会(ACEEE)得出的结论是,若该420页的法案通过,甚至与一个早先众议院通过的法案达成折中,那么美国在以后20年中就可以少建500个新的电厂。除了在核电研究和开发上每年提供高达1.3亿美元外,该法案还为燃煤电厂减少排放每年提供2亿美元。另外,该法案还为铺设从阿拉斯加到南面48个州的天然气管道提供100亿美元的贷款担保。预期这会为消费者,特别是加州的消费者大大减少燃气发电的成本。2000年3月21日,参议院最后通过了能源法案中的一个条款,它要求公用事业从再生资源中产生其电力的10%。该法案的主要宗旨包括:废除公用事业控股公司法案(PUHCA);加强联邦对电网和输电线路位置的管制权力;提供数十亿美元的减税以推动再生能源发电和天然气的使用。

随着对公用事业的放松干预和能够展开竞争的趋势,这个过程在要求在美国有更全面的联邦法制结构方面已经结束。这是因为大规模和零售电力售购性质改变的缘故。这种售购已越来越超出州间的政治边界,并且更倾向于遵循地区性的基于市场的电网构成。历史上,电力公用事业是由法律授权的当局管制的。现在需要一些新的能够转移许多现存的管制权的法律,特别是在经营和发电领域,也包括输配电领域,尤其是在PURPA中发现的领域。

第四节　美国新能源法律规范

一、美国新能源法律政策的演化之路

自1785年瓦特改良的蒸汽机问世以来,人类开始进入工业文明。直到今天,工业化抑或后工业化依旧是贯穿各国经济发展的一条主线。在短短不到200年的岁月里,工业化繁荣所依赖的石油和煤炭受到了史无前例的重视。传统能源的有限储备和人类的认识能力决定了它们的稀缺性,人类的盲目和贪婪将牵引他们走向另一条"恐龙绝迹"。值得庆幸的是,人类在残酷的现实面前开始觉醒,出现了迷途知返的迹象。进入21世纪以来,尤其是为应对2008年的金融危机和经济危机,世界各国吹响了向低碳经济和新能源进军的号角。

（一）"油耗子"国家

作为发达国家的领头羊，美国以其强大的科研能力、雄厚的技术著称的同时，也因其对能源的过度消费、超前消费而"闻名遐迩"。根据美国能源信息署（EIA）公布的最新数据计算，美国以不到全世界5％的人口，消耗了世界25％的能源，排放了世界超过20％的二氧化碳。从石油消费来看，美国是世界上石油消费数量最多的国家。2009年美国平均每天消费1877.14万桶石油，这一数据仅比2008年降低了72.66万桶。美国也是世界上石油进口数量最多的国家，其中55％以上的石油需要进口。不过，自2005年美国日均净进口原油和成品油数量达到历史最高纪录的1254.9万桶以来，这几年呈现出下降的趋势。2009年这一数量锐减到966.7万桶，比2005年减少了288.2万桶。这不仅与美国相继发生次贷危机、金融危机导致内需缩减有关，还与美国政府积极推行的新能源政策有很大的关系。

（二）大张旗鼓的前夜

早在1978年美国就颁布了《国家能源法》。这项法案意在通过提高能效、促进节能和发展可再生能源减少美国对进口石油的依赖，降低中东石油危机对美国的消极影响。其中对新能源的政策和措施囊括了太阳能利用、扶持小水电发展、鼓励开发地热以及对酒精燃料免征商品税等各个方面。1980年美国相继颁发了《能源安全法》《可再生能源法》《美国合成燃料公司法》《生物能源和酒精燃料法》，紧接着1982年颁布了《太阳能和能源节约法》《地热能法》，这些政策奠定了太阳能、地热和生物能源在美国发展的基本格调。其中对于太阳能发电，早在1973年美国就制定了政府级阳光发电计划，1980年又正式将光伏发电列入公共电力规划，1992年颁布了一项新的光伏发电计划，要求到2000年太阳电池总产量达到1400mW。同年，美国颁布了《能源政策法》，明确要求到2010年可再生能源供应量要比1988年增加75％。1998年4月又推出《国家综合能源战略》，发展先进的可再生能源技术，开发非常规甲烷资源，发展氢能的储存、分配和转化技术。

（三）拉开的序幕

2001—2005年美国制定了两大能源政策，一是2001年5月由时任副总统切尼领导的美国国家能源政策小组公布的美国国家能源政策报告《向美国未来提供可靠、经济和环保的能源》，另一个是2005年8月由布什总统签署的《2005年美国能源政策法案》。它们围绕的核心是节能，提高能量效率；侧重的重点是环保，发展清洁技术。

同时，美国新能源政策的路线图逐渐浮出水面。概括说来，为增加国内能源供应量,当时美国政府采取了以下措施:一是 2002 年制定《国家氢能路线图》,明确提出美国要向"氢经济"过渡;2003 年为开启氢燃料计划,投入 12 亿美元,开发无污染、廉价的氢燃料电池。二是积极发展生物燃料,推动乙醇产量大增。2001 年乙醇产量仅 77.28 亿升(17 亿加仑),到 2006 年,达到近227.3 亿升(50 亿加仑),从而使美国成为世界第一乙醇生产大国。三是积极发展核电,加大了对其他可再生能源开发和生产的补贴和税收优惠。

2006 初,美国总统布什在国情咨文中进一步推出《先进能源计划》,确立"能源自立"的目标,把联邦政府在替代能源和清洁能源方面的研究投资增加22%,比如未来 5 年内为氢技术和燃料电池技术产业化投入 12 亿美元,2007年对太阳能、风能、高级生物燃料(主要是纤维素乙醇)的研究开发达到 3.42亿美元,建设新的核能发电厂等等,最终目标是争取到 2025 年替代 75% 从中东进口的石油。时隔一年,布什针对能源安全问题,提出了在未来 10 年内减少汽油消耗 20% 的目标,其中要求到 2017 年,可再生和替代性燃料用量要达到 1591.1 亿升(350 亿加仑)。此项措施如果真正实施,届时将可以可代替15% 的汽油量。2007 年 6~12 月,美国又相继通过了《可再生燃料、消费者保护和能源效率法案》和《能源独立与安全法》,为生物燃料行业的高速扩张呐喊助威。

在这些政策和措施刺激下,催生了美国在太阳能、氢能、生物燃料和核电等方面的技术优势,壮大了相关的新能源生产企业,为美国新能源产业的发展以及在国际市场上的兜售打下了良好的基础。但是,从另一个方面讲,反观这一阶段的政策,美国把新能源定位在传统能源的部分替代,并没有将之置于战略突出的位置;美国在应对气候变化方面也没有取得实质性的突破,2001 年 3月美国堂而皇之的宣布退出"京都协议",扮演了一个蹩脚的小丑,从此美国成为与"限制碳排放"不沾边的国家长达八年之久。由此可以推断出,美国制定新能源政策仅是从狭隘的美国国家利益出发,仅为满足国内的能源需求,没有在世界和人类面前表现出应有的大国责任和社会担当;美国新能源政策的制定具有明显的政治色彩。

(四)奥巴马政府

IT 泡沫、房地产泡沫以及衍生的金融泡沫相继被刺破后,美国经济陷入危机之中,萎缩不前。恰逢赶上美国大选,民众把"挽狂澜于既倒,扶大厦之将倾"的赌注压在了民主党人奥巴马身上,他本人也有幸成为美国第一任黑人总统。上任之后,奥巴马祭起了"绿色新政"、向绿色经济进军的大旗,于 2009 年2 月 15 日签署了总额达 7870 亿美元的《美国复苏与再投资法案》。该法案内容包括节能增效、开发新能源、应对气候变化等诸多方面,其中新能源开发是核心。

奥巴马对新能源似乎情有独钟,在这方面的开支可以说得上是"不差钱"。在法案中,与新能源技术革命相关项目即需支持拨款达到 970 亿美元;用于替代能源研发和节能减排方面的投资达 607 亿美元,开发太阳能、风能等新能源相关投资总额超过了 400 亿美元;未来十年内,美国政府在可再生、可替代能源方面的投入将达到 1500 亿美元。高级生物燃料产业、混合动力汽车和纯电动汽车产业、用于储存的高效电池、太阳能、风能等相关新能源产业将受益匪浅。按计划,未来三年内,美国可再生能源的产量可能将翻一番。

(五)马不停蹄

经过奥巴马政府极力周旋,国会众议院于 2009 年 6 月通过《美国清洁能源安全法案》(又称气候变化法案)。该法案在应对气候变化上,提出了二氧化碳减排的目标:在 2005 年排放量的基础上,至 2020 年减少 17%,至 2050 年减少 83%;还提出了创立二氧化碳总量管制和交易机制。由此确立了下一步的能源发展目标,到 2022 年提供 1636.56 亿升(360 亿加仑)的可再生燃料,到 2030 年纤维素乙醇等高级生物燃料供应至少达到 2727.6 亿升(600 亿加仑)。到那个时候,美国将至少降低 35% 的石油消耗,大致抵消当年从欧佩克国家进口的石油数量,从而使美国步入能源独立自主的轨道。

在 2010 年的新能源研发中,奥巴马政府确实做到了"不差钱"。根据美国进步中心网站提供的数据,美国 2010 年低碳技术创新开支接近占到美国能源部总预算的 1/4,其中对可再生能源、氢能源以及核裂变、核聚变的研发达 18.7 亿美元,基础能源科学投入达 15 亿美元,并设立了"能源研究中心"。

二、核能立法

(一)美国核电发展概述

美国率先开展由核能向电能转变的研究,并于 1957 年建立了世界上第一个核电站——宾夕法尼亚州希平港核电站。进入 20 世纪 60 年代,美国经济高速发展,对能源需求旺盛,燃煤发电由于环保呼声而不再受到青睐,这一状况为核电发展提供了难得的契机。到 70 年代中期,居高不下的石油价格使核电继续受宠并成为美国国家能源开发规划中的重要组成部分,至此,美国核电工业得到长足发展。

从 90 年代起,美国加大力度鼓励民用核电的开发利用,极大地推动了全美核电业的发展,使美国跃居世界核电生产首位,占世界核能发电量的 30%

以上,国内现有 104 座核反应堆,仅 2009 年生产核电 7.99 万亿千瓦/小时,占到当年全国发电量的 20％ 以上。进入 2010 年,由于天然气价格相对较低,加之政府未能成功实施对二氧化碳征收排放税费,使得当下开发新核电难成气候。这一时期国内对核电的需求出现疲软,已有发电公司撤回开发核电许可申请。拥有四座核反应堆的两个核电站已破土动工,但目前唯一在建的位于田纳西州华茨湾的核反应堆始于 1973 年,预计 2012 年完工。目前运行的 104 座核反应堆均建于 1974 年或更早时期。[1] 30 多年来,美国新建的核电站屈指可数,预计 2018 年前仅有 4～6 台新核电机组问世。作为核电生产大国,这种发展态势并不尽如人意,特别是在全球致力于振兴核工业、应对气候变化的行动中,美国的“核复兴计划却显得势单力薄、进程缓慢”。[2]

（二）美国核电安全的法律规制

1. 美国核电安全管理体制

（1）美国核管理委员会

美国核管理委员会（NRC）由美国《1974 能源重组法》确立,是全权管理美国核工业的独立政府机构。其具体职能包括:发放核反应堆建设、运营以及核材料与核废料控制等活动的许可证,监督这些活动,保护核材料与核设施、防止盗窃和放射破坏,颁布条例与标准,检查核设施,实施法律法规等。NRC 下设一个委员会,三个主要职能办公室与若干个咨询委员会。委员会由五名委员组成,任期五年,主席由总统任命,对总统负责。委员会是 NRC 的最高决策机构。三个职能办公室包括:核反应堆管理办公室、核材料安全与保护办公室、核管理研究办公室。NRC 的行政执行主任依法设立,对下设的委员会主席负责并接受主席的监督与指挥。执行主任负责监督、协调三个职能办公室的政策出台与实施活动,以及地区办事处的相关事宜。[3]

（2）核电运营协会（INPO）

除核管理委员会外,美国核电运营协会也承担着全美核电安全监管的职

---

① Matthew L. Wald,December 7,2010. Nuclear'Renaissance'Is Short on Largess. The New York Times[EB / OL],http：/ / green. blogs. ny-times. com /2010 /12 /07 / nuclear-renaissance-is-short-on-largess /,2011-06-28.

② Matthew L. Wald. September 23,2010. Aid Sought for Nuclear Plants. The New York Times [EB / OL],http：/ / green. blogs. nytimes. com /2010 /09 /23 / aid-sought-for-nuclear-plants /,2011-6-28.

③ The United States of America National Report for the Convention on Nuclear Safety. Sept. 2001 [EB / OL],http：//www. nrc. Gov.

责。该机构成立于 1979 年,即三英里岛核事故发生之后。当时很多业内主管认识到,核工业自身必须实现自律运营,确保类似事件不再发生,于是组成INPO,由其制定核电站运营规范,借此作为定期评估单个核电站运营情况的依据。INPO 成员由业内著名专家以及与核电安全相关人士组成,他们对每座核电站一般每一年半到两年检查一次,评估等级分为 INPO1—5 级,INPO1级为运营最优级,INPO5 级为问题严重级。INPO 对核电站评估的结果只在核工业内部公开,并不对外。除检查外,INPO 还要负责为那些在检查中有问题的核电站安排培训人员,提供培训援助,改进运营状况。

2. 美国核电安全法律制度

美国拥有世界最大的核电生产量,其对核电安全的管理必然成为世界关注的焦点。2010 年 10 月国际原子能机构(IAEA)组织 19 人成员国专家组对美国核电安全管理情况进行了为期两周的考察,考察完毕考察团团长评论说:在美国“我们注意到,核管理委员会(NRC)运行着一套全面、协调、成熟的监管体系,这对继续提高 IAEA 的管理起着极大的推动作用”[①]。

(1)美国核电安全立法概述[②]

《1954 原子能法》是美国第一部核能开发利用基本法。该法强调无论是军事目的还是民用目的,核能的开发、利用和管理必须本着“促进世界和平、增加社会福利、提高生活水平与增强私营企业间的自由竞争”的原则。该法规定民用核材料与核设施必须获得许可,并授权原子能委员会(AEC,NRC 的前身)依法制定并实施许可标准,确保核能利用“保障健康与安全,减少对人身与财产的危害”。该法同时还规定了委员会必须遵循的行为规范(X92s),为许多情形下实施公众听证和联邦司法审查提供了依据。《1974 能源重组法》确立了核管理委员会(NRC),将原 AEC 负责的民用核能开发利用与安全管理职责划归 NRC,并将前者并入能源部(DOE)。此外,在《重组计划 1970 年第3 号》中设立了美国环保署(EPA),赋予其制定“共同适用环保标准,保护公共环境免受辐射物质侵害”的职能。《重组计划 1980 年第 1 号》加强了 NRC 主席的行政执法权限,特别是在应急情形下,将赋予 NRC“所有与委员会负责管

---

① IAEA. 2010-10-29. Safety EXperts Complete IAEA Nuclear Regulatory Review of the United States[EB / OL],http://www. iaea. org/ne-wscenter/pressreleases/2010/prn201013. html,2011-06-29.

② Nuclear Power Laws. 2008 [EB / OL]. http://www. nuclearnow. org/nuclear-energy-power-laws. shtml,2011-06-29.

理核设施和核材料相关的紧急事件的职能"集中于主席身上。但同时规定,所有制定政策、出台相关法律规范、指令和裁定的权利属于委员会全体。

《1982 核废料(管理)政策法》规定了联邦政府提供高辐射废料和乏燃料永久处置场所的义务(X92s),以及核电企业承担永久处置这些核废料成本的义务(X92)。该法还在其修正文件中规定了永久处置场所的规划和开发方面的申报与批准程序,强调了州、部落与公众的广泛参与性。《1985 低放射性废料(管理)政策修正案》赋予州政府处置其辖区内低辐射废料的义务,允许州之间签订协议,设立处置场所,服务于各州。该法规定,低辐射废料处置设施由核管理委员会(NRC)或者由与 NRC 依据《原子能法》第 274 节签订协议的各州实施管理。该法还责成 NRC 制定标准,确定在最低浓度和最小数量情况下在废液中形成放射性核素的情况,明确"免于监管的标准"。

《1978 铀水冶尾矿辐射控制法》确立了稳定与控制铀和水冶厂放射性与非放射性水冶尾矿的步骤,旨在避免和减少进入空气中的氡气。该法的第二编授权 NRC 对其在 1978 年 1 月 1 日及之后签发许可证的铀、钍厂水冶尾矿库实施监管。《普莱斯—安德森核工业补偿法》(简称普莱斯—安德森法,*Prince-Anderson Act*),1957 年制定并实施,是一部联邦法律,主要涉及 2026 年之前建设的民用核电设施安全责任保险问题。该法规定,所有获得许可的核电经营商必须参与核事故最大保额强制保险计划,到 2011 年,每座核电站最大保额比例已提高到 3.75 亿美元。此外,每个核电站均有义务缴纳价值 1.119 亿美元的"溯及保险金",用以发生核事故时对超出 3.75 亿美元赔偿范围的损害进行补偿。该笔保险金逐年缴纳,达到总价金 1.119 亿美元为止。每年缴纳比例最高不超过 1750 万美元,缴纳比例每五年调整一次。该法通过强制核电企业投保责任险以及对核工业发生核事故实施部分补偿的方法,从资金上确保核事故发生后对公众损害的救济。[①]

除以上立法外,国核电安全管理还受到《行政程序法》与《国家环境政策法》相关内容的调整,前者用以规范与核电安全管理相关的联邦行政行为,后者着重强调保持人与环境和谐的国家环境政策。这些法与前述立法相配套,形成了美国完整的核电安全法律规制体系。该体系涵盖了核能开发利用的基本原则,独立核电管理部门的设立与职能,联邦、各州以及核电发电企业各利

---

① Price-Anderson Nuclear Industries Indemnity Act [EB / OL], http://en. wikipedia. org / wiki / Price% E2% 80% 93Anderson_ Nuclear_ In-dustries_Indemnity_Act, 2011-06-29.

益主体在核废料处置过程中的义务。

（三）美国核电安全管理的主要法律制度

1.核电开发许可制度

核电开发许可制度是美国核电安全管理的第一道防线。法律规定建立核电站必须获得行政授权,NRC全权负责许可证的发放工作。根据美国法律规定,开发与核有关的项目必须获得行政许可,这些项目包括:核反应堆(包括核电、核试验与核研究)、铀矿水冶厂、溶剂回收厂、二氧化铀(UO2)与混合氧化物(MOX)燃料生产厂、乏燃料(临时)储存、高放射性废物与乏燃料储存库、低放射性废料填埋场、燃料再处置厂、同位素分离和浓缩厂等。

美国早期的核电许可管理分两步走,第一步签发核电站建设许可证,待建设完工验收合格后再签发运营许可证。为了鼓励国内核电发展,美国依据《联邦法典》第10编第52节第103条(g)款的规定于1989年确立了"建设与运行联合许可(COL)"制度(但2007年后才付诸实施),将早期的两步走许可程序合二为一,即核电站建设完工后,只要达标就可以马上开工发电。只有在少数特殊情况下NRC才对核电站进行运营前的听证评估。在COL申请过程中,NRC必须依法审核申请者有关资质条件、设计安全条件、环境影响评价、营运计划、厂址安全等方面的情况,并根据"检验、试验、分析、接受标准(ITAAC)"核准建设。审查合格者,即可装料、运行发电,不再需要取得任何其他许可证件。

2.安全监察制度

NRC全权负责全国核电站的安全运营工作,力求通过完善安全监察措施和制度达到如下目的:(1)健全安全监察规制体系,确保核电企业安全、持续生产。(2)通过提高NRC安全监管过程的可预测性、连续性、客观性与透明度增强公众对NRC核安全管理的信任度。(3)强调NRC与核电站的安全理念和能力建设,双管齐下,提高核安全监察的效率、效益与实施性。(4)减少不必要的管理负担[①]。NRC把核电安全分为三大类:反应堆安全、辐射安全与公共安全,并通过7个领域19项指标对核电的安全运行进行考核。[②]

7个领域具体包括:(1)初期事件,重点排查安全系统启动之前核电站可

---

① The United States of America National Report for the Convention on Nuclear Safety,Sept. 2001:6-3 ～ 6-8[EB / OL],http://www. nrc. gov / reading-rm / doc-collections / nuregs / staff / sr1650 / sr1650. pdf,2011-06-28.

② The United States of America National Report for the Convention on Nuclear Safety,Sept. 2001:6-4 ～ 6-8[EB / OL],http://www. nrc. gov / reading-rm / doc-collections / nuregs / staff / sr1650 / sr1650. pdf,2011-06-28.

能引发事故的运行过程和事件,这些事件包括因设备失灵导致电站停工、因意外复杂情况而引发的停工、或者电站发电量出现较大变化等情况。(2)降低风险系统,着重检查电站安全系统是否能够达到防止未来事故发生或降低未来事故后果的设计标准。(3)风险防范完整装置,检查核电站企业是否按要求安装了燃料棒、反应堆容器及附属管道、防漏系统等三项风险防范装置。(4)应急准备考察核电站员工是否能够有效实施本单位的应急计划。(5)公共辐射安全,检查核电企业是否能够采取符合联邦要求的有效方案,应对发生核爆炸或可能发生爆炸给公众带来的核辐射,确保核电站核泄漏控制在合理的可接受范围。(6)职业辐射安全,考察核电企业是否能够采取有效方案,按要求控制工人数量,确保他们在合理的范围内接受最低程度的职业辐射。(7)公共安全保障,要求核电站具有有效的安保和执勤方案。

3. 风险通报制度

为了全方位保证核电安全,除上述安全考核指标外,NRC 还设计了"标准安全检查方案",运用风险通报方法,根据可能引发核事故的各种活动或系统安全风险的严重程度,选取特定的领域对照安全检查方案进行检查,从而验证上述考核指标考核结果的有效性和准确性。检查的内容包括三项:(1)上述 19 项指标无法涵盖或不能完全涵盖的领域;(2)对核电站对照 19 项指标所得出的检查报告的准确度核查;(3)核电站识别和解决安全问题有效度的全面检查。美国根据分布情况将全国核电站划分成不同的管理区并设立直属 NRC 的地区办事处。此外还在每座核电站派驻常驻安全监察员。每一季度,常驻核电站监察员以及地区办事处的监察人员将对辖区内的所有核电站对照前述安全指标以及检查结果进行全面安全监察。每 6 个月 NRC 将对地区所得出的检查报告进行审核并据此制定出下一年的全面监察计划。每年的最后一季度,NRC 对所有核电站前一年的安全运行情况进行认真评估并编制当年安全状况报告与下一年安全监察计划。NRC 将年度安全状况报告在其官方网站上公布,同时在每座核电站召开听证会商讨前一年核电安全运行存在的问题与解决对策。

4. 事故顺序先兆预警制度①

事故顺序先兆预警(ASP)制度开发于 1979 年,是用以评价一定时期内全美核电站安全状况的一项制度工具,主要目的是为了系统地对核电站运行过

---

① The United States of America National Report for the Convention on Nuclear Safety,Sept. 2001:6-12 ~ 6-14 [EB / OL],http://www. nrc. gov / reading-rm / doc-collections / nuregs / staff / sr1650 / sr1650. pdf,2011-06-29.

程中可能引发反应堆堆芯冷却不足与堆芯损坏的事件进行甄别、记录与排序。此外,该制度的实施还有利于:(1)对个别核电站出现的一些类似的先兆事件进行归类;(2)对出现堆芯损坏风险的趋势提供一种解决办法;(3)对通过风险概率分析推测出的堆芯损坏情形进行局部检查。通常,核电站最严重的问题莫过于堆芯损坏,引入 ASP 制度工具,工作人员可以通过风险概率分析推断出核电站运行过程中不同阶段可能出现的问题,如初期事件、核电站条件恶化、安全设备失灵等,以及这些问题可能引发最终导致堆芯损坏的一系列假设之问题。这一制度设计为 NRC 全面掌握全国核电站安全运行情况,科学预测事故风险,消除事故隐患,提高核电站自我甄别安全问题,及时解决问题起到了十分重要的作用。

5. 核设施拆除制度①

如果核电站企业决定关闭电站,必须在 30 日内书面通知 NRC 并提交《核电站关闭后拆除计划报告书》,载明具体拆除活动事项、时间进度与可能引发的环境影响等内容。此外,企业主还应当在许可证到期日两年之内提交许可证终止计划书,详细说明最终辐射释放、释放场所特征、事后清理办法以及其他情况。NRC 在举行听证与在核电站附近召集公众大会征集意见之后才能批准该计划书。核电站关闭可选择三种设施拆除方式:一是立即拆除方式,即关闭核电站后立即拆装设备、各种建筑物,拆除储存辐射污染物设备的零部件或者清除辐射污染物,以免泄漏,终止 NRC 颁发的许可证。二是渐退式拆除方式,即核电企业继续维持核电站运行等待辐射减弱,持续监测,最后实施拆除。三是转移式拆除方式,即核电企业可先行用坚固的建筑材料,如混凝土将辐射污染物封存,恰当保存,适时监测直至辐射减弱不再释放。核电站拆除时间一般为 60 年,对于涉及公众健康与安全的核电站的拆除期限,NRC 可允许 60 年以上。对于核电站的拆除,NRC 全程参与并严格监控,确保拆除活动符合安全要求,力求最大限度地降低与稳定辐射污染。

6. 应急管理制度②

应急规划被视为 NRC 保护公众健康与安全管理框架中的重要组成部

---

① The United States of America National Report for the Convention on Nuclear Safety,Sept. 2001:6-16 [EB / OL],http://www. nrc. gov /reading-rm / doc-collections / nuregs / staff / sr1650 / sr1650. pdf,2011-06-29.

② The United States of America National Report for the Convention on Nuclear Safety,Sept. 2001:6-1 ~ 16-9 [EB / OL],http://www. nrc. gov / reading-rm / doc-collections / nuregs / staff / sr1650 / sr1650. pdf,2011-06-29.

分。为了做好应急规划工作,NRC 规定以《州与地方政府编制清水核电站辐射应急计划的规划依据》(环保部,1978)与《核电站辐射应急计划编制与评估标准》(1980)作为编制与实施州与地方应急计划的基本依据。三里岛核事故之后,为了有效应对意外核泄漏给公众带来的健康与安全风险,NRC 要求在每个核电站附近设立两个应急规划区。一个设在核电站方圆 10 英里(16 公里)之处,称作"羽翼庇护通道",主要负责人群的疏散和庇护,降低因感染最严重的堆芯溶化事故辐射所致伤亡人数,减少人群遭受其他形式的核辐射几率。第二个应急规划区设在核电站方圆 50 英里(80 公里)之处,称作"食物摄入通道",主要负责人畜食物、水源供给安全,减少人畜食用被污染食物、饮用被污染水源的几率。以往的场外应急行动大都具有自愿性质,州政府与地方政府的职责并不明确,在这种情况下难以实现双方的有效的协调与配合。针对这种情况,NRC 把应急规划要求纳入许可证申请管理过程中,规定许可证申请人和持有人必须提交辐射应急计划书,详细说明州政府与地方政府在"羽翼庇护通道"的责任(《联邦法典》第 10 卷 50.33(g))和州部门在"食物摄入通道"的具体职责(《联邦法典》第 10 卷 50.54(s))。

NRC 将紧急情况分为四类:(1)非正常事件类型;(2)警报类型;(3)厂区紧急事件类型;(4)一般紧急事件类型。不同类型,应急行动要求亦不同。各应急主体所承担的责任也不同。一般而言,核电站许可证持有人应当控制事态、通知场外官员、提出保护公众安全建议。核电站经营商的第一要务是通过各种技术手段切实保护堆芯,确保关键安全功能发挥作用。州政府与地方政府负责应急保护决策、通告公众采取保护措施、组织场外应急资源等。

7.公众参与制度

获得公众的信赖是 NRC 履行其核安全管理职能的重要内容,为了达到这一目的,NRC 出台了多种措施与方案让公众获取相关信息,与利益相关主体进行更加畅通、可靠,及时、客观的沟通,对核电设施的运行情况进行客观、公正的报道。为此,NRC 建立了许多网站,及时、准确地发布公众所关心的核电安全信息与事件。同时,NRC 邀请公众及早参与核电安全规制过程,及时对任何安全隐患做到防微杜渐。除此而外,NRC 将正式申述与听证程序纳入许可活动中,从而获得公众对核安全管理的反馈意见。美国《联邦法典》第 10 编第 2 节第 206 条规定,NRC 允许公众就潜在的危及健康或安全的核风险提请 NRC 对许可证持有人采取特别处置行动。一经查实,NRC 有权变更、终止、吊销该许可证,或者采取其他相应强制措施解决问题。近期完善的公众参与程序要求 NRC 及时对公众所关心的问题做出回应,鼓励投诉者直接向相关主管部门面陈意见,对问题核电站提出自己的看法。NRC特别鼓励核电厂工人就工作环境中存在的安全隐患向其主管报告,也可以直接向NRC报告。NRC为此专门设立了公众免费投诉热线。以往每年NRC会收到1000~2300件来自电厂员工或公众投诉电厂安全隐患或监管问题的案件,其中70%的投诉案件来自电厂员工。NRC对这些问题逐一评估,分门别类,最终提交相关当事人处理(核电站许可证持有人、营运商、NRC等)。通常25%~30%的案件会得到NRC的及时处理,处理意见书面送达投诉人。

三、太阳能扶持法规政策

从20世纪70年代起美国政府就开始重视可再生能源发展,联邦政府相继出台了一系列法律、法规,地方政府也制定了配套的经济激励政策。通过税收抵免、生产补贴、信贷担保、低息贷款等多种方式[1],降低可再生能源产品及相关服务的成本和价格,培育并扩大可再生能源的市场需求[2],促进可再生能源的推广应用和产业发展。美国新任总统奥巴马当选之后,多次强调发展新能源对美国经济可持续发展的重要性,主张以可再生能源作为未来经济发展的主轴,在奥巴马政府的可再生能源规划中,太阳能利用项目是政府扶持的重点。

(一)《2005年能源政策法案》[3]

美国太阳能扶持政策主要分为公共政策、税收补贴政策、融资和研发支持政策等。历年来,联邦政府出台多项促进可再生能源利用的有关法律和法规,包括《1978年公用事业管制政策法案》、《1978年能源税法案》、《1990年大气洁净法案》、《1992年能源政策法案》、《2005年能源政策法案》等,其中2005年布什政府签署的《2005年能源政策法案》(The Energy Policy Act of 2005),是美国近年来最重要的能源法案,一直沿用至今。该法案一方面颁布了一些能源生产和消费方面促进可再生能源利用的强制性政策和规定,同时颁布了促进可再生能源利用的经济激励政策,其中涉及太阳能领域的主要政策如下。

---

[1] 何建坤:《国外可再生能源法律译编》,人民法院出版社2004年版
[2] 节能与环保杂志编辑部:《国外光伏产业补贴政策》,载《节能与环保》2009年第3期。
[3] 《Energy Policy Act of 2005》[R]. PUBLIC LAW 109-58-AUG. 8,2005.

1. 税收抵免政策[①]

《2005 年能源政策法案》包括了一个 13 亿美元的个人节能消费优惠方案，方案鼓励美国国内的居民或企业消费者使用零污染的太阳能等可再生能源。法案中的"家庭能源效率改善抵税"（Home En-ergy Efficiency Improvement Tax Credit）政策，规定居民消费者若购买或安装特定建筑节能设备或者产品如节能窗户、隔热材料、太阳能屋顶等，每户可获得最高 500 美元的抵税额。法案中的"太阳能光伏发电投资税减免政策"（Investment Tax Credit，ITC）[②]规定从 2005 年到 2008 年，居民或企业法人在住宅和商用建筑屋顶安装光伏系统发电所获收益，可享受投资税减免，减免额相当于系统安装成本的 30%；其中商用光伏系统 30% 税收抵扣 2 年，之后为 10%，居民用光伏系统 30% 税收抵扣 2 年，但单户居民住宅的减免额不超过 2000 美元。

2. 津贴补助政策

商业建筑物如果安装燃料电池与太阳能发电设备，将给予 30% 购买价格的补贴。企业新建建物，如果符合节能建筑标准（达到 50% 的节能目标）可获得 19.4 美元/m2（1.8 美元/ft2）的补助，用于购买或者安装节能的室内照明系统、空调采暖通风和热水系统以及建筑物表面结构。

3. 可再生能源发电配额制

在市场运行机制方面，美国政府建立了可再生能源组合标准，保证可再生能源发电在国内不同地区均衡发展。该标准以法律形式强制规定在地区电力建设中保持或占一定的比例可再生能源发电；标准要求到 2010 年 7.5% 的电力由太阳能等可再生能源资源供应。为了解决地区间可再生能源资源合作条件的差异，与配额比例相当的可再生能源电量可在各地区（各电网）间交易。

4. 光伏上网电价的强制性政策

美国政府的光伏上网电价政策，强制电力公司收购电力消费者包括居民或企业太阳能发电在某些时段多余的电力，用以抵消从电力公司购买相同度数的电力；消费者的电表在向电网供电时间倒转，电力公司依据电表的最终显示数值收取电力净消耗量。这样可以保证分散建设的民间太阳能发电获得非

---

① David Liorens. Washington，DC，USA：InvestmentTax Credit Extension Bill Introduced in Senate［EB/OL］.［2008-04-08］. http://www. solarpowerrocks. com/solartrends/washington-dc-usa-investment-tax-credit-extension-bill-introduced-in-senate/.

② Conergy. The Solar Investment Tax Credit［EB/OL］.［2008-10-03］. http://www. conergy. us/desktop-default. aspx/tabid-2235.

常合理和可观的经济效益。

5. 政府机构使用可再生能源达到一定比例

为扩大可再生能源市场,联邦政府要求各部门带头使用太阳能等可再生能源,在保证经济可行性和技术可操作性的基础上,2007—2009 年每年消耗的可再生能源最小百分比为 3％,2010—2012 年最小百分比为 5％,2013 年以后最小百分比为 7.5％。

(二)2008 年新能源激励计划

金融危机发生后,2008 年 9 月美国参议院投票通过了一项共计约 180 亿美元的新能源激励计划;2008 年 10 月 3 日,布什总统签署紧急经济稳定法案,即救市方案,法案包含若干税收鼓励措施,旨在鼓励个人和企业投资太阳能。

1. 光伏产业的减税政策和补助政策获得续延

2008 年年底到期的美国《2005 国家能源政策法案》,其中与光伏投资税减免有关的各项政策经过细则的更改后将继续有效;商用光伏项目的投资税减免延长 8 年,住宅光伏项目延长 2 年,同时还取消了原政策中每户居民光伏项目 2000 美元的减税上限。该法案中的商业节能建筑物补贴政策 2008 年年底到期后也延长 5 年。[①]

2. 政府提供信贷担保

联邦政府将提供 60 亿美元信贷担保,支持银行对太阳能产业项目投放大约 600 亿美元的贷款。2010 年年底之前动工的太阳能项目可以直接得到政府提供的补贴;项目融资确实有困难的,可以获得政府提供的贷款担保。

3. 发行节能型债券[②]

该法案创建一个新的类别的税收抵免债券"节能型债券",主要用于资助可以降低能源消耗 20％以上的节能项目、绿色社区项目、农村包括太阳能在内的可再生资源发电项目以及减少高峰用电的技术等的科研开发工作。国家发行节能债券金额为 8 亿美元,分配给各州政府。

4. 启动联邦政府大楼太阳能屋顶计划

政府将投资 55 亿美元,启动联邦政府大楼太阳能屋顶安装太阳能设备计划,计划到 2010 年有 20000 个联邦大楼屋顶安装太阳能利用设备。

---

① Eric Martinot:《全球可再生能源状况报告》,世界观察研究所 2005 年 10 月。

② SEIA,Earlier 2008 Federal Bail-Out Bill Solar Tax Changes,Solar Energy Industries ssociation,2008-12-3.

（三）2009 年奥巴马政府新能源政策[①]

受金融危机影响,美国新政府更是致力于大力发展太阳能产业,希望通过造就一个超过二三十万亿美元价值的大产业作为美国经济结构的基轴和美国经济崛起的本钱。美国奥巴马政府太阳能相关政策的主要内容,归结起来主要有以下 5 点。（1）在财政刺激方案中有 600 亿～700 亿美元直接用于新能源领域。其中 200 亿～300 亿美元用于向消费者和企业直接退税或者补贴,300 亿～400 亿美元用于向太阳能等可再生能源项目提供贷款担保等;为帮助太阳能产业有关企业渡过难关,2009 年 3 月份美国能源部已经提供了 5.35 亿美元的贷款担保。（2）为了降低太阳能发电成本以便能与常规电力竞争,政府将划拨 1.176 亿美元的奖励津贴用于太阳能项目的开发,其中 5150 万美元将用于光伏发电技术的研发。（3）太阳能部署将获得 4050 万美元的资金,侧重于攻克一些非技术性的障碍。（4）计划 2012 年太阳能、风能、生物能等可再生能源发电量占总发电的 10%,2025 年达到 25%。（5）未来 10 年投资 1500 亿美元开发太阳能、风能、生物能等可再生能源,逐步减少对外国石油依赖,创造 500 万与可再生能源相关的就业岗位。

（四）州政府出台的政策

美国各州当前的太阳能相关政策主要是根据《2005 年国家能源政策法案》制定的。美国太阳能扶持政策的一大特点是,联邦政府和州政府的紧密配合,既有联邦政府全国性的统一规定和要求,又有各州政府因地制宜的具体可操作性的规定和要求。

1. 税收鼓励政策[②]

为刺激可再生能源消费市场的扩大和发展,一些州政府制定了相应的税收鼓励政策,政策可以分为税收抵免和津贴补助两种形式。（1）个人所得税。为了鼓励纳税人使用可再生能源,一些州在纳税人申报的应税的总收入中扣除一定的数额;一些州给予纳税人一定比例个人所得税的抵缴或一定金额的津贴,个人所得税可抵免的比例为 5%～40%。（2）企业所得税。对企业使用可再生能源在所得税征收方面的鼓励方法和个人相似,不过可抵免的比例为

---

① Tom Cheyney. Extension of US solar investment taxcredit emerges as key issue at Intersolar/Semicon West[EB/OL]. [2008-07-14]. http://www. fabtech. org/chip_shots/ _a/extension_of_us_solar_investment_tax_credit_emerges_as_key_issue_at_interso/.

② Hunton Williams. Summary of New CREBS and QECBS. [2008-12]. http:// www. hunton. com/files/tbl-s47Details%5CFileUpload265%5C2457%5CSummary_New_ CREBs_and_QECBs. pdf

10％～35％。(3)不动产税。不动产税税收鼓励办法根据可再生能源的使用情况直接免除个人或企业的一部分不动产税,这是一种美国目前应用得最多的税收鼓励政策。(4)销售税。销售税方面的优惠方法,是指消费者购买可再生能源设备可以直接扣除相关设备的销售税,这种鼓励政策实施简便。

2.高价购买余电政策

由于目前的装置过于昂贵太阳能发电发电成本很高,为了推广太阳能发电,佛罗里达州政府规定,任何居民或企业安装太阳能发电设施生产电力,可把用剩的电力以高于该市标准电费一倍的价钱卖给电力公司,并保证这个价格可维持20年,电力公司可以把增加的成本平摊到全部电价中,在出售电力时电费亦作出适当调整,市政府无须像美国其他城市那样提供数额庞大的津贴。

3.可再生能源发电配额制①

美国加利福尼亚、新泽西、内华达、纽约州、得克萨斯州等多个州已出台有关《可再生能源组合标准(RPS)》法案,这是州政府对电力公司的一种强制性政策,它要求电力公司必须提供一定比例或数量的可再生能源电力,不能达到比例要求的电力公司将受到经济惩罚。可再生能源组合标准允许可再生能源电力的生产企业在销售可再生能源电力的同时获得相应的绿色证书,该证书可以在专门的绿色证书交易市场上出售,供不能完成配额比例的电力公司完成指标,其价格由市场供求关系决定,这样可再生能源电力生产企业就可以利用增加额外的收入弥补较高的成本,从而有利可图。由于可再生能源组合标准不需要为可再生能源提供额外的政府补贴,不会造成政府的财政负担,因此受到美国许多州政府的欢迎。美国实行可再生能源组合标准的州已经发展到20个。

4.绿色电价政策

美国许多州政府把可再生能源提供的电力称为"绿电",由于"绿电"的成本要高于常规电力,政府一方面鼓励消费者为了给保护环境作贡献选择认购高价的"绿电",另一方面州政府也给予"绿电"一定的电价优惠。在美国民众环保意识普遍较高的情景中"绿色电价"政策为可再生能源开辟了消费市场。

5.系统效益收费政策

政府根据电力系统效益(即电力收入)加收一定的费用作为公共利益基金,用于对可再生能源发电装机的定额补助、电费补贴或低息贷款,促进可再生能源发电技术的研发、产业建设及市场推广。系统效益收费根据消费者使

---

① Eric Martinot:《全球可再生能源状况报告》,世界观察研究所 2005 年 10 月。

用电力等级收费,通常征收 3～5 美分/kWh。系统效益收费政策筹集到的资金集中在公共利益基金里面,不同的州政府委派不同的机构进行管理。美国已有 14 个州实行了系统效益收费政策。

四、可再生能源立法

可再生能源被视为当代社会走出环境危机、能源危机和经济可持续发展危机的一条重要途径。但由于可再生能源开发利用在当前存在技术障碍和经济瓶颈,与传统能源相比缺少市场竞争力,可再生能源在当代能源利用结构中比重仍然较小,实际应用有限。因此促进可再生能源发展,成为各国能源立法的一项重要任务。从 20 世纪 70 年代起美国政府就开始重视可再生能源发展,联邦政府相继出台了一系列法律、法规,地方政府也制定了配套的经济激励政策。通过税收抵免、生产补贴、信贷担保、低息贷款等多种方式[1],降低可再生能源产品及相关服务的成本和价格,培育并扩大可再生能源的市场需求[2],进可再生能源的推广应用和产业发展。

(一)美国可再生能源立法体系演变及其基本特点

1.美国可再生能源政策立法体系演变

在 19 世纪中叶之前,除了偶尔利用水力、风力驱动磨坊,木头、人力和畜力曾经是美国的主要能源来源。但从 19 世纪末开始,美国能源利用逐渐开始依赖石化和电力能源,经过一百多年发展,最终确立了目前以石油、天然气和煤炭这些石化能源为主导的能源利用模式。这种传统能源工业模式与当时的技术变革、传统经济政策理论相契合,并得到政府政策和立法的支持和引导[3],美国传统能源政策、立法目标即在于通过对石化能源工业和核能工业的扶持来确保能源供给"安全、可靠、充分且价格合理"。进入 20 世纪 70 年代,传统的能源政策开始受到挑战,而有关可再生能源、替代性能源的议题在政策立法层面开始得到重视。这种变化,实际上是国际和美国国内各种政治、经济和社会矛盾综合作用的结果,国际社会和美国国内的一系列重大事件清楚地反映了这种能源政策立法转变的动向,并因而成为美国可再生能源政策立法

---

① 何建坤:《国外可再生能源法律译编》,人民法院出版社 2004 年版。

② 节能与环保杂志编辑部:《国外光伏产业补贴政策》,载《节能与环保》2009 年第 3 期。

③ Joseph P. Tomain,Smart Energy Path:How Willnelson Save The Planet,36 *Columbia Law Review*.

发展的重要里程碑。以这些事件为标志,美国可再生能源立法大体可以分为
一个起步阶段和三个立法高峰时期:

(1)起步阶段。美国可再生能源政策与立法最早可上溯到 20 世纪 60 年
代末和 70 年代初。当时美国环境保护运动蓬勃发展,空气和水的质量问题得
到社会普遍关注,正是在这个议题下,促进煤的清洁燃烧和加强可再生能源利
用作为确保水质和空气质量的制度措施,在 1970 年《清洁空气法》和 1972 年
《清洁水法》中得到规定。

(2)第一个立法高峰。1974—1975 年发生能源危机、阿拉伯石油出口国
禁运事件,1979—1981 年再次发生能源危机,这些事件直接导致美国能源政
策发生重大转变,催生出以《1978 国家能源法》为核心的一系列能源立法,意
在提高能效,并通过推广可再生能源来降低对化石能源的需求。

(3)第二个立法高峰。进入 80 年代,因为油价回落,除了 1986 年颁布了
能源使用标准之外,可再生能源立法鲜有实质性发展。但是 1978 年三里岛和
1986 年切尔诺贝利核电站核泄漏事件,为核能利用画上问号。1991 年海湾战
争爆发,美国通过了《1992 国家能源政策法》。

(4)第三个立法高峰。最新的可再生能源立法发展体现在小布什政府颁
布的《2005 国家能源政策法》和 2007 年《国家能源安全法》之中,而进入新世
纪以来的 2000—2001 年加州供电危机、2003 年美国东岸灯火管制、2003 年伊
拉克战争爆发、"911"事件、气候变化问题等,则为这些美国新时期的可再生能
源政策立法出台加上了戏剧性的注脚。

2.美国可再生能源立法体系的基本特点

在严格意义上讲,迄今为止美国还没有系统的可再生能源立法体系,有学
者甚至认为可再生能源立法体系问题至今仍是一个"尚未明确、有待探索"的
领域①。但回顾过去几十年的立法历史,对美国可再生能源立法仍然可以梳
理出一个基本法律框架并归纳出一些基本特点:

(1)美国可再生能源立法分为联邦和州两个层次,体系庞杂。在联邦层
次,经过 20 世纪的三个立法高峰期,目前形成了以《1978 国家能源法》、《1992
国家能源政策法》和《2005 国家能源政策法》为基本框架的联邦能源政策立法
体系。在州层次,各州都有相应的可再生能源项目,一些州还有次一级的地方
政府(社区)的可再生能源发展项目。

---

① Sanya Carleyolsen. Tangle In Thewires: An AssessMent of The Existing U. S.
Renewable Energystrategy Legalwork.

（2）美国可再生能源立法涉及多行业、多技术领域并具有因地制宜的特点。首先，发展可再生能源涉及交通、运输、机械制造、工商、建筑等诸多行业，而其中每一行业涉及的可再生能源开发利用法律问题都具有自身的特殊性。其次，由于可再生能源种类繁多，包括太阳能、水力、风力、生物质能、潮汐能等。

（3）就可再生能源立法内容来讲，目前要解决的核心问题是如何将发展可再生能源整合到当前的能源政策体系。为此，无论是联邦政府还是各州政府，都借助丰富多样的政策工具来推动可再生能源开发利用，而其中以财政刺激手段和直接管制手段最为常见。关于可再生能源研发的信息、技术和资金支持问题，关于可再生能源研发的贷款、风险担保制度和可再生能源普及教育问题也是联邦和各州立法的重要组成内容。

（4）美国可再生能源立法具有多元动机和驱动力。20世纪60年代末和70年代初，立法是出于保护环境、清洁能源的考虑。及至70年代中、后期，可再生能源立法被当做摆脱能源依赖、增强能源安全的措施。1992年及其以后的可再生能源立法明显受到气候变化、能源安全、经济可持续发展等因素的影响。而进入新世纪的可再生能源立法，除了气候变化、能源安全和经济可持续发展等问题外，农业政策、贸易领域的国际竞争等也是政策制定考虑的重要因素。

（二）美国联邦可再生能源立法主要内容

在联邦层次，美国的可再生能源立法主要以《1978国家能源法》、《1992国家能源政策法》和《2005国家能源政策法》为基本框架。

1.1978国家能源法

在1974—1975年石油危机之后，美国通过一系列能源立法意在通过提高能效、促进节能和发展可再生能源来减少美国对进口石油的依赖。具体有五项措施：分阶段取消对天然气价格的控制；鼓励以煤代替石油和天然气；对提高能源利用效率者减税；改革用电收费标准；鼓励其他节能措施。这些措施集中体现在《1978国家能源法》当中，它包括《国家节能政策法》、《1978天然气政策法》、《1978发电厂和工业燃料使用法》、《1978公用事业监管政策法》和《1978能源税收法》五部分。这些立法主要是针对传统能源的，但在后两部立法中涉及可再生能源。

《1978公用事业监管政策法》意在提高公用事业部门的节能和能效，但对发展可再生能源具有重要意义。从19世纪初开始，美国的发电和输电都由同时拥有发电设施和输送线路的垄断企业所控制，但《1978公用事业监管政策法》解除了对非公用发电业的限制,该法支持独立发电商开发热电联产和单机不超过 8 万千瓦的小机组发电,规定各地电力公用事业企业须为小规模发电商提供上网服务。原来各州为鼓励电力消费,采取累计递减的电力定价方法,但该法提出可回避成本电价计量方法,规定各地电力公用事业企业有义务以该企业的可回避成本收购独立发电商的冗余电力,同时有义务以合理价格为这些发电商提供备用电力。这一规定为可再生能源发电开辟了市场。由于对可避免成本的估算由各州自主决定,因此许多州,如加州和纽约州,通过高估可避免成本来进一步推动可再生能源在电力生产方面的开发和利用。《1978年能源税收法》建立了一系列财政刺激措施来推动可再生能源开发利用。根据该法,对于应用太阳能和风能设备的住户,施行 30％的投资税收抵免;对于安装太阳能、风能和地热设备的商户,实施 10％的相应投资税收抵免。这些税率根据情况有所变化,并在 1985 年过期失效。[①]

　　1979—1981 年爆发第二次能源危机,1979 年 3 月 28 日三里岛发生核事故,这两个事件再次引起美国对传统以石化能源、核能利用为主导的能源政策模式的疑虑,国会通过的《1980 年能源安全法》提出了一种新的能源政策思路。该法包括《1980 年防务生产法修正案》、《1980 年美国合成燃料公司法》、《1980 年生物能源和酒精燃料法》、《1980 年可再生能源资源法》、《1980 年太阳能和节能法》和《1980 年地热能法》。这些能源立法目的是要通过有效利用各种再生和不可再生能源来减少美国对进口石油的依赖,主要措施是推动可再生能源研发试验并为其提供资金支持,同时对可再生能源的实际开发和利用提供财政刺激。譬如,在太阳能方面,联邦立法有《1974 年光伏能源研究、开发和示范法》和《1980 年太阳能和节能法》,前者鼓励对太阳能利用开发的研究并提供资金支持,后者通过税收政策、发电设备购买折扣等方式来推广太阳能的利用。再如地热能源方面,《1974 年地热能源研究、开发和示范法》为地热项目提供贷款以支持地热能源储量的勘探,而《1980 年地热能法》则通过排除经济和法律障碍来促进地热能源的开发和利用。

　　在这一时期,可再生能源政策与传统能源政策缺少协调,而且联邦政府权力分散,不同能源监管部门之间和同一部门内部竞争妨碍了可再生能源的全面规划,因此可再生能源立法实效并不明显。进入 20 世纪 80 年代中后期,全球油价降低,除了《1989 年可再生能源和能源效率技术竞争办法》,美国可再

---

　　① Dianne Rahm, *Sustainable Energy and Thestates*: *Essays on Politics*, *Markets and Lead-Ership*, McFarland & Company, Inc., Publishers (July6, 2006).

生能源立法没有实质性发展,直到1991年和2003年两次爆发伊拉克战争,油价随之攀升,可再生能源问题再次在立法上得到重视。

2.1992国家能源政策法

《1992能源政策法》再次重申美国要制定一套全面的国家能源政策,以期"渐进和持续地以低成本、高效益和对有益环境保护的方式提高美国的能源安全"①。该法是20世纪90年代美国最重要的推动可再生能源的立法。该法对非公用事业发电商开放输电网,鼓励新投资者进入电力市场,鼓励监管机构进行跨州资源整合和规划。此外,该法对在1994—1999年之间投入发电的风能涡轮机和生物能源发电厂给予为期10年的税收减免。这一税收减免政策极大促进了可再生能源,但在实施过程中存在如下问题:首先,该法规定的税收减免期限最初仅限于1994—1999年之间,到期后国会不得不几次延展其适用期限,最近一次的延展是由《2005国家能源政策法》规定。其次,这种税收减免期限的不确定导致可再生能源行业发展产生了同样不稳定的涨落期,税收减免期限初被延展,行业发展势头高涨,但当期限届满,行业发展劲头大落。最后,由于这种税收减免政策最初仅仅限于风能和生物能源,结果对发展可再生能源形成障碍,直到立法将这一政策适用范围扩展,这一局面才得以改善。

除了资金支持,政府也为风能项目提供技术支持,该法要求能源部部长要通过竞标方式来选择可再生能源技术和提高能效技术的示范、商业化项目;该法鼓励向发展中国家出口可再生能源技术并提供相应技术信息;该法还为采用太阳能、风能、生物能和地热能等可再生能源设备提供补贴。1994年成立的"国家风能机构协调委员会"的目的就是要通过解决风能项目的关键事宜,并综合行业部门的意见和环境保护的要求,以促进风能开发的市场化。②

3.2005国家能源政策法

经过四年搁浅,《2005年国家能源政策法》终于在2005年8月得以通过。尽管这一能源法大部分内容都是用来支持传统的石化能源和核能工业,但同时也包含了一系列用来促进可再生能源发展的经济刺激措施,主要包括:(1)该法扩展了可再生能源生产税收减免政策的适用范围,除了风能和生物能源,地热能、小规模发电机组、垃圾填埋气和垃圾燃烧设施也纳入适用范围。

---

① Dianne Rahm. *Sustainable Energy and Thestates*：*Essays on Politics*，*Markets and Lead-Ership*，McFarland & Company，Inc.，Publishers（July6，2006）.

② Joseph P. Tomain& Richard D. Cudahy，*Energy Lawin a Nutshell*，Thomson/West，2004.

（2）该法授权政府机构、合作制电力企业等组织可以发行"清洁可再生能源债券"用来融资购置可再生能源设施。（3）为了推动新兴可再生能源的市场化，该法还规定到 2013 年美国政府电力消费至少要有 7.5％的份额源自可再生能源。（4）在建筑行业方面，该法规定在 2015 年前要降低联邦建筑能耗的 20％，因此为包括学校和医院在内的公共建筑提供资金，实施能源效率计划。在 2005—2008 年之间节能住宅的建设企业得享一定税收减免，商业住宅购买者也同样获得税收减免待遇，对于安装太阳能设施的私人住宅所有人，同样可以对其购买的太阳能设施享有税收减免。（5）该法制订了可再生燃料标准制度。根据该标准，汽油中必须加入特定数目可再生燃料且每年将递增，美国可再生燃料消费量将从 2006 年 40 亿加仑/年（占汽油总量约 2.8％）增加到 2012 年 75 亿加仑/年（2300 万吨），此后将保持 2012 年可再生燃料与全部汽油的比例。按照要求，美国近 50％的汽油将需要调和乙醇，典型调入量为 10％[①]。

从立法到通过，《2005 年国家能源政策法》一直遭到批评，一方面是因为该法对节能、提高能效和推动可再生能源发展的规定存在缺陷；另一方面，尽管全文超过 2000 多页，但是该法对美国能源政策最为核心的问题即如何应对气候变化问题、如何解决美国能源安全问题却未能提供有效方法。此外，该法再一次把石化能源和核能发展放在优先位置，表明美国能源政策目前依然是"以石化能源为主"的模式。2007 年 12 月又通过了《2007 国家能源独立与安全法》。该法主要包括三个内容，进一步提高生物能源可再生能源燃料标准，提高能源使用效率标准，同时规定到 2020 年汽车和小卡车产品线油耗必须达到 35 英里/加仑。这些措施的出台，也不能改变美国能源政策继续走老路。总体看来，美国的能源政策目标一直在于"确保美国能够获得可靠、价格合理和环境友好的能源供给"，但截至目前的能源立法都"注重宣传而缺少实质"，都是"新瓶装老酒"，继续沿用以石化燃料为基础的模式。

（三）美国各州政府和地方政府的可再生能源立法

除了联邦立法，各州政府和次一级的地方（社区）政府也采取各种政策手段来发展可再生能源、提高能效和节能。这些立法因地制宜，灵活运用各种经济激励措施和管制措施，与联邦立法相比，更富有实效和活力。

1. 州综合能源规划。美国各州通过专门立法和行政命令来确立能源开

---

① John Randolph & GilbertM. Masters, *Energy for Sus-Tainablity*, Island Press, 2008.

发、利用规划。早期的能源规划主要关注特定行业,特别是电力行业。随着能源问题日益严峻,许多州开始制定综合性的能源规划以应对复杂形势,如弗吉尼亚州议会通过的《2006 弗吉尼亚能源规划》、密歇根州以行政命令形式颁布的《21 世纪能源规划(2006)》。鉴于能源市场、联邦能源政策和州内其他相关政策都经常变动,这些能源规划也经常更新,如纽约州自 2002 年以来每年公布一次纽约州的能源规划。在这些能源规划中,可再生能源是重要的组成部分。如《德克萨斯州能源规划 2005:四大类十大政策建议》,该规划第三类两条政策建议就是通过推动可再生能源技术发展来拓展可再生能源资源的范围[①]。

2. 州气候变化行动规划。尽管联邦政府立法对气候变化和温室气体排放问题并未充分重视,但新英格兰区诸州、纽约州、加州等已经着手应对这些问题,这些气候变化规划同样推动了可再生能源的开发利用。如在建筑行业,许多州通过建筑规章、绿色建筑项目、能源法规等形式推动可再生能源的应用。一些地方政府也推出气候变化行动规划。如威斯康星州的麦迪逊,通过《气候保护规划》设立了绿色建筑设计和能源效率标准制度,意图通过减少石化能源消耗来减少温室气体排放,实际效果是极大促进了可再生能源的利用[②]。

3. 财政刺激手段。纵观美国能源立法,无论是联邦层次还是各州立法,财政刺激手段是应用最多的,往往也是最有效的。在推动可再生能源研发利用方面,前文已经详述联邦立法采取的各种经济激励措施,这方面各州立法同样毫不逊色。各种各样的税收减免、财政补贴、低息贷款被用来推动可再生能源开发、利用,效果也极为显著。所有的州可再生能源立法都把财政刺激政策作为重中之重来把握,其中以加州、纽约州、伊利诺伊州、俄勒冈等州较为出色。

4. 鼓励绿色消费与可再生能源消费者权益保护。在内华达、密西根等州为确保可再生能源使用设备安全可靠,建立了可再生能源设备交易许可制度。亚利桑那、阿肯色、明尼苏达、缅因和路易斯安那等州通过立法设立"可再生能源设备合格证"制度来保护消费者。一些州通过立法强制公用事业企业为消费者提供"绿色能源消费选择"制度,如爱荷华州立法规定,所有在爱荷华州运营的公共电力企业必须为愿意购买绿色电力能源的消费者提供相应服务。

---

① Texas Energy Council, Energy Plan for 2005: Ener-Gy Security for A Brightto-morrow, available at http://www. rrc. state. tx. us/about/tepc/finalenergyplan. pdf.

② See Local Action Plan Recommendations: Madison, W is-consin, http://yosemi-te. epa. gov/gw/statepolicyactions. nsf/LookupLocalExhibits/W isconsin+:+Madison.

5.社区团体购电制度。许多州鼓励消费者订立社区购电合同、团体购电合同以此鼓励绿色能源消费。在这种情况下,地方政府同时扮演团体购电组织者和购电合同谈判者的角色,既能保障消费者获得低廉电价,同时又有利于绿色电力供应商签约。许多城市也有绿色能源购买计划,如2000年地球日前夕,俄勒冈州的波特兰市能源部门不仅鼓励该城所有商户和政府部门购买绿色电力,还免费为该城所有居民赠送电力。

6.许多州都在立法中规定了"净计量电价结算制度"。根据该制度,电力公司有义务以合理价格从安装了可再生能源发电技术的用户买回多余的电力,或者从消费者总账单上扣除用可再生能源发电数量。截至目前,有35个州通过立法设立了这一制度。

7.可再生能源配额制度。该制度要求电力企业在其生产的总电力中必须有一定比例的电力来自可再生能源,并且这一比例逐年增加,从而确保可再生能源发电能保有稳定并且持续增长的市场份额。该制度借助强制性法律手段要求可再生能源在一定时期内达到一定配额(数量/比例),把过去主要依靠政府财政支持的政策转向政府管制下的市场机制,为大规模发展可再生能源创造了条件。

8.公用事业企业绿色能源信息披露制度。许多州通过立法强制电力企业每月在向消费者发送的账单中公布其用于发电的燃料构成,而消费者可以据此自由选择电力供应商实行绿色消费。这方面,俄亥俄州是典范。该州立法要求电力供应商在消费者账单中提供其燃料的具体构成和燃料燃用的环境后果分析,燃料的构成要求详细表明各种用于发电的能源来源比例,如生物能源、化石能源、核能、风能、太阳能等[1]。

9.公共效益基金制度。许多州都设立公共效益基金制度作为融资手段来支持发展可再生能源资源、可再生能源研究和开发、提高能效和低收入群体扶持项目。公共效益基金通常按照零售电力价格的1%到3%标准直接提取,也有部分基金来自公用事业企业的专门捐款。加州、麻省、伊利诺斯等12个州成立了"清洁能源州联盟"专门协调用于发展可再生能源的投资问题[2]。从设立目的来看,公共效益黄金制度动机就是要帮助那些无法完全通过市场竞争达到融资目的的公共政策提供启动资金,从实际效果来看,作用比较显著,但

---

① PublicUtilities Commission ofOhio. available at http://www. puco. ohio. gov/.

② Pew Centre, Public Benefit Funds. available at ht-tp://www. pewclimate. org/what_ s_being_done/in _ the_states/public_benefit_funds. cfm.

是由于公共效益黄金制度自身往往面临短期财政压力问题,因为无法达成长期的公益目标。

五、《美国清洁能源与安全法案》简介

美国政府参与国际制度构建,其谈判基础需基于国内相关立法支撑,否则难免出现《京都议定书》的情形,谈判结果无法付诸实现。因此其国内气候法案立法进程,不仅仅事关其国内气候政策的走向,同时也对构建 2012 年后国际气候制度产生影响。

《美国清洁能源与安全法案》[①](ACESA,以下简称法案)于 2009 年 6 月 26 日在众议院以 219 比 212 的微弱优势表决通过。法案主体文本 1400 多页,包含了清洁能源、能源效率、减少温室气体排放、向清洁能源经济转型、农业和林业相关减排抵消 5 个部分。法案对多方面进行了规划和设定,包括发展可再生能源、碳捕获和封存(CCS)技术、低碳交通燃料、清洁电动汽车以及智能电网,提高包括建筑、电器、交通运输和工业等所有经济部门的能效,设定温室气体减排路径以及相关的市场机制,保护国内企业竞争力并逐渐向低碳能源经济转型,以及农业和林业减排抵消计划等。

法案受到美国总统的支持和关注,美国气候变化领域多家智库也表示支持,并在法案表决前开展了诸多游说工作。法案也受到美国国内部分环境非政府组织的拥护。法案的反对阵营则出现了两极分化,部分环保组织认为法案所提及的减排力度远远不够,与国际社会预期的差距较大,主张美国应该在减排问题上作出更大的努力;另一阵营则是以影响企业竞争力以及美国国家利益为由的反对者,如美国前国家经济委员会主任、乔治·布什的首席经济顾问 Keith Hennessey 认为[②],随着法案的实施,发展中大国将获得部分产业的竞争优势,对美国相关产业发展构成威胁,反对美国脱离发展中大国实施限额贸易制度。法案在众议院获得表决通过后,将转至参议院审议。不管前景如何,法案获众议院通过,也让世界或多或少地了解美国参与国际制度构建的信心以及可能的目标。

(一)法案主要内容及特点

法案相比布什政府时期不参与、不作为的气候政策已经是进了一大步。

---

① American clean energy and security act. 2009-07. http://www.opencongress.org/bill/111-h2454/text.

② Keith Hennessey, The China/India hole in the American climate strateg, http://keithhennessey.com/2009/05/22/incomplete-climate-strategy/#.

法案不仅表示积极参与国际合作应对气候变化,还提出了明确的减排目标和相应的实施机制,这些做法是值得肯定的。但就国际社会对美国参与应对气候变化国际合作中贡献的预期相比,法案所提及的减排目标还远远不够,在资金、技术、碳市场等关键要素的设计上,也还需要进一步明确。总的来看,法案要点可从以下几个方面进行关注。

1.清洁能源角度讨论气候安全

法案从发展可再生能源、提高能效措施以及限额贸易市场机制设计入手,关注气候安全,讨论应对措施,具有很强的针对性和实践性。同时,该法案虽然只是一部国内法,但是以国际协同应对气候变化为背景进行设计,确定减排目标,部署减缓行动,其内容也几乎可以覆盖国际协议中所有的关键要点,为美国参与国际谈判提供国内法律支撑。

2.突出可再生能源战略地位,明确发展路径

法案要求售电量超过40亿千瓦时的发电企业,需以可再生能源发电和提高能效的方法满足部分电力增长的需求,规定了2012年到2020年可再生能源(不含水电)发电和电力生产过程能效提高占总发电量比例由6%逐年上升到20%的发展目标,为可再生能源规划了明确的发展路线图。据推算,到2020年,电力供应中可再生能源(不含水电、核电)比例需要提高到15%左右,2009年上半年美国可再生能源约占总发电量的11%,其中除水电外可再生能源占总发电量的3.55%。由此可见,以风能、太阳能等为主的可再生能源将在未来10年实现发电量翻两番,法案将以法律形式保障可再生能源高速发展。

3.明确节能和能效提高的重点领域

法案高度重视节能与能效提高在温室气体减排中的作用,并将节能与能效提高放在电力生产、建筑和交通部门重点领域。电力生产部门到2020年,电力供应中5%~8%需来自节能和能效改进项目;建筑节能方面将采用国家规范,住宅和商业建筑将实现节能30%~50%,制定激励措施鼓励对现有住宅和商业建筑进行节能改造,实施建筑能效标识计划,并细化照明及家用电器节能标准,创建最节能家用电器的应用项目,为尽早淘汰高耗能设备提供补偿金;鼓励清洁交通的发展,设置温室气体排标准和车辆油耗里程标准,推进电动汽车发展,并要求环境保护署制定大型卡车、火车、飞机和其他移动污染源的温室气体排放标准。

4.设定了非常保守的减排目标

法案明确提出中期、长期减排目标。但中期目标保守,可能与长期目标脱

节,且大大低于国际社会预期。法案对国内年排放量高于 2.5 万 t 二氧化碳当量的企业设置了具有法律约束力且逐年下降的总量限额。就中期目标来看,到 2020 年相对于 2005 年减少排放 17%,这个量只相当于在 1990 年基础上减少排放 4%;法案进而提出以限额排放贸易为基础,整个经济体温室气体减排目标在 2020 年可以达到相对于 2005 年减少排放 20%,也就是相当于在 1990 年基础上减少排放 7%。然而,7%仅相当于美国当年在《京都议定书》下第一承诺期的减排目标,而如今作为第二承诺期的中期目标,与欧盟减排 30%目标以及发展中国家所要求的 40%的中期减排目标(相对于 1990 年排放水平)差距很大。其减排努力很难获得国际社会认同。

5.允许采用抵消配额量过大

法案为美国可能超出排放限额的部分,设计了每年总量不超过 20 亿 t 二氧化碳的国内、国际抵消计划,原则上国内、国际抵消额度各为 10 亿 t。因法案对林业抵消配额的高度关注,这些抵消额度中的很大部分将可能通过林业抵消配额实现,从而大大降低减排成本,或导致国内无实质性减排。如果按 2020 年 61 亿 t 二氧化碳当量的配额总量加上 20 亿 t 抵消配额计算,当年排放总量可以达到 81 亿 t 二氧化碳当量。这个数字大于美国环境保护署关于美国排放总量"参照情景(BAU)"模式下到 2020 年 73.9 亿 t 排放量的预测[1],因此,法案减排目标并没体现有任何约束,也为美国经济发展预留了足够的排放空间。巨量的抵消配额计划,无疑会弱化减排目标,保障经济发展不受减排影响,也保证相关产业国际竞争力。

6.以市场作为解决资金问题的主渠道

以限额贸易体系为核心,法案无疑是通过市场途径解决资金问题。限额贸易体系按一定比例免费发放或出售排放配额给该体系覆盖下的机构和企业。排放配额可通过市场进行拍卖。技术研发、适应行动以及国际援助等相关活动的主要资金渠道均来自于排放配额交易所获得的资金。为减轻对经济的影响,排放贸易体系在运行的早期阶段(2012—2026 年),75%的排放配额是免费发放的,而整个限额贸易计划实施期间(2012—2050 年),60%的排放配额为免费发放,仅 40%配额以拍卖方式发放。

---

① WRI. Emission reductions under H. R. 2454, the American clean energyand security act, http://www.wri.org/chart/emission-reductions-under-hr-2454-american-clean-energy-and-security-act-2005-2050.

7.技术转让需基于贸易方式,欲建立气候技术市场

由国务院协商能源部、环境保护署、国际开发署和财政部建立国际技术转让基金框架,并由国务院负责管理运行。经费来源依靠分配排放配额,2012—2021年为每年排放限额总量的1%,2022—2026年为2%,2027—2050年为每年排放限额总量的4%。符合条件(可以实施"可测量、可报告、可核实")的发展中国家将获得资助,资助项目包括帮助发展中国家采用固碳技术、可再生能源技术、能效提高技术等以及相关领域的能力建设活动。但同时更突出强调了相关技术转让需基于贸易方式进行,在各执行项目年度报告中,还需涉及该项资助计划是否违反知识产权保护有关规定等实施评价。可以看出技术转让并非是完全免费的,发展中国家在技术推广应用方面可能会有条件地获得资助,但技术本身并不免费。美国对于国际技术合作的投资和资助,也意在推进创立一个新的气候友好技术市场,在帮助其他国家发展技术需求的同时,占领技术市场先机,并以市场潜力激励技术创新,降低技术研发成本。

8.提出碳关税措施

法案对碳关税(边境调节税)实施对象范围进行了界定,对以下国家豁免征收碳关税:在国际协议中作出与美国相当的减排承诺的国家;与美国同为特定国际行业协议成员国;具有行业能源或温室气体强度目标且这一目标低于美国以及最不发达国家;温室气体排放占全球份额低于0.5%的国家;占美国该行业进口份额不足5%的国家。由此分析,碳关税实施重点无疑是中国等快速发展的发展中国家。为保护美国相关产业在法案实施后所谓的国际竞争力,美国必将致力于促成所有温室气体主要排放国达成约束性温室气体减排协议。如果到2018年1月,相关协议尚未达成,总统将可以签署建立"国际配额储备计划",该计划旨在对限额排放体系所涉及产业部门的国际竞争力实施保护,对来自尚未承诺具体减排目标国家(尤指发展中大国)的相应产品征收边境调节税。此举可能对我国未来出口贸易尤其是碳密集型产品出口构成威胁。

(二)法案内容可能产生的影响

法案首次提出定量减排目标,并辅以相关制度和措施设计,但减排力度明显不够(与其他发达国家相比),碳关税等制度受到发展中国家诟病。尽管如此,法案的前景还具有不确定性,包括参议院能否通过、主要内容是否会重新调整。不管法案前景如何,作为美国现有的最有可能的法律案文基础,法案依旧吸引了国际社会关注,它对我国的影响是多方面的:

1.调整承诺方式和内容。法案相比布什政府时期消极的气候政策,明确

提出了减排目标和实施机制,虽然其减排目标与国际社会预期相比还远远不够,在资金、技术问题上还需贯彻共同但有区别的原则。但法案作为有目标、有实施保障的一整套的减排方案,无疑会对我国参与构建2012年后国际气候制度提出更高要求,我国承诺的减缓气候变化行动目标,可能需要考虑更加综合、更加定量化的表述,包括可再生能源利用、GDP碳强度目标、碳汇等全面应对气候变化的行动方案,这也能为我国在国际气候制度谈判中NAMAs(国家适当的减排行动)议题谈判打下基础。

2.碳市场不明确,难以预期。国际社会尤其是发展中国家所关心的是美国国内碳市场如何与国际碳市场接轨,如果建立全球统一的碳市场,发展中国家产生的减排量如何参与美国碳市场交易的问题。在一个非紧约束的限额总量下,美国国内开展实施可再生能源和能效提高等项目,以及政府推动经济向低碳转型等政策协同下,目前还很难估算其整个经济体对海外减排抵消额度有多少需求,法案对国际碳市场的贡献不管是交易制度还是需求量仍然是雾里看花。而从需求的构成来看,来自林业项目的低成本减排已成为其关注重点。2012—2025年,每年将有5%的国内限额排放配额用于资助实施从林业获得巨量减排额度,这些额度很可能对现有碳市场价格体系构成冲击。而基于工业、能源等领域项目产生的减排量,限制性准入条件依然具有歧视性且有违"共同但有区别的责任"原则,要求市场参与方需具有类似国家排放限额总量以及有实质意义的行业减排目标,这些要求将在很大程度上限制我国及其他发展中国家相关领域减排额度进入其国内碳市场。从法案的设计来看,发展中国家通过市场机制获得资金依然困难。然而,其国内通过限额贸易体系产生的资金分配,也有部分将用于国际合作,支持适应及减缓气候变化的行动,但这种援助性的政府资助将更有利于控制资金流向和掺入附加条件。

3.碳关税可能形成贸易壁垒。碳关税对中国外贸出口贸易可能产生不利影响,且应防止发达国家效仿产生骨牌效应。事实上,碳关税是一种边境调节措施,其可能的法律支撑是"关贸总协定"中的"边境调节税制度"。具体到碳关税能否作为边境调节税的一种,国际社会尚存争议。化工、机电等碳强度高的工业产品几乎占据了中国出口产品的半壁江山。如果美国征收碳关税,中国出口贸易必然会受到影响。近年来,德国、法国等欧盟国家也提出征收碳关税的考虑,但尚未付诸立法行动,如果美国相关法案立法获得通过,需要防止碳关税在发达国家形成骨牌效应,以贸易形式约束发展中国家的经济发展。

(三)对法案的有关建议

《美国清洁能源与安全法案》是一部美国国内法,但同时也具有美国达成国际协议关键要素承诺目标和形式的指导意义,通过分析,就如何认识和对待法案提出一些建议。

1.法案与欧盟目标差距较大,要求美国付出与其他发达国家对等的努力。法案减排目标相比 1990 年仅减排 4％,而欧盟已承诺相比 1990 年减排 20％～30％,[1]欧盟也明确指出美国减排目标太少,应提高目标。在碳市场、技术、REDD(减少毁林及森林退化造成的排放)等问题上,欧盟与美国政策都在逐渐协同,对发展中国家形成的压力逐渐增大,但就减排目标而言,由于缺乏履行《京都议定书》的减排经验,美国在减排目标的设计和履约控制上,必然缺乏足够的信心,其减排目标也会趋向于保守;而欧盟出于国际影响力以及环境脆弱性的双重考虑,理所当然地会选择相对激进的减排目标。中国应该要求对历史温室气体排放负有最大责任的美国提高减排目标,至少要与其他发达国家对等,并强调在其国内开展实施减排活动。

2.碳关税对中国出口贸易会有影响,需加强研究。法案中碳关税内容的提出,在争取美国国内支持(部分议员担心法案实施后可能造成美国工业失业潮)方面也发挥了作用。总体来看,对碳关税问题,中国应重视,但因其不确定性较大,尚需加强相关研究。第一,碳关税的评价和实施时间都还相对遥远,且严重依赖未来国际气候制度,在国际气候制度尚不明朗的情况下,碳关税为什么征、向谁征、征多少等问题都需要在国际多边框架下协商,在自由贸易的国际格局下,单边行动往往适得其反;第二,从世界各国对碳关税的反映来看,欧盟最早提出考虑征收碳关税,部分国家内部也已开始征收国内碳税,但迟迟没有将碳关税提上立法议程,因为碳关税政治经济影响可能远大于环境保护的积极意义,而且碳关税一向受到发展中国家的坚决反对,实现全球减排目标需要寻求其他效率更高的方式;第三,从贸易保护的角度,美国进口的高碳商品,主要供应国不仅有发展中国家,也包括加拿大和欧盟国家,而这些国家的产品几乎都够条件免除征收碳关税,美国高碳商品进口依然得不到有效控制,碳关税能起到的贸易保护作用也比较有限;第四,如果一味限制高碳商品进口,鼓励相关产品在国内生产,无疑会增加国内碳排放,对实现减排目标构成影响;第五,就中国而言,随着国际分工、国内产业结构调整以及社会的低碳化进程,出口产品结构也会相应进行调整,高碳产品出口比重可能下降,能源使用效率进一步提高,社会经济的快速发展也可能使得今天看来某些限制性条

---

① Submission from EU to UNFCCC,http://unfccc.int/resource/docs/2009/awg9/eng/misc15.pdf.

件,十年之后其实际约束意义会比较有限。

3.促进国际碳市场制度建设,保证抵消配额使用效率。美国减排目标与历史责任相比远远不够,即便如此,法案还设计了每年20亿t抵消配额的使用计划,这么大量的设计需求无疑会对国际碳市场产生影响。在抵消配额的问题上,应要求其本着"共同但有区别的责任"原则推进国际、国内碳市场建设,不应对发展中国家抵消配额设定《联合国气候变化框架公约》外的认证体系,促进建立统一的国际碳市场。对于法案中设计的每年10亿t海外减排抵消配额,为保证现有清洁发展机制(CDM)市场的稳定运行,包括林业管理项目在内的各种减排抵消配额价格,不应低于同期CDM项目产生的核证减排量的价格,价格过低的抵消配额无疑会降低抵消配额的减排效率。

4.强调实质性环境友好技术研发合作。中美在促进清洁煤技术、可再生能源技术等环境友好技术型合作方面已具良好的政治共识,也成立了相应的合作研究机构,如中美清洁能源联合研究中心,在中美气候合作的议题中,可强调技术合作先行。基于已有的相关研究,就两国共同关注,且具有共同利益的清洁技术建立资金机制,搭建研究团队,推动实质性研究合作,以合作增进了解,增强互信,化解对立,促进形成两国应对气候变化的良好对话氛围。

第六章　中国能源法律制度

第一节　中国能源概述

一、中国的能源资源状况

（一）中国能源资源丰富，分布不均衡，人均占有量低

中国能源资源品种较全，世界各国具有的能源资源，中国几乎都有，而且数量也相当可观。虽然中国能源总量生产居世界第三位，但人均拥有量远低于世界平均水平。中国人均能源探明储量只有世界平均水平的 33％。中国是世界第二大能源生产国与消费国。

中国能源资源总体分布不均匀。其特点是北多南少，西富东贫，东部地区能源消费占全国的 67％，能源储量仅占全国的 13％。品种分布是北煤、南水和西油气，因而形成了北煤南运、西气东输和西电东送等长距离输送的基本格局。

煤炭是我国的主要能源，蕴藏量约占地球煤炭资源的 1/3。2011 年我国已经探明的原煤储量是为 114500 百万吨。[①] 其中烟煤占 70％，无烟煤占 16％，褐煤占 14％，烟煤中炼焦用煤占 30％。按人均计算，中国人均煤炭可采储量是 90.7 吨，而世界人均为 162 吨，为世界平均值 57％。

我国的煤炭资源的地理分布很广，从东北到海南岛，从青藏高原到东海之滨，都有煤田分布。但分布极不均衡，已探明储量中，79.8％集中在华北和西北，其中 86％分布在干旱缺水的中西部地区。山西、内蒙古和陕西分别占28％、22％和 17.5％，加上贵州、新疆、宁夏和安徽，这 7 个省和自治区的储量占全国的 84.3％。

[①]　资料来源：《2012 年 BP 世界能源统计年鉴》。

2011 年我国的原油已经探明的储量是 20 亿吨,已探明的石油储量只是其中很少的部分,而且 85％集中在长江以北东部地区。随着石油勘探开发工作的深入开展,未来中国国内的油气勘探开发对象主要集中在深层、深海和自然地理位置十分恶劣的沙漠、高山和高寒之地,新增储量的 75％来自老油区的复杂或隐蔽油藏。[①] 由于我国的地形复杂,储藏深度大(5000～7000 米),开采费用很高,每吨原油的勘探开采费用居世界首位。而其他主要产油国,如科威特,它们的油井都是自喷井,开采几乎是一劳永逸的,费用十分低廉。

《BP 世界能源统计 2012》的数据表明,以目前的开采速度计算,全球石油储量可供消费 54 年,天然气和煤炭则分别可以供应 65 年和 162 年。

(二)可再生能源有资源优势,发展潜力大

中国水力资源理论蕴藏量、技术可开发量、经济可开发量及已建和在建开发量均居世界首位,水力资源是中国能源资源的最重要的组成部分之一。我国水电资源蕴藏量世界第一,主要分布在西南地区,技术可开发量约为 5.4 亿千瓦,经济可开发量约 4 亿千瓦。截至 2011 年年底,我国水电装机总容量达 2.2 亿千瓦。[②] 水电开发程度达到 36.48％。太阳能较丰富的区域占国土面积的三分之二以上,年辐射量超过 60 万焦耳/平方厘米,每年地表吸收的太阳能大约相当于 1.7 万亿吨标准煤的能量;我国风能资源总量约为 7 亿～12 亿千瓦,陆地技术可开发风能资源储量大于海上,年发电量可达 1.4 万亿～2.4 万亿千瓦时;当前可利用生物质资源约 2.9 亿吨,主要是农业有机废弃物;因此,我国具有大规模开发可再生能源的资源条件和技术潜力,可以为未来社会和经济发展提供足够的能源保障,开发利用可再生能源大有可为。

二、我国能源利用现状

(一)我国我国能源利用效率低,许多领域呈现粗放式增长

改革开放后 30 多年中国经济持续快速发展,能源消费激增,2011 年,中国能源消费增长占世界能源消费增量的 71％。能源耗用总量和人均能耗都迅速上升,是世界上产值能耗最高的国家之一。目前我国单位产值能耗大约是世界平均水平的 2 倍多,单位产值能耗大约是发达国家的 3 至 4 倍。我国单位 GDP 的能耗是日本的 7 倍、美国的 6 倍,甚至是印度的 2.8 倍。每公斤

---

① 参见郑明:《中国能源发展现状与面临的挑战》,载《领导文萃》2007 年第 6 期。

② 资料来源:《2011 年我国新增水电装机 1500 万千瓦》,中电新闻网,http://www.indaa.com.cn,下载日期:2012 年 9 月 11 日。

标准煤产生的国内生产总值仅为 0.36 美元,世界平均值为 1.86 美元。

目前我国能源利用效率仅 33%,比发达国家低约 10 个百分点。电力、钢铁、有色、石化、建材、化工、轻工、纺织等 8 个行业主要产品的单位能耗平均比国际先进水平高 40%,而这 8 个行业的能源消费占工业部门能源消费总量的 73%左右。目前我国每年的新建建筑中 80%以上仍属于高耗能建筑,单位建筑面积采暖能耗为气候相近发达国家的 3 倍左右。再比如汽车,中国的汽车生产过程中消耗为 1.6 吨油当量,美国只有 0.9 吨油当量。

(二)以煤为主的能源消费结构不合理

按《2012 年 BP 世界能源统计年鉴》提供的数据,2011 年全球一次能源消费石油占 33.1%、煤炭占 30.3%,天然气 22.9%、水电和核电 19.2%、可再生能源占 2.1%。在中国现有的能源消费结构中,煤占 70.39%、石油占 17.67%、天然气占 4.5%、水电占 6%、核电 0.74%。可以看出,中国是世界上唯一以煤为主的能源消费大国,也是世界上煤使用比例最高的国家,占世界煤消费总量的 27%。在未来 20 年内,煤仍将是中国的主要能源。根据国际能源机构的预测,2030 年煤仍占中国能源消费总量的 60%。[①]

(三)新能源利用取得明显进展,前景广阔

经过多年发展,我国新能源类型取得了很大成绩,成为风能和水能的最大利用国。我国水电已经成为电力工业的重要组成部分,风能、太阳能、和沼气等可再生能源技术已经成熟,生物质供气和发电技术也接近成熟,风电、光伏发电、太阳能热利用和生物质能高效利用取得明显进展,为能源替代、调整能源结构、缓解我国化石能源供应同压力、保护环境、促进经济和社会发展做出了重大贡献。然而,我国可再生能源还有很长、很艰难的路要走,比如发展分布式的可再生能源,加强前沿技术研究等。尽管中国各级政府和企业,以及方方面面的专家和媒体都认为在中国应该积极发展分布式能源系统,通过推广该技术来提高天然气资源的利用效率,优化燃气市场。同时,依靠这一技术将大量的矿井瓦斯、焦化煤气、石油伴生气、城市污水和垃圾填埋沼气,以及气体可燃性废弃气体加以有效利用,这将是解决中国可持续发展的主要举措。但是,分布式能源在中国的发展依然困难重重。前沿技术是能源发展的潜力,能够引领能源产业和能源技术实现跨越式发展。中国重点研究化石能源、生物质能源和可再生能源制氢、经济高效储氢及输配技术,研究燃料电池基础关键

---

① See International Energy Agency, World Energy Outlook 2002, Paris 2002, p. 249.

部件制备及电堆集成、燃料电池发电及车用动力系统集成技术等。研究突破化石能源微小型燃气轮机等终端能源转换、储能及热电冷三联产技术。加快研发气冷快堆设计及核心技术。积极研究磁约束核聚变和天然气水合物开发技术。

（四）能源安全风险凸显

1.能源供需矛盾日益突出，对外依存度上升

国内资源的相对缺乏和发展的粗放直接导致能源、主要矿产资源的对外依存度上升，无疑在加大了我国的能源风险。20世纪90年代以来，随着中国经济的快速增长，能源供应不足成为了制约中国国民经济发展的瓶颈。从1992年开始，中国能源、生产的增长幅度小于能源消费的增长幅度，能源生产与消费总量缺口逐渐拉大，能源消费与供应不足的矛盾日益突出。例如，中国的石油消费量1990年是1.15亿吨，2011年增加到4.618亿万吨，而中国原油产量1990年是1.38亿吨，2011年却只增加到2.036亿吨。为弥补缺口，援引中国工业和信息化部的数据，2011年上半年中国对进口石油的依赖度上涨至55.2％。有专家估计，2030年中国能源供需缺口量约为2.5亿吨标准煤，到2050年将增至4.6亿吨标准煤。[1]

2.石油对外依存度过大，储备体制不健全，利用国际石油资源环境不理想

石油是"工业的血液""经济的命脉""外交的武器""国防的保障"。石油在世界上已成为与粮食和水资源并列、事关国家经济可持续发展和经济安全的重要资源。石油安全已成为中国能源安全的核心。由于中国原油产量的增长大大低于石油消费量的增长，1993年中国成为石油净进口国。2003年我国成为世界第二大石油消费国，随着经济增长，石油供应短缺、进口依存度飙升的局面仍将持续。按照国际能源机构的预测，到2020年中国每天进口石油达690万桶，占中国石油消费总量的70％；2011年中国石油对外依存度是55.2％，2020年是68％，2030年将达到74％[2]。

石油储备体制不健全。我国目前尚没有专门调整石油储备的法律，石油储备设施等硬件条件难以满足现实需要。国际能源总署规定的石油储备规模为上年进口量90天的水平，目前估计，中国的石油储备只足以维持国内大约

---

[1]　参见马维野等：《我国能源安全的若干问题及对策思考》，载《国际经济技术研究》2001年第4期。

[2]　See International Energy Agency,World Energy Outlook 2004，Paris 2004，pp.92，96，117.

7 天的需求。①

我国原油进口 60％以上来自于局势动荡的中东和北非,石油进口运输方式是远距离、大运量,每年进口的石油约 80％经过马六甲海峡,现有远洋船队超大型油轮严重不重,约 95％的进口石油依靠海外公司运输,运输线路安全保障难。

(五)能源环境问题突出,对经济社会的可持续发展构成威胁

由于长期的不可持续的经济经济增长方式的影响,能源利用率低。以煤为主的能源结构也不利于环境保护,传统化石燃料在开发、利用过程中将排放大量的温室气体,如二氧化碳、二氧化硫以及氮氧化物,这些温室气体将造成地球变暖、气候变化以及酸雨等问题。况且,中国的煤炭资源又存在着固有的质地差、运输距离长、污染严重、热量不足等问题,更使中国能源消费的不利结构雪上加霜。这种长时期以煤为主的能源结构,将使中国区域性污染日益加重,生态环境将持续遭到破坏。资料显示,我国 85％的二氧化碳、90％的二氧化硫和 73％的烟尘都来自燃煤活动领域。据世界银行的统计报告,全球有 20 个污染最严重的城市,中国就占了 16 个②。能源生产和利用对环境的损害,是中国环境问题的核心,受到国际社会的高度关注,使得中国在世界上碳排放等能源环境问题上压力很大。

(六)"节能减排"观念和措施需要进一步加强

"节能"作为"第五能源",可以以较少的能源投入,实现经济高速增长的目标。在 2020 年我国全面实现小康社会的发展目标下,如果采取节能措施,能源需求约为 24 亿吨标准煤;而在目前政策环境下,能源需求约为 32 亿至 33 亿吨标准煤。两者比较,可少用 8 亿吨至 9 亿吨标准煤的能源,价值约为 8000 亿元,相当于中国原煤年产量的 80％。科学的预算分析,节能将使我国每万元国内生产总值能耗,由 1995 年 2.33 吨标准煤,降低到 2010 年的 1.25 吨标准煤、2030 年的 0.45 吨标准煤和 2050 年的 0.25 吨标准煤。③ 从节能的实现方式看,通过调整行业和产品结构实现的节能约占工业部门节能潜力的 70％～80％,依靠技术进步降低单位产品能耗实现的节能占 20％～30％。

---

① 甄冠楠:《浅析我国的石油战略储备制度》,载《中国法学会环境资源法学研究会年会论文集》,北京大学出版社 2006 年版,第 114 页。

② See Bo Kong, An Anatomy of China's Energy Insecurity and Its Strategies, Pacific Northwest National Laboratory, 2005, p.6.

③ 资料来源:http://finance.qq.com/a/20071115/001450_1.htm,2012-9-12。

然而我国的节约能源法对节能减排倡导性条款多,许多配套的鼓励性措施细则迟迟不能出台。国家的一些补贴政策不能有效落实。政府和企业缺乏需求侧管理的意识,成为资源综合利用和经济和社会可持续发展道路上的一大障碍。

三、中国能源管理制度

能源具有数量的有限性、赋存的不均衡性、生态的整体性等自然属性,同时又具有经济性、政治性和法律性等社会属性。能源的属性决定了法律必须明确能源资源的归属,包括能源产权制度和能源市场的准入制度、能源管理制度等。

(一)能源资源的产权制度

建立归属清晰、权责明确、保护严格、流转顺畅的现代产权制度,是市场经济存在和发展的基础要求。

1. 能源资源的所有权制度

能源所有权制度是能源利用制度的前提,也是特许与许可的前提。能源资源作为国家重要的自然资源,应由国家所有,由国家支配。对外体现国家的能源主权,对内体现能源国家所有权。我国法律并没有直接使用能源资源所有权一词,而是在现行宪法中对包括能源资源在内的自然资源国家所有的制度作出了明确规定。我国现行《宪法》第 9 条第 1 款:矿藏、水流、森林、山岭、草原、荒地、滩涂等自然资源,都属于国家所有,即全民所有;由法律规定属于集体所有的森林和山岭、草原、荒地、滩涂除外。此款所列举的各种自然资源中,虽然没有直接对能源作出相应规定,但应当理解为其中当然也包括了能源性自然资源。所有权的权能之一是"占有",在自然资源中,风能、太阳能、辐射能因为其"无形性"无法成为物权法意义上的客体,所以也不宜在宪法中列出其属于某个法律主体所有,包括国家所有。但是太阳能、风能、辐射能的利用应当由国家管理,必要时需要全国人大常委会作出解释。

《宪法》第 9 条第 2 款:国家保障自然资源的合理利用,保护珍贵的动物和植物。禁止任何组织或者个人用任何手段侵占或者破坏自然资源。其中"合理"二字一方面很明显地体现出自然资源储量的有限性,另一方面更是包含了对于有限的自然资源进行合理配置、节约使用、高效利用的全局性规划和基础性定位。由此可见,宪法作为在我国各种法律形式中具有最高法律地位和法律效力的根本大法,对自然资源的所有权和支配权作出原则性规定的同时,实际上也为我国的能源性矿产资源(如煤炭、石油、天然气等)的合理开发、加工转换、储运、供应、贸易、有效利用及其规制，作出了高度概括的指导性规定。我国其他的法律、法规对能源资源的权属问题也有明确规定。如我国《物权法》第45条、第47条、第48条的规定，《水法》第2条的规定，《矿产资源法》第3条的规定等。海上能源资源与陆地资源的所有权归属有所不同，前者要遵循国际法规则，此时能源资源的国家所有权对外代表了我国的国家主权。

我国的矿藏、水能资源和海洋能资源等能源资源属于国家所有，有权代表国家行使所有权的只能是国务院。当然，国务院可以授权有关部门或者省级人民政府具体负责所有权行使的管理工作。国家所有的能源资源，任何单位和个人不能取得所有权。

2.能源资源的使用权制度

能源资源的使用权是能源资源的非所有权人依法享有的对能源资源的勘探、开发与利用等权利。能源资源归国家所有，单位和个人按照有偿取得的原则，可以依法享有占有、使用和收益的权利但不得损害国家的权益。勘探、开发与利用等权利就是对能源资源行使使用权的具体权利形态。对属于国家所有的能源资源，国家可以自行勘探、开发和利用，也可以依法通过招标、拍卖、协议等方式有偿授予他人行使勘探、开发和利用等权利。能源勘探、开发和利用的范围应当由法律明确规定。采用招标、拍卖、协议等方式取得的上述权利，应当附有期限。能源企业可以通过招标、拍卖、协议等方式部分或全部转让其依法取得的能源勘探、开发与利用等权利，但应当取得原审核部门同意。能源勘探、开发与利用等权利的设立、变更、转让和消灭，自登记时生效。

在中国，由于不存在私人土地所有权，所以取得土地使用权、承包经营权、宅基地使用权以及其他用益物权，并不意味着享有了包括能源资源在内的自然资源的勘探、开发、利用权，国家可以通过招标方式或者其他方式许可第三人勘探、开发与利用。能源企业取得或行使能源资源的勘探、开发和利用时，其针对的对象可能会涉及土地上既存的权利。所以，能源、资源的勘探、开发和利用，不得损害已设立的建设用地使用权、土地承包经营权、宅基地使用权以及其他用益物权。因行使能源资源勘探、开发和利用等权利而损害其他用益物权的，应当予以合理补偿。此处的补偿规则，首先提倡当事人进行协商；协商不成的，主管机关可以受规划承担人或者权利人的委托确定损害赔偿。损害赔偿标准，可以参照民法上的侵权或者不当得利补偿规则。这样，在实体上与程序上既保障了土地权利人的利益，也避免了能源企业因为协商补偿而不能实际勘探、开发和利用的尴尬。对于能源资源的勘探、开发和利用权利与土地物权人之间的权利冲突问题，可以通过尊重所有权、按照他物权设定顺位、设定时间或者按照法律规则处理。①

3.多元化投资的能源产权制度

产权是一个权利束，或者一个权利群，一般附着于有形的物品或无形但可以体验的服务上。以资源为中心的产权内容，包括对资源的所有权、使用权、转让权，以及收入的享用权。

目前，我国能源行业呈国企垄断局面，对民营资本的歧视还是比较严重的。在能源领域实行多元化投资产权制度，就能为民营资本、外资进入一般性能源行业扫清道路，有利于打破能源行业的垄断局面，进而促进整个能源行业的健康发展。能源市场对外开放是一个大趋势，实现能源投资多元化的基础就是产权制度的多元化。当然，能源也是一个涉及国计民生和战略安全的特殊行业，不可能全部放开，如对于关系国家安全和国民经济命脉的能源领域，应实行国有资本控股为主体的投资产权制度，国有企业还是将维持控股地位。多元产权并不意味着国资全部退出。在中央"必须坚持毫不动摇地巩固和发展公有制经济，必须毫不动摇地鼓励、支持和引导非公有制经济发展"方针政策引导下，能源领域民间投资不断扩大。2010年国务院出台《关于鼓励和引导民间投资健康发展的若干意见》（国发〔2010〕13号）后，民间投资已经成为促进能源发展的重要力量。目前，非国有煤矿产量约占全国的40%，民营水电站装机约占全国的26%，民营风电装机约占全国的20%，民营炼油企业加工能力约占全国的18%。火电、水电、煤炭深加工等领域已经涌现出一批非公有制骨干企业。民间资本在太阳能热利用、生物质能开发以及晶体硅材料、太阳能热水器、太阳能电池制造等领域居于主导地位，在风电设备制造产业发挥着重要的作用。民间资本已经进入西气东输三线等国家"十二五"重点项目建设领域。2012年6月18日国家能源局又出台了《关于鼓励和引导民间资本进一步扩大能源领域投资的实施意见》，旨在进一步鼓励和引导民间资本扩大能源领域投资，促进能源领域民间投资健康发展。其中拓宽民间资本投资范围包括：鼓励民间资本参与能源项目建设和运营，"列入国家能源规划的项目，除法律法规明确禁止的以外，均向民间资本开放，鼓励符合条件的民营企业以多种形式参与国家重点能源项目建设和运营"；鼓励民间资本参与能源资源勘探开发；鼓励民间资本发展煤炭加工转化和炼油产业；鼓励民间资本参与石油和天然气管网建设；鼓励民间资本参与电力建设；鼓励民间资本在新能源

---

① 参见清华大学环境资源与能源法研究中心课题组：《中国能源法（草案）专家建议稿与说明》2008年10月，第85页。

领域发挥更大作用。但是,此意见对民众关心的向民营资本放开进口原油贸易资质并没有提及。2012年9月11日,国家页岩气探矿权第二轮招标启动,20个页岩气区块首次向民企及中方控股的合资企业开放。虽然民营企业能否中标还不能确定,但是无疑向民资开放迈出了一步。

从长远来看,多元产权对中国能源行业的意义十分重大,"收益、产权、公平竞争"三大根本性问题会逐步完善。

(二)能源管理制度

能源产业是关系国民经济发展和国家经济安全的重要产业,又是一个综合性很强的产业部门,能源监督管理工作十分重要,改革和完善管理体制,是保证和促进能源工业进一步发展的根本措施之一。能源问题涉及多个相关部门的利益,如果政出多门、各自为政、部门分割,不仅会严重破坏政府法制的统一性,损害政府的权威,而且部门之间利益相争或者相互扯皮,也不利于能源问题的解决与能源产业的发展。

政府对能源管理制度在能源法律制度中居于核心地位。由于能源问题涉及电力、煤炭、石油,以及价格改革、市场准入、税收、进出口、安全等多方面,能源管理职责目前依然分散在国家发改委、国土资源部、中组部、国资委、商务部、财政部、科技部、环保部、国家安监总局和国家煤监局、国家电监会等多个部门。这些部门都在不同程度、不同层面、不同范围管理或影响能源政策,但是又没有一个机构能够系统地、自始至终地、权责一致地管理能源事务,没有一个部门对能源出现的问题承担责任。比如,能源重大项目的投资审批和价格制定权,仍然掌握在国家发改委,上游矿产资源勘探和开发仍归国土资源部管理,成品油市场准入审批权依然在商务部,而大型能源企业领导人的任命权则在中组部……甚至目前战略作用越来越大的油气管道运输,其管理机构中国石油天然气管道局,而中国石油天然气管道局属于中石油,是一家企业来管理的。

在过去30年里,我国能源管理体制改革仅涉及管理机构的变更,就发生了20次。其中大的变动有:1988年第七届全国人民代表大会第一次会议决定撤销煤炭部、石油部、水利电力部和核工业部,成立能源部。1993年第八届全国人民代表大会第一次会议决定撤销能源部,重组煤炭部、电力部。1998第九届全国人民代表大会第一次会议决定撤销煤炭部、电力部。2004年成立了国家发展和改革委员会能源局。2005年成立国家能源领导小组。2008年8月8日,国家能源局正式挂牌,标志着这个备受瞩目的能源行业政府管理机构进入正常运转阶段。国家能源局为国家发展改革委管理的国家局,由原国家能源办、发改委能源局、国防科工委主管核电的系统工程二司以及发改委涉及能源管理的资源节约与环境保护司、工业司整合而成,其主要职责包括划入原国家能源领导小组办公室职责、发改委的能源行业管理有关职责,以及原国防科学技术工业委员会的核电管理职责等。具体职责包括:①

1. 研究提出能源发展战略的建议,拟订能源发展规划、产业政策并组织实施,起草有关能源法律法规草案和规章,推进能源体制改革,拟订有关改革方案,协调能源发展和改革中的重大问题。

2. 负责煤炭、石油、天然气、电力(含核电)、新能源和可再生能源等能源的行业管理,组织制定能源行业标准,监测能源发展情况,衔接能源生产建设和供需平衡,指导协调农村能源发展工作。

3. 负责能源行业节能和资源综合利用,组织推进能源重大设备研发,指导能源科技进步、成套设备的引进消化创新,组织协调相关重大示范工程和推广应用新产品、新技术、新设备。

4. 按国务院规定权限,审批、核准、审核国家规划内和年度计划规模内能源固定资产投资项目。

5. 负责能源预测预警,发布能源信息,参与能源运行调节和应急保障。

6. 负责核电管理,拟订核电发展规划、准入条件、技术标准并组织实施,提出核电布局和重大项目审核意见,组织协调和指导核电科研工作,组织核电厂的核事故应急管理工作。

7. 拟订国家石油储备规划、政策并实施管理,监测国内外石油市场供求变化,提出国家石油储备订货、轮换和动用建议并组织实施,按规定权限审批或审核石油储备设施项目,监督管理商业石油储备。

8. 牵头开展能源国际合作,与外国能源主管部门和国际能源组织谈判并签订协议,协调境外能源开发利用工作,按规定权限核准或审核能源(煤炭、石油、天然气、电力、天然铀等)境外重大投资项目。

9. 参与制定与能源相关的资源、财税、环保及应对气候变化等政策,提出能源价格调整和进出口总量建议。

10. 承担国家能源委员会具体工作。

11. 承办国务院及国家发展和改革委员会交办的其他事项。

此外,国家能源局与国家发展和改革委员会的有关职责关系为:

(1)国家能源局拟订的能源发展战略、重大规划、产业政策和提出的能源

---

① 参见 http://nyj.ndrc.gov.cn,下载日期:2012 年 6 月 12 日。

体制改革建议,由国家发展和改革委员会审定或审核后报国务院。(2)国家能源局按规定权限核准、审核国家规划内和年度计划规模内能源投资项目,其中重大项目报国家发展和改革委员会核准,或经国家发展和改革委员会审核后报国务院核准。能源的中央财政性建设资金投资,由国家能源局汇总提出安排建议,报国家发展和改革委员会审定后下达。(3)国家能源局拟订的石油战略储备规划和石油战略储备设施项目,提出的国家石油战略储备收储、动用建议,经国家发展和改革委员会审核后,报国务院审批。(4)国家能源局提出调整能源产品价格的建议,报国家发展和改革委员会审批或审核后报国务院审批;国家发展和改革委员会调整涉及能源产品的价格,应征求国家能源局意见。(5)核电自主化工作,在国家发展和改革委员会指导下,由国家能源局组织实施。

炼油、煤制燃料和燃料乙醇的行业管理由国家能源局负责,其他石油化工和煤化工的行业管理由工业和信息化部负责。

国家石油储备中心由国家发展和改革委员会划给国家能源局管理。其他所属事业单位的设置、职责和编制事项另行规定。

2010年成立的国家能源委员会是国务院领导的议事协调机构。国家能源委员会主任由国务院总理担任,办公室主任由发展改革委主任兼任,副主任由能源局局长兼任,办公室具体工作由能源局承担。国家能源委员会负责研究拟订国家能源发展战略,审议能源安全和能源发展中的重大问题,统筹协调国内能源开发和能源国际合作的重大事项。

从理论上说,成立议事协调机制上最高规格的国家能源委员会,既有权威性,又有能源局的执行平台,不论是对加强能源管理的有效性,还是起草能源"十二五"规划,能源委对构筑稳定、经济、清洁、安全的能源供应体系都将发挥积极作用。但是,"国家能源委员会"的组织形式,仍然是国务院领导的议事协调机构,而非职能独立机构,发改委和国家能源局承担了较多的能源管理权限,但彼此权责、分工多有交叉不明之处,归属于发改委代管的国家能源局地位尴尬。国家能源局要掌管全国能源工作,但缺乏实施行业管理的手段和资源。以能源管理体制来看,尽管从国家能源局的职责划分应该是比较明确,但与能源管理体制改革相对应的法律法规没有出台,有关配套改革措施有待明确。

我国大型能源企业,无论是中石油、中石化、中海油这样的石油巨头,还是国家电网、南方电网和五大发电集团这样的"电老虎",以及神华、中煤等煤炭航母,乃至中核、中广核等核电巨擘,多为"副部级"。而作为能源管理部门的国家能源局,被"定位"为由国家发改委管理的"副部级"单位。这样的能源管理体制,暗含着体制摩擦的隐患。

目前中国能源行业改革与发展的最大障碍是行业内的垄断经营和区域市场分割等违反市场经济规律的行为。例如,虽然成立了国家电网公司、华能集团等电力部门的"七姊妹",但是电力行业的市场竞争格局并未完全形成。

能源管理上的问题,法治化建设道路还很长。2007年制定的《反垄断法》有助于预防和制止能源领域的垄断行为,保护市场公平竞争,提高经济运行效率,维护消费者利益和社会公共利益,促进社会主义市场经济健康发展。作为中国能源领域的基础性法律,《能源法》(征求意见稿)包含了能源综合管理等内容,希望能尽快出台。

第二节 中国能源法制建设进程

一、中国能源立法的历史进程和特点

我国的能源立法大体可分为四个阶段。[①]

第一阶段,自建国初期到改革开放之前。这一阶段政企不分,实行高度集中的计划经济,没有真正意义上的能源立法,基本靠政府的政策文件和指令来规范能源开发利用。1950年12月22日中央人民政府政务院第64次政务会议通过了新中国第一部矿业行政法规——《中华人民共和国矿业暂行条例》。

第二个阶段,从改革开放初期至上世纪80年代中期。这个阶段我国百废待兴,经济体制仍然是计划经济体制,能源产业实行分部门高度集中统一管理,政企不分,统收统支;能源基础设施的投资严重不足,煤炭、电力、石油天然气供应短缺,制约了经济发展。这个阶段的能源立法刚刚起步,本着急用先立的原则,主要着眼于解决资金短缺、促进能源资源开发、缓解供需矛盾,比如1985年国务院制定发布了《国家能源交通重点建设基金征集办法》、《关于集资办电和实行多种电价的暂行规定》等。在此期间,一些制度性规定多以国务院及其有关部门和地方的政令、办法、意见等规范性文件形式颁发,部门计划

---

① 本部分内容参考了叶荣泗:《改革开放三十年来的能源法治建设》,http://www.energylaw.org.cn/html/news/2008/12/30/20081230115166049.html,下载日期:2012年6月23日。

管理的政令特色明显,层次低,效力差。真正意义上的能源法律、行政法规极少,比较突出的是为了适应海洋石油资源开发对外开放的需要,国务院 1982 年制定颁布了《对外合作开采海洋石油资源条例》(2001 年修订),1983 年又制定颁发了《海洋石油勘探开发环境保护管理条例》,在节能方面国务院制定颁布了《节约能源管理暂行条例》(1983 年)以及 4 个节能指令等。

第三个阶段是自上个世纪 80 年代中期至上世纪末。1987 年党的十三大提出,社会主义有计划商品经济应该是计划和市场内在统一的体制。1992 年10 月党的十四大明确提出,我国经济体制改革的目标是建立社会主义市场经济体制。随着我国改革开放和有中国特色的社会主义市场经济体制和运行机制逐步确立,经济立法进程显著加快,能源领域立法活动也十分活跃。《电力法》、《煤炭法》和《节约能源法》等单行能源法于 1995 年、1996 年和 1997 年相继颁布;在此期间国务院也先后颁布了比较多的行政法规,如有关煤炭方面的《乡镇煤矿管理条例》(1994 年)、《煤炭生产许可证管理办法》(1994 年)、《煤矿安全监察条例》(2000 年),有关电力的《电力设施保护条例》(1987 年,1998 年修订)、《铺设海底电缆管道管理规定》(1989 年)、《大中型水利水电工程建设征地补偿和移民安置条例》(1991 年)、《水库大坝安全管理条例》(1991 年)、《电网调度管理条例》(1993 年)、《电力供应与使用条例》(1996 年),有关石油天然气方面的《对外合作开采陆上石油资源条例》(1993 年颁布,2001 年、2007年、2011 年三次修订),有关核能方面的《民用核设施安全监督管理条例》(1986 年)、《核材料管制条例》(1987 年)、《核出口管制条例》(1997 年)、《核两用品及相关技术出口管制条例》(1998 年)、《核电厂核事故应急管理条例》(1993 年)等。在这一阶段,与能源紧密相关的一大批法律和行政法规相继出台,如《矿产资源法》(1986 年,1996 年修订)、《海洋环境保护法》(1982 年)、《森林法》(1984 年颁布,1998 年修订)、《水法》(1988 年颁布,2002 年修订)、《大气污染防治法》(1987 年颁布,1995 年、2000 年两次修订)、《环境保护法》(1989 年)、《固体废物污染环境防治法》(1995 年)、《建筑法》(1997 年)、《价格法》(1997 年)等,以及《矿产资源监督管理暂行办法》(1987 年)、《矿产资源法实施细则》(1994 年)、《矿产资源勘探勘查区块登记管理办法》(1998 年)、《矿产资源开采登记管理办法》(1998 年)、《探矿权采矿权转让管理办法》(1998年)等。在这一阶段,大量地方性法规也纷纷配套或制定出台。这个阶段出台的法律、法规十分密集,内容涉及能源资源开发、加工转换、输配与供应、能源利用、能源节约、能源管理等众多重大法律制度安排。由于这一阶段我国经济体制正处在转轨时期,因而能源立法的成果在不少方面计划经济的烙印仍然比较重,缺乏对能源市场、竞争机制、可操作的财税支持等方面的制度安排和规范。

第四个阶段是自本世纪初至今。我国初步建立起社会主义市场经济体制框架,加入世界贸易组织(WTO)大大加快了我国经济融入经济全球化的进程,加之科学发展观的提出和贯彻,生产力大大解放,经济持续高速增长,资源环境压力空前,石油对外依存度迅速增大,能源安全问题凸现,结构矛盾突出,这些问题的解决也需要法律制度上与时俱进。在这一阶段,可持续能源和适应能源改革、适应市场经济发展方面的立法大大加强,2005 年及时制定和实施了《可再生能源法》(2009 年进行了修订)。修订颁布了新的《节约能源法》(2007 年),国务院及时制定了有关配套法规,如《民用建筑节能条例》(2008年)、《公共机构节能条例》(2008 年)等,在配套《可再生能源法》的实施方面,国务院有关部门迅速制定了近 10 项配套规章。在这一阶段,国务院还出台了《长江三峡工程建设移民条例》(2001 年)、《石油天然气管道保护条例》(2001年)、《电力监管条例》(2005 年)等。另外,一系列相关法律和行政法规也陆续出台或进行修订,如《安全生产法》(2002 年)、《环境影响评价法》(2002 年)、《清洁生产法》(2003 年)、《循环经济促进法》(2008 年)、《石油天然气管道保护法》(2010 年)等。针对新世纪我国面临严峻的能源安全、环境保护以及应对气候变化问题,2005 年 12 月国务院审时度势,做出了制定综合性《能源法》的决定。这对于有效解决能源领域发展、改革和管理等重大问题,保障能源与经济社会协调发展具有重要的战略意义和现实意义。承担起草工作的原国家能源领导小组办公室会同国家发展改革委、国务院法制办等 15 个部门(机构),组织专家和起草班子,经过两年多的努力,完成了报送国务院的《能源法(送审稿)》,取得了重大的阶段性进展。

二、中国能源法制建设存在的问题

能源法制建设包含"三大基石"。一是能源资源的所有权及其实现的方式问题;二是能源资源的开发利用与流转问题;三是政府的公共利益干预问题。由于历史和现实的原因,目前我国能源法制的"三大基石"都存在较大缺陷,与外向型经济相差甚远。现行《宪法》、《矿产资源法》等法律都没有较好地解决上述问题。以石油领域为例:其一,能源资源的产权制度还未真正建立。国家对石油资源的所有权与石油勘探开发商之间的经营权没有划分清楚。没有建立一套石油资源所有权、经营权、使用权与处分权的制度。其二,能源资源的开发利用与流转存在大量的垄断行为。石油资源使用流转没有实行《国家石油合同制度》,没有做到有偿、公平、有效。其三,政府公共利益干预不够。对资源耗费严重的情况下,政府节能减排、新能源利用等法律政策中,倡导性条款多、数字化强制性约束少。几大能源集团对政策出台影响力大。

我国能源法律体系上还存在一些重要法律缺失,缺少全面体现能源战略和总体政策导向的基础性法律《能源法》,难以对能源安全、能源效率、能源环境、能源结构、能源市场等综合性、全局性、战略性问题进行有效调整。从2005年温总理亲自批示要求立即研究起草《能源法》,至今7年仍未能走出国务院提交人大或人大常委会审议。缺失的《石油天然气法》、《原子能法》虽多次组织起草,但至今无实质进展,《煤炭法》、《电力法》等历经十年修订也未能修出正果,现行法律的一些配套法规急需建立和完善。"十二五"规划提出的有关能源的一些重要方面,如水电、核电、天然气的开发以及高碳能源低碳利用等方面法律缺失较多;对于一些潜在的清洁能源领域,比如煤制气以及煤层气等非常规天然气的开发利用,还有诸如分布式能源供应系统、国家综合能源基地建设、石油储备、农村能源、智能电网、碳排放交易等不少方面,基本上没有法律和行政法规可依,有的甚至是空白。

此外,我们政府的行为还有不少方面主要靠政策性文件,甚至靠领导批示办事,而没有法律可依。加之我们国家的许多法律原则性规定多,操作性差,在执行的时候,自由裁量权比较大,因此受行政干预比较多就难以避免。

第三节　中国能源法律体系框架

一、中国现有能源法律体系

目前,我国能源领域主要有《电力法》、《煤炭法》、《可再生能源法》以及《节约能源法》四部单行能源法律,有《矿产资源法》、《水法》、《环境保护法》、《清洁生产法》、《循环经济促进法》等30多部相关法,有30多部国务院颁布的行政法规,有10多个已经参加的与能源相关的国际条约,有200多部部门规章,有近千部地方法规、规章。能源法律体系的雏形已经初步构建起来。这些法律连同与其配套的行政法规和规章、地方法规以及能源规范性文件,还有一批国家能源方面的国际条约,构成了我国能源法律体系框架的雏形,加上自然资源法涉及能源资源的开发权利的取得依据的自然资源法,在能源开发利用的各个领域、各个环节的行为大都有的法律和行政法规可依。中国现行主要能源法律和行政法规如下：

自然资源法律

《森林法》(1984 年颁布,1998 年修订)

《草原法》(1985 年颁布,2002 年修订)

《矿产资源法》(1986 年颁布,1996 年修订)

《矿产资源法实施细则》(1994 年颁布)

《水法》(1988 年颁布,2002 年修订)

《土地管理法》

《水土保持法》

煤炭法律法规

《矿山安全法》(1992 年)

《煤炭法》(1996 年颁布、2009 年修订,2011 年 4 月第二次修订)

《乡镇煤矿管理条例》(1994 年)

《煤炭生产许可证管理办法》(1994 年)

《煤矿安全监察条例》(2000 年)

电力法律法规

《电力法》《长江三峡工程建设移民条例》(2001 年)

《电力设施保护条例》(1987 年,1998 年修订)

《电网调度管理条例》(1993 年)

《电力供应与使用条例》(1996 年)

《大中型水利水电工程建设征地补偿和移民安置条例》(1991 年)

《长江三峡工程建设移民条例》(2001 年)

《水库大坝安全管理条例》(1991 年)

《电力监管条例》(2005 年)

石油天然气法律法规

《石油天然气管道保护法》(2010 年)

《对外合作开采海洋石油资源条例》(1982 年颁布,2001 年修订)

《海洋石油勘探开发环境保护管理条例》(1983 年)

《对外合作开采陆上石油资源条例》(1983 颁布,2001 年、2007 年、2011 年三次修订)

核能法律法规

《民用核设施安全监督管理条例》(1986 年)

《核材料管制条例》(1987 年)

《核出口管制条例》(1997 年)

《核两用品及相关技术出口管制条例》(1998 年)

《核电厂核事故应急管理条例》(1993 年)

《放射性污染防治法》(2003 年)

《放射性同位素与射线装置安全和防护条例》(2005 年)

节能和可再生能源法律法规

《节约能源法》(1997 年颁布,2007 年修订)

《可再生能源法》(2005 年颁布,2009 年修订)

环境保护法律

《清洁生产促进法》(2002 年颁布,2012 年修订)

《环境保护法》(1989 年颁布)

《环境影响评价法》(2002 年颁布)

《放射性污染防治法》(2003 年颁布)

《大气污染防治法》(1987 年颁布、1995 年、2000 年修订)

《水污染防治法》(1984 年颁布、1996 年修订)

《固体废弃物污染环境防治法》(1995 年颁布,2004 年修订)

《海洋环境保护法》(1982 颁布,1999 年修订)

其他

《安全生产法》

《建筑法》

《价格法》

《政府采购法》

《矿产资源法实施细则》

《矿产资源监督管理暂行办法》

《矿产资源勘探勘查区块登记管理办法》

《矿产资源开采登记管理办法》

《探矿权采矿权转让管理办法》

二、现行能源法律体系存在的问题

能源问题是关系经济发展、社会稳定和国家安全的重大问题,随着我国能源需求的快速增长和国内外能源形式的变化,能源法律体系的不完备和法律法规的不健全,已经成为能源可持续发展的"瓶颈"。现行的能源法律体系还存在结构性缺陷、内容性缺陷、配套性缺陷和协调性缺陷四大主要问题。[①]

（一）结构性缺陷

主要表现:

1. 起龙头作用的能源基本法缺失导致我国重大的能源发展战略和中长期规划没有确立的法律地位,能源领域的宏观调控、能源结构调整、能源安全问题因缺少相应的法律规范,不能很好地保障其实施的有效性。综合性、基础性法律《能源法》,从 2005 年研究起草,至今 7 年仍未能走出国务院提交人大或人大常委会审议。

2. 能源法子系统体系不完整,石油、天然气、原子能等领域的能源法律缺位。石油、天然气、原子能等是非常重要的优质能源,在我国未来的经济社会生活中扮演越来越重要的角色,而对其进行调整的专门能源法律直到目前为止在我国仍是空白,尚未形成立法草案进入立法程序。在这几个方面,仅有的是少数由国务院颁发的行政法规加上一些综合性法律中的相关规定。例如:在石油、天然气领域,现行法律主要以《矿产资源法》、《石油天然气管道保护法》（2010 年）为主体,以国务院颁发的行政法规为补充,行政法规也只有《对外合作开采海洋石油资源条例》、《对外合作开采陆上石油资源条例》（2001 年修订）,1983 年又制定颁发了《海洋石油勘探开发环境保护管理条例》。大部分是效力层级比较低的行政规章或政策性文件。

3. 对能源产品的销售和服务缺乏关注,缺少能源公用事业法。我国目前能源法律体系中的能源立法主要调整能源的开发、利用等行为,而对能源产品的销售和服务缺少关注。为了满足社会共同需要,包括电力、天然气、煤气和热力等能源资源或能源产品的能源公用事业由于其与能源福利的密切关联性而需要法律单独调整。能源公用事业提供的产品、服务为公众日常所需,没有充裕的替代选择,需求弹性很大,甚至可以说是具有不可代替性。我国能源公

---

①　以下主要内容引自叶荣泗、吴钟湖主编:《中国能源法律体系研究》,中国电力出版社 2006 年版,第 14~20 页。

用事业存在的问题一直依靠效力级别很低的规范性文件和政策来调整。

（二）内容性缺陷

指部分能源法律法规与改革方向和 WTO 规则体系中的能源规则不相适应。主要表现在：

1. 部分能源法律法规与改革方向与 WTO 规则体系中的能源规则不相适应

主要表现在我国的不少能源法规制定于计划经济时期，自身具有比较浓厚的计划经济色彩和部门利益特征，有些具体内容的规定也与市场经济的发展方向不一致，不适应可持续发展的战略和社会主义市场经济体制的要求，相对缺少对市场机制的有效利用，也无疑会与 WTO 能源规则体系相碰撞。例如，我国的《节约能源法》中规定的行政措施就较多，而经济手段的规定就略显薄弱。

2. 现行能源法律体系中已经颁布实施的能源专门法律亟须修订

我国能源法律体系中具体能源的单行法律，除新颁行的《可再生能源法》外均已经不适应社会主义市场经济体制的客观需要，亟待修订。在石油天然气方面，有关油气储运、销售、加工炼制、石油储备、油气田保护和监管等方面，主要是大量的政策性文件，相关立法基本上还是空白。再如，我国目前的《电力法》是 1996 年 4 月 1 日开始实施的，电力工业的发展环境已经发生了很大变化，现行电力法在一些方面已经明显滞后于电力工业发展需要。如新能源并网发电的有关问题。由于"十一五"以来新能源发展迅猛，但配套的法律和政策建设却相对落后，从而造成新能源并网遭遇电网"瓶颈"的诸多障碍。即使 2004 年完成的《电力法》修改送审稿，内容比较全面，相比现行《电力法》有了较大的改进，但仍然存在以下几个方面的问题：电力行政管理职责和监督职责仍不明晰、对需求侧管理的规定与其重要性地位和作用不相称。

此外，落实"十二五"规划提出的有关能源的一些重要方面，如水电、核电、天然气的开发以及高碳能源低碳利用等方面法律缺失较多；对于一些潜在的清洁能源领域，比如煤制气以及煤层气等非常规天然气的开发利用，还有诸如分布式能源供应系统、国家综合能源基地建设、石油储备、农村能源、智能电网、碳排放交易等不少方面，基本上没有法律和行政法规可依，有的甚至是空白。

（三）配套性缺陷

配套性缺陷指现行的几部能源法律规定比较原则，要靠大量行政法规和有关部门的行政规章才能有效实施。但因各种原因，一些法律明确规定要制定的行政法规长期空缺或不能出台。

我国现行的几部能源法律普遍存在的一个问题是规定比较原则,需要大量国务院颁发的行政法规和有关部门的行政规章相配套,才能有效实施。而大量行政法规又需要相应的部门去组织起草,一些法律明确规定要制定的行政法规,或是因为为无人组织起草、或是因为跨部门协调比较困难、或是因为主要负责的部门机构撤并等等原因,长期空缺或不能出台,不仅导致市场主体和有关部门、机构无所适从,甚至出现利益冲突,导致我国能源法律法规可操作性比较差,执法和司法困难,而且也降低了法律的效力和执法效率。

例如,《可再生能源法》是一部"上位法",全文不到 5000 字,涉及很多环节,在法律中,有些问题比较复杂,很难做出具体规定,只能提出一些原则性、方向性的要求,还需要通过一系列配套的规章、制度、法规加以细化。修正后《可再生能源法》还有大量细化的工作要跟进,相应配套的细则应抓紧出台,比如上网技术规范的制定与实施监督,全额收购的实施办法,电价全网分摊到底定多少合适,基金谁来管理,管理办法是什么等细则仍待公布。

(四)协调性缺陷,指能源法律部门内部及整个能源法律体系不协调统一

1. 新旧能源法律之间

《电力法》和《可再生能源法》属于同一位阶,《可再生能源法》修订后要求电力企业全额收购其发电,而《电力法》没修订,其 22 条要求"并网运行必须符合国家标准或者电力行业标准"。而国家标准和行业标准缺失,电力企业以不符合标准而阻止可再生能源发电并网。

2. 不同位阶的能源法规之间

《可再生能源法》第 14 条规定国家实行可再生能源发电全额保障性收购制度。但是电价的计算方式采取的是:上网电价按发电成本加还本付息、合理利润的原则确定,高出电网平均电价的,其差价采取均摊方式,由全网共同负担。1999 年国家计委和科技部《关于进一步支持可再生能源发展有关问题的通知》中对这项政策再次加以确认。上述法规和政府部门的规范文件,与我国《可再生能源法》的理念是吻合的,但却与《电力法》的规定存在一定程度的冲突。

3. 能源法律与其他相关法律之间不协调,缺少相互呼应,制约了能源法律实施的效果

例如,有关煤层气的法律法规与《煤炭法》有重复也有冲突。如何解决煤层气开采和煤炭开采的矿权重叠问题,在矿业权的审批上有国家机构"打架"现象,亟待制定相应的法律规范。土地利用规划与煤层气开发规划、城乡规

划、中央与地方规划、矿权规划与土地利用规划需要很好地衔接。要解决上述法律冲突,除了合理匹配行政执法部门权力,还必须坚持国家利益至上,反对部门利益法律化,完善立法体制。

4.法律和政策之间不协调

能源领域的一些政策,特别是一些财税与价格政策,往往与能源资源的合理开发、有效保护和节约优先等价值取向不一致。比如,对煤炭资源开发征收的矿产资源税没有和回采率高低结合起来,不利于鼓励煤矿企业提高回采率。现有的矿产资源补偿费按产量征收,而不是按储量征收,很容易导致企业"采富弃贫"、"采肥丢瘦"。

三、展望未来

(一)一部综合性的《能源法》须尽快出台

能源法被称为能源立法中的"小宪法"。能源基本法是完备的能源法律体系的基础,统领着如节约能源法、煤炭法等子法。《能源法》出台将有利于建立国家基本制度推动能源发展转型,进行市场化改革,引入竞争机制。能源转型,不仅指从粗放型向集约型转变,从化石能源向非化石能源转变,而是提高能源效率。提高能源效率不仅指提高节能意识,而是要提高生产力,提升创新能力。我国的节约能源法、可再生能源法不足以承担此重任。

能源本身有复杂性,石油、天然气、核电各有不同的特点,能源各利益主体中央与地方、各行业之间矛盾突出,能源总量和能源消费之间的矛盾突出,涉及和单行法的关系怎么处理,部门利益、职责如何划分,经济制度改革如何适应能源创新等多方面问题,用一部综合性法律规范的难度很大。但是,面对我国的经济发展态势、能源国情、法律传统,本文认为,我国需要一部综合性的《能源法》,越快出台越有利。

(二)落实"十二五"规划中的能源规划

《中华人民共和国国民经济和社会发展第十二个五年规划纲要》第十一章关于推动能源生产和利用方式变革,阐明"坚持节约优先、立足国内、多元发展、保护环境,加强国际互利合作,调整优化能源结构,构建安全、稳定、经济、清洁的现代能源产业体系"的战略取向应当成为我国能源"十二五"规划的依据和能源立法的指导思想。

落实"十二五"规划提出的有关能源的一些重要方面,如水电、核电、天然气的开发以及高碳能源低碳利用等方面法律。对于一些潜在的清洁能源领域,比如煤制气以及煤层气等非常规天然气的开发利用,还有诸如分布式能源供应系统、国家综合能源基地建设、石油储备、农村能源、智能电网、碳排放交易等不少方面,基本上没有法律和行政法规可依,有的甚至是空白的状况应尽早结束。"十二五"规划中的一些重要的约束性指标,比如非化石能源占一次能源消费比重、单位国内生产总值能源消耗降低幅度、单位国内生产总值二氧化碳排放降低幅度以及主要污染物排放总量减少等应当在能源法中有相应的规范。

能源规划和电力、风能、核能等专项规划将为未来 5 年至 10 年的能源大政方针和产业发展方向定调。2011 年年中开始起草,2012 年年中征求意见稿已编制完成,并报送中央审批。

（三）法律与政策协调发展

法律与政策作为两种社会规范、两种社会调整手段,都建立在共同的经济基础之上,政策有灵活性,法律有稳定性,它们之间并不存在本质的矛盾,在制定和适用法律时,必须以政策为指导,而政策的贯彻实施也要依靠法律来保障,它们相互依存、相互配合、相互作用,共同促进我国和谐社会的建设,是调整和实现我国经济社会可持续发展的重要手段。

从现实看,新能源产业仍处于商业化初期,对其开发利用存在成本高、风险大、回报率低等问题,投资者往往缺乏投资的经济动因,因而新能源的开发利用不可能依靠市场自发形成,必须依靠政府的政策支持。

第四节　天然气法律制度

一、天然气的特点

天然气作为能源利用,具有以下特点:第一,天然气是清洁能源。天然气的燃烧产物主要是二氧化碳和水,与其他燃料相比,几乎不含硫、粉尘和其他有害物质,它产生单位热量放出的温室气体二氧化硫只有煤炭的一半左右,比石油还少 1/3。可见,天然气作为燃料可以明显减少污染,环境效益优越,是环境保护的首选燃料。可以说,天然气的清洁特性是其最主要的优势。第二,天然气是安全能源。天然气成分中不含一氧化碳,可以减少因泄漏对人畜造成的危害;同时,天然气着火温度高,爆炸界限窄,安全性好。第三,天然气资源丰富。天然气与石油相比,其探明的可采储量接近,但是天然气资源更丰富,采出程度低,接替率高,可采年限长,显示出天然气资源的巨大潜力。而且,天然气资源的勘探开发成本比石油低。第四,天然气使用方便。天然气在燃烧前和燃烧后只需要最低程度的处理,不像石油需要集中炼油厂加工处理,也不像煤炭燃烧后留下大量煤灰、煤渣。第五,天然气有较高的综合经济效益。天然气热值高,燃气联合循环发电的效率可达60%(常规煤电的效率只有38%~40%),造价只为常规煤电的1/2~2/3。天然气用作化工原料,工艺简单,转换效率高,能耗低,投资少,易实现清洁生产。因此,世界上在石油化工(氨或甲醇)、锅炉燃料以及发电方面,1988年天然气的使用量就已超过石油。第六,天然气价格具有竞争力。国外管输天然气的价格比石油低,欧洲市场上的气价为油价的80%~90%,美国的气价更低一些。这也是天然气发展速度快的一个原因。天然气不论在消费量的增长速度还是在能源结构所占比例的增加程度,都比石油高很多。此外,天然气含碳量低,符合能源非碳化发展的时代潮流,正处于新的发展时期,在今后四五十年内将取代石油成为主要能源。① 随着世界经济的发展,石油危机的冲击和煤、石油所带来的环境污染日趋严重,而天然气又是清洁优质的燃料和化学工业的重要原料,因此,世界上越来越多的国家开始重视天然气资源的利用,天然气与煤、石油一起成为目前世界能源供应的三大支柱。

二、我国天然气概况

(一)我国天然气资源现状

我国是世界上天然气资源比较丰富的国家,可采储量前景看好,预计可采储量8万亿~10万亿立方米,可采95年。集中在四川盆地、陕甘宁地区、塔里木盆地和青海,海上天然气资源集中在南海和东海。此外,在渤海、华北等地区还有部分天然气资源可利用。虽然东海南海的资源开发前景看好,但海上天然气开发难度较大,同时在一定程度上也受到地缘政治因素的制约。

(二)我国天然气生产和消费的特点及现状

我国天然气的生产和消费具有以下特点:一是我国天然气储存量分布不均匀,在我国西部地区,天然气储量丰富;东部地区则相对贫乏。二是天然气的消费要经过气田开采、铺设管道、市场销售等几个过程,尤其是管道的铺设耗时长、投资大,主管道输送需要很大的用气量才能体现出规模经济。在西部进行的大规模开采,限制了我国东部地区的消费规模。三是我国天然气消费

---

① 章兆溪:《国外天然气发展的基本特点和启示》,载《石油工业技术监督》,2005年第5期。

结构仍不尽合理,天然气消费量占一次能源消费总量的比例很低,在我国天然气的消费主要集中在化工、整气田开采和发电等几个领域。四是中国现有干线管道已经超过 7 万公里,承担着中国 70％的原油、99％的天然气的运输,对经济发展、促进民生、社会安定和国防建设发挥重要的保障作用。但管网尚不完善,全国统一的天然气市场还没有形成,若干天然气市场集中在气源地周围,呈现明显的区域性特点。此外,我国天然气的生产量和消费量都呈逐年上升的趋势。2011 年全球天然气消费量增长 2.2％,除北美因为天然气价格低而增长外,消费量增长最多的国家是中国。我国天然气产量为 923 亿立方米。占一次能源生产总量的 3.1％,天然气消费量仅仅占一次能源消费总量的 4.5％,较上一年增加 21.5％。[①] 但是,我国天然气消费结构仍不尽合理,局面没有得到显著改观。天然气在我国的消费主要集中在化工、工业燃料和发电等领域,其消费量占天然气总消费量的 67％以上,城市天然气消费结构中所占比例约 33％。

随着我国经济的不断发展,能源的问题也越来越突出,而天然气作为替代石油和煤炭的清洁型能源,将逐步成为调整我国能源结构和促进经济与能源可持续发展的主要能源。

三、我国天然气立法的现状

我国过去在高度集中的计划经济管理体制下,天然气与石油一样,其勘探、开采和销售成为国家行为,经营主体和生产经营方式单一,且由于勘探开发不够,产储量较低,没有形成产业规模,天然气立法长期处于停滞状态。随着市场经济体起改革的深入,我国加快了法制建设的步伐,社会经济生活逐步走上法制轨道。由此,我国有关部门和地方政府陆续制定了一些有关天然气方面的条例规定。

我国的天然气立法是随着石油立法的进程而建立起来的,迄今初步形成了依托于石油立法,以天然气行业上游领域为主的天然气法规体系。我国天然气行业的法律法规主要由两部分组成:一部分是与天然气行业相关的法律法规,主要是环境保护、土地管理、矿产权属、价格、税收等方面的法律法规;另一部分是专门适用于天然气行业的法律法规。在天然气上游领域,主要适用《矿产资源法》(1996 年修订)、《对外合作开采海洋石油资源条例》(2001 年修

---

① 英国石油公司:《世界能源统计报告 2012》,http://www.bp.com/statisticalreview,下载日期:2012 年 6 月 26 日。

订)、《对外合作开采陆上石油资源条例》(2007、2011 年修订)等法律法规,其基本目的是体现国家对油气资源的所有权。此外,还适用《地质资料管理条例》(2002 年)、《石油地震勘探损害补偿规定》(1989 年)、《海洋石油安全生产规定》(2006 年)等法规规章。在天然气下游领域,对天然气长距离管道运输进行规范与管制的是国务院制定的专门行政法规《石油天然气管道保护条例》(2001 年)以及后来 2010 年《石油天然气管道保护法》,其目的是为了保障石油(包括原油、成品油,下同)、天然气(含煤层气,下同)管道及其附属设施的安全运行,维护公共安全;在城市输、配气环节,主要的适用法规是《城市燃气管理办法》(1997 年)以及各地根据该法规制定的地方性法规,其立法的基本出发点是将城市配气系统作为公用服务事业,除了较多地关注安全等问题外,在准入、价格等方面强调政府的直接管制。此外,还有一些部令、通知等,对天然气下游领域起调整作用,如《国家计委关于调整天然气井口价格的通知》等。

值得一提的是,2007 年 8 月 30 日国家发展改革委员会颁布实施了《天然气利用政策》,其目的是为缓解天然气供需矛盾,优化天然气使用结构,促进节能减排工作。该政策主要包括六方面内容:一是制定政策的必要性;二是适用范围和管理主体;三是指导思想和基本原则;四是天然气利用领域和顺序;五是促进天然气节约利用;六是保障措施。在我国境内所有从事天然气利用的活动均应遵循该政策。[①]

四、我国天然气法的主要制度述评[②]

(一)天然气资源的国家所有制度

按照宪法及《矿产资源法》的规定,矿产资源的所有权属于国家,由国务院行使国家对矿产资源的所有权。国家保障自然资源的合理利用,禁止任何组织或者个人用任何手段处置、侵占或者破坏矿产资源。在维护矿产资源国家所有权制度的前提下,天然气勘探开采企业依法享有矿业权。天然气资源的勘探开采主体资格的审批、勘探开采许可证的发放、对外合作区块及合同的审批、发展规划及相关法规政策的制定等,由中央政府统一负责。天然气企业要从事天然气的勘探开采,必须经国务院油气资源主管部门许可,并颁发勘探许

---

① 黄振中、赵秋雁、谭柏平著:《中国能源法学》,法律出版社 2009 年版,第 220～221 页。

② 以下内容主要来源于黄振中、赵秋雁、谭柏平著:《中国能源法学》,法律出版社 2009 年版,第 235～239 页。

可证或开采许可证,成为矿业权人。探矿权和采矿权必须有偿取得,在一定条件下可以转让。

在对外合作领域实行合同制,即将国家天然气资源的所有权授予特定的石油天然气公司专营,由获得授权的天然气公司用批准的区块与外国石油天然气公司合作勘探、开采,并按一定比例分成。

（二）天然气行业监管制度

天然气行业监管制度的内容包括:(1)监管机构的设置。我国能源管理机构一直分分合合,历史上的变迁非常复杂。2008年,我国组建了由国家发改委归口管理的国家能源局,同时设立高层次议事协调机构国家能源委员会,赋予国家能源局对包括天然气行业在内的能源领域统一的监管职能。但是我国的天然气资源行业没有一个统一的管理机构,基本上还是依附于石油行业。(2)监管的方式。目前国际上有两种监管方式:一种是"许可证方式",另一种是"规则方式"。前者情况下,主要是通过对企业发放许可证实现对行业的监管。监管机构依法对在天然气下游领域从事商业活动的企业授予许可证,许可证较为详细地规定持有它们的公司所拥有的权力和承担的责任。后者情况下,主要由法律和合同作为规制手段,法律只对监管程序等基本原则作出规定,监管机构有极大的自主权来制定监管的具体规则,企业之间的商业活动也通过合同来约束。我国主要是以许可证方式建立监管体制。(3)监管的内容。首先要区别自然垄断领域和非自然垄断领域。对非自然垄断领域逐步放松管制,鼓励竞争,监管的重点是建立公平竞争的市场环境,充分发挥市场的基础性用。在自然垄断领域,则要强化政府的监管职能,即通过价格、市场准入和普遍服务等方面的管制,在保证行业实现规模经济的同时,防止滥用垄断优势,以维护公众利益。监管内容主要包括油气资源、市场准入、价格调控、服务标准、信息以及重量、安全、环保等。其职责主要包括:审批项目、准入项目、准入监管、价格监管、服务质量监管和邻国监管机构就跨境管道进行沟通等。

（三）天然气市场定价制度

一般来讲,各国天然气工业在发展过程中都经历了从垄断经营到市场化经营的过程,相应地价格管理经历了从政府对价格严格监管到市场定价的过程。

在天然气产业初期和发展期的相当长一段时间里,政府对天然气价格实行严格监管。这个时期政府对天然气价格一般采用成本加成方法或按价值原则(即最终用户的天然气价格与可替代能源价格相当的原则)核定。现行我国天然气定价政策主要采用成本加成法,并适当参照市场供需情况而最终制定。

天然气价格一般由出厂价(井口价+净化费)、管输费、城市门站价和终端用户价组成。目前,我国在天然气价格政策上存在着一些现实矛盾:一是长期实行单一出厂价,上游天然气井口价偏低,价格背离价值,影响企业投资天然气产业;二是由于加工、运输和分销费用相对较高,最终用户所付的价格却十分高昂。并且,城市天然气用户价格现由各当地政府制定,用户利用天然气还需缴纳数值很大的入户费用,影响了消费者利用天然气的积极性。现在国家已经通过不断提高政府制定的井口价格来鼓励天然气生产,对新的天然气项目实行成本加成的定价机制,但是缺乏对下游市场开发的鼓励。因此,必须改革我国天然气定价机制:(1)逐步将以成本定价改为按价值定价,即按可替代能源的比价推算天然气井口价格。(2)考虑到天然气价格管理的历史情况,可以考虑实行新气新价、老气老价的政策。对于新开发的气田,政府要鼓励供需双方签订"照付不议"的长期合同,天然气价格要体现长期性和互利性。对于老气田,要将净化费并入井口价(称作出厂价),并将计划内和计划外天然气价格并轨,然后逐步调整天然气出厂价水平,并逐步改按可替代能源的比价确定。(3)天然气价格机制的改革可以采取阶段性策略:先期实行"成本导向、政府定价、严格监管"模式;然后过渡为实行"放松管制、气油挂钩、中准价格、上下浮动"的政府指导价模式;在适当时机放开天然气价格,由政府定价转为市场定价。

(四)天然气市场准入制度

目前,我国在上游领域市场进入方面,现行的天然气矿权制度主要采取特许制,未普遍采取招标方式发放矿产许可证,也没有制订更为严格的矿产许可证延期条件,将不能促使拥有许可证的公司积极勘探。

在准入资质问题上,因为无论天然气的勘探还是开采都需要高投入,所以企业要达到一定的注册资本才能够保证勘探开发的顺利进行。目前我国中石油、中石化垄断天然气上游勘探、开发,对天然气生产、运输、销售实行一体化经营。未来天然气法制定产业上游准入制度应尽可能打破垄断,引入竞争机制。应当详细地规定注册资本、专家人数、技术安全、环保等方面的"最低进入门槛"。符合市场准入资质条件的单位,均有取得市场准入行政许可的平等权利。

2010年5月国务院公布的《关于鼓励和引导民间投资健康发展的若干意见》中指出:"支持民间资本进入油气勘探开发领域,与国有石油企业合作开展油气勘探开发;支持民间资本参股建设原油、天然气、成品油的储运和管道输送设施及网络。"这至少表示了对民营资本进入油气勘探领域给予了政策肯定。2012年6月20日国家能源局发布《关于鼓励和引导民间资本进一步扩大能源领域投资的实施意见》，提出列入国家能源规划的项目，除法律法规明确禁止的以外，均向民间资本开放，鼓励民间资本参与煤加工转化、炼油、电网等多个领域。民资将获准进入资源开采上游，参与下游管网和储运设施建设。

（五）天然气管道安全制度

天然气管道安全制度体现我国石油、天然气领域中立法层次较高的《石油天然气管道保护法》。国家发改委负责全国管道设施保护的监督管理工作，管道设施沿线地方各级人民政府，应当加强对管道设施保护工作的组织领导，采取有效措施，保证管道设施安全，及时组织有关部门制止、查处本行政区域内发生的侵占、破坏、盗窃、哄抢管道设施和管道输送的石油、天然气以及其他危害管道设施安全的行为。

强调管理企业是维护管道安全的主要责任人；明确政府、有关部门的管道保护责任；注意维护群众、土地权利人的合法权益；在充分考虑保障管道安全的同时，还注意贯彻节约用地、环境保护等原则。该法提供了构建油气管道安全保护长效机制的法律基础。该法围绕油气管道规划、建设、运行、与其他工程相遇关系的处理、安全保护等所产生的法律关系，构建了新的管道保护体系。

（六）天然气利用制度

天然气利用制度虽然还没有法律法规，但是有相关政策。2007年国家发展和改革委员会研究制定了《天然气利用政策》，在我国境内所有从事天然气利用的活动均应遵循该政策。把天然气利用领域归纳为四大类，即城市燃气、工业燃料、天然气发电和天然气化工。综合考虑天然气利用的社会效益、环保效益和经济效益等各方面因素，并根据不同用户用气的特点，将天然气利用顺序分为优先类、允许类、限制类和禁止类。城市燃气列为优先类；禁止以天然气为原料生产甲醇；禁止在大型煤炭基地所在地建设基荷燃气发电站；禁止以大、中型气田所生产天然气为原料建设LNG项目。

天然气生产企业要努力提高天然气商品率，通过采取节能措施，加强油田伴生气的回收利用；同时，对油气田生产自用气应科学合理利用，避免浪费。2007年国家发改委《天然气利用政策》对提高天然气利用效率、利用好工业煤气等也提出了具体要求。该政策提出了"搞好供需平衡，制定利用规划与计划，加强需求侧管理，提高供应能力，保障稳定供气，合理调控价格，严格项目管理"等六项保障政策实施的措施。

五、我国天然气立法存在的问题及展望

我国天然气法规建设已有了长足进步,并且在天然气工业管理中发挥了重要的作用,但是天然气法制化建设在市场体制改革中还是一个薄弱环节,天然气立法还存在许多不足。

(1)现有有关天然气的法律法规难以适应新形势。现有一些法规所确认的制度原则难以适应形式的新变化,在实践中不得不通过修订、法律解释或有关部门的协调加以解决。现行仍产生效力的一些规定背离了市场经济规律,如《天然气商品量管理暂行办法》对天然气实行统配统销的规定,以及对天然气价格的规定等,都不符合市场价值规律。保证国家和国有企业利益为基本理念的法律制度,政企不分的行业管理体制,以及主要依靠政府行政性命令和协调的规制手段需要变革。[①]

(2)我国天然气行业尚缺一部综合性强的法律。我国过去天然气的勘探储量、产量低,天然气被看做是石油的副产品,对天然气的认识不足,重"油"轻"气"。因此在立法的实践中,至今还没有一个单独的天然气法律法规。不仅如此,就是在整个油气行业,不管油气是单独分开立法,还是油气统一立法,我国至今没有出台一个综合性强的法律。我国油气立法研究开始于20世纪80年代中后期,但限于各种原因,只出台了《对外合作开采海洋石油资源条例》等条例和法规。2005我国《石油天然气法》的立法工作已经启动。

(3)我国天然气资源从开发、生产、运输、销售以及消费整个产业链的管理一般都是以国务院条例和部门规章为主。由于缺少上位法的支撑,整个法律体系的效力层级相对偏低,强制力和执行力严重不够。例如,天然气上游领域,在勘探开发、油气田矿区设施保护、油气田弃置管理、天然气地质资料管理、对外投资、环境保护等方面主要是大量的政策性文件,缺乏法律法规规定,或者立法层次不高。我国天然气资源安全法律体系虽然在开发领域较为完善,但是在产业链条的下游例如对于销售以及消费的市场引导、定价机制等方面还处于空白状态。另外,在天然气资源的国际合作以及民营资本准入方面也缺乏完善的配套。

(4)我国天然气监管体制制约了法规建设。长期以来,我国油气工业管理体制不稳定、不成熟。过去我国一直没有专门的天然气主管部门,天然气的管

---

① 宦国渝、何晓明、李晓东:《对加快我国天然气行业立法的建议》,载《国际石油经济》2002年第3期。

理归口石油工业管理部门。天然气行业监管职能相对分散,监管责任主体不够明确。石油企业政企分开后,原来由石油天然气公司负责的监管出现不同程度的缺位。随着市场经济的发展,我国政府管理经济的方式和手段逐渐发生变化,总的趋势是从以行政手段调节为主向以法律手段和经济手段调节为主的轨道转变。2008年我国成立了归口国家发展和改革委员会的国家能源局,由其下属的石油天然气处主管天然气行业的工作。油气监管体制的不稳定也影响了我国天然气法规的建立与完善。此外,现行的天然气法律法规在政府规制的范围和手段、政企关系、市场准入、定价机制等方面还有许多与国际通行的规则相悖之处,难以适应油气行业对外开放的要求。

第五节　核能源法

一、核能的特点

(一)核能的优点

1.能量高度集中。1吨金属铀裂变所产生的能量,相当于270万吨标准煤。地球上已探明的核裂变燃料,即铀矿和钍矿资源,按其所含能量计算,所能提供的能量已大大超过全球可用的煤炭、石油和天然气储量之和。而海水和花岗岩中的铀资源更是无比丰富,只要及时开发利用,可为后代保留更多在化工方面用途广泛的煤炭、石油和天然气。

2.核能是清洁的能源,有利于保护环境。核电厂不释放温室气体二氧化碳以及二氧化硫、氧化氮及烟尘等有毒有害气体及废物,有利于减轻全球变暖和局部性的酸雨危害。

3.核能是经济的能源。核电厂消耗的核燃料很少,利用核能可以大大减少燃料开采、运输和储存的困难及费用。虽然核电站的造价比火电站高30%～50%,但是由于核能的燃料费和运输费比较低,核电的发电成本仍比火电约低30%。① 另外,核能利用受地域制约较小,可以调节能源利用地域不平衡问题。

---

① ［美］约瑟夫·托梅因等:《美国能源法》,万少廷译,法律出版社2008年版,第276页。

（二）利用核能的风险

1.核（军备）实验、核威胁、核震慑不仅危害着人类的和平，而且对人类居住的整个地球环境造成巨大的压力。核设施或核活动引起或可能引起放射性物质释放、已经造成或可能造成具有辐射安全重要影响的释放事件，具体包括核泄漏、核爆炸、核材料丢失等。

2.核电厂的反应器内有大量的放射性物质，如果在事故中释放到外界环境，会对生态及民众造成伤害。核电厂会产生高低阶放射性废料，或者是使用过的核燃料，虽然所占体积不大，但因具有放射线，故必须慎重处理，且需面对相当大的政治困扰。

二、我国的核能源管理体制

核能源管理体制是指为实现对核工业的管理、监督和宏观调控，依法建立的管理部门和管理制度。我国核能源管理的主要机构包括国家原子能机构（原国防科工委，现工业与信息化部）、国家核安全局和国家环境保护总局。就核能的主要利用方式核电来说，目前我国核电管理的主要机构及部门共有8个，包括国务院国家核电自主化工作领导小组、国家原子能机构、工业和信息化部、国家发改委、国家能源局、国家环保部以及中国电力企业联合会等。这些部门分别负责制定核电能源战略规划、项目建设审批、安全监管及行业自律等工作。

中国国家原子能机构是中国核行业的主管部门，负责中国和平利用原子能事业的发展、有关法规的制定、核材料管制，代表中国政府参加国际原子能机构及其活动。国家原子能机构的职责范围包括：（1）研究和拟定我国和平利用原子能事业的政策和法规；（2）负责研究制定我国和平利用原子能事业的发展规划、计划和行业标准；（3）负责我国和平利用核能重大科研项目的组织论证、立项审批，负责监督、协调重大核能科研项目的执行；（4）实施核材料管制，实施核出口审查和管理，负责核领域政府间及国际组织间的交流与合作，代表中国政府参加国际原子能机构的活动；（5）牵头组织国家核事故协调委员会，负责研究制定国家核事故应急计划并组织实施。国家原子能机构下设五个业务司：行政司、系统工程司、国际合作司、综合计划司和科技质量司。

国家核安全局是国务院主管全国核安全的职能部门，代表国家对全国核电厂行使核安全监督职能，行政上隶属于国家环境保护总局。在国务院关于核能必须坚持"安全第一，质量第一"的方针指导下，归口管理、统一监督全国和平利用核能和核技术中的安全事务，制定有关核安全的方针、政策和法规。

国家核安全局设办公室、计划财务处、行政基建处、政策法规处、科研处、核电处、核反应堆处、核材料处、核设备处、应急与辐射防护处十个处室。

国家核安全局的业务范围包括：(1)制定有关核安全的方针、政策和法规，发布核安全的规定、导则和实施细则，审查有关核安全的技术标准；(2)组织审查核设施的安全性能及其营运单位保障安全的能力，负责颁发或吊销许可证件，实施安全监督检查，调查和处理核事故，参与调解和裁决有关核安全的纠纷；(3)核准从事核承压设备设计、制造、安装等单位的资格，颁发许可证，对有关核承压设备活动实施核安全监督；(4)核准颁发民用核材料许可证，对民用核材料的合法使用和生产、储存、运输、处理及处置实施核安全监督，监督民用核材料实体保护实施的有效性；(5)负责审批核设施营运单位的厂内应急计划，检查实际准备情况和应急人员、应急设施响应的能力，承担国家核事故应急指挥的技术后援工作，监督核设施的辐射防护，汇总和评价有关辐射、卫生、气象等监测数据；(6)组织国家重点核安全技术的管理和科学研究；(7)参与审查核设施、核材料的出口申请，协同有关部门颁发出口许可证；(8)归口管理核安全方面的国际联系及合作；(9)负责组织对公众的核安全宣传、教育；(10)国务院交办的其他有关事宜。

国家环境保护总局对全国环境保护工作实施统一监督管理，各省市均设有环境保护部门。在核安全管理方面，国家环保总局的主要职责范围包括：(1)负责核电厂环境管理法规、标准的制定和监督实施；(2)负责核电厂环境影响报告书的审批；(3)负责放射性环境监测；(4)负责放射性废物的监督管理；(5)参与应急响应。

此外，卫生部负责以下事项：(1)与核设施工作人员和公众健康有关的卫生法规和标准的制定；(2)放射工作人员和公众的受照剂量监督；(3)核污染对人体健康评价的审批；(4)放射损伤的防治。我国还建立了国家核事故应急体系，包括中央、地方政府和核电业主在内，统一协调、各负其责的核事故应急三级管理体系，并通过编制各级核应急计划和核应急演习活动，不断提高核应急准备与响应能力。

三、中国核能源的立法概况

改革开放至今，我国涉及核废料的法律只有一部《放射性污染防治法》，还有国务院颁布的法规和规范性文件共十余项。各部委颁布的部门规章约 70 余项。中国目前还没有专门制定《核能法》或《原子能法》，而是以《放射性污染防治法》作为核能方面的基本法，制定并颁布了覆盖核电利用和管理、核设施安全监管、放射性废物管理、核材料管制、民用核承压设备监督管理、放射性物质运输管理、核技术应用等多个方面的法律法规。具体如下：[1]

（一）核能源法律

2003年10月1日起施行的《放射性污染防治法》是我国核能领域的第一部法律，也是目前唯一的一部法律。该法分为八章，共63条，分为总则、放射性污染防治的监督管理、核设施的放射性污染防治、核技术利用的放射性污染防治、铀（钍）矿和伴生放射性矿开发利用的放射性污染防治、放射性废物管理、法律责任以及附则。该法规定了"预防为主、防治结合、严格管理、安全第一"的原则，首次明确了放射性污染的防治和管理范围，规定国家对放射性污染实行统一管理，特别是强调和规定了核设施退役后各项工作的监督内容，引入了环境影响评价制度、"三同时"制度、许可证制度等重要制度，对推动我国放射性污染防治工作的开展、对保障人民健康和国家生态环境安全有十分重要意义。另外，相关法律也对核能源作出了一定的规范，如《矿产资源法》第16条和第26条分别对放射性矿产的开采、普查和勘探作出了规定。还有与环境保护相关的《环境保护法》、《环境影响评价法》、《清洁生产促进法》等。

（二）核能源行政法规和规章

核能源行政法规和规章是核能源立法体系的重要组成部分，主要包括以下几部分：一是制度导引和战略规划方面。主要包括《中国的防扩散政策和措施白皮书》（2005年）、《核工业"十一五"发展规划》（2006年）、《核电中长期发展规划（2005—2020年）》（2007年）等。二是核原料、核材料、核设施管制方面。主要包括《民用核设施安全监督管理条例》（1986年）、《核材料管制条例》（1987年）、《核材料管制条例实施细则》（1990年）、《民用核燃料循环设施安全规定》（1993年）、《核设施的安全监督》（1995年）、《研究堆运行安全规定》（1995年）、《国防科技工业军用核设施安全监督管理规定》（1999年）、《核反应堆乏燃料道路运输管理暂行规定》（2003年）、《民用核安全设备监督管理条例》（2007年）、《关于加强铀矿地质勘查工作的若干意见》（2008年）等。此外，2010年1月1日起实施的《放射性物品运输安全管理条例》对放射性物品的运输和放射性物品运输容器的涉及、制造等活动作出了详细规定。三是防止核扩散方面。主要包括《核出口管制条例》（1997年9月10日中华人民共和国国务院令第230号发布，根据2006年11月9日《国务院关于修改〈中华人

---

① 黄振中、赵秋雁、谭柏平著：《中国能源法学》，法律出版社2009年版，第304～307页。

民共和国核出口管制条例〉的决定》修订)、《核两用品及相关技术出口管制条例》(1998年6月10日中华人民共和国国务院令第245号发布,根据2007年1月26日《国务院关于修改〈中华人民共和国核两用品及相关技术出口管制条例〉的决定》修订),对相关的核材料、核设备和反应堆用非核材料等物项及其相关技术以及对核两用品及相关技术的贸易性出口、对外赠送、展览、科技合作和援助等作出了相应规定。四是核电发展利用方面。主要包括《核电厂设计安全规定》(1991年)、《核电厂厂址选择安全规定》(1991年)、《核电厂质量保证安全规定》(1991年)、《核电厂运行安全规定》(1991年)、《核电厂核事故应急管理条例》(1993年)、《核电厂运行报告制度》(1999年)、《核电中长期发展规划》(2007年)等。五是放射性物质安全监管方面。《放射性药品管理办法》(1989年)、《核电厂放射性废物管理安全规定》(1991年)、《民用核承压设备安全监督管理规定》(1993年)、《核设施的安全监督》(1995年)、《研究堆运行安全规定》(1995年)、《研究堆营运单位报告制度》(1995年)、《核反应堆乏燃料道路运输管理暂行规定》(2003年)、《放射性同位素与射线装置放射防护条例》(2005年)、《放射性同位素与射线装置安全许可管理办法》(2006年)。此外,《放射性废物安全管理条例》已于2011年11月30日国务院第183次常务会议通过,自2012年3月1日起施行。六是核事故应急方面。主要包括《国际核事件分级和事件报告系统管理办法(试行)》、《核电厂核事故应急培训规定》(2003年)、《核电厂核事故应急演习管理规定》(2003年)、《核或辐射应急的干预原则与干预水平》(2002年)、《国家核应急预案》(2006年)等。

（三）核能源地方性法规和规章

核能源地方性法规和规章对于促进地方利用核能和环境保护发挥着不可替代的作用。例如,2003年2月1日实施的《浙江省核电厂辐射环境保护条例》,是中国第一部有关核电厂辐射环境保护的地方法规,对核电厂辐射的监督管理、核事故应急管理以及有关法律责任作出了详细规定,对浙江省打造中国堆型最多、规模最大的民用核工业基地起到了很好的保障和促进作用。此外,还有《河南省放射性废物管理办法》(1997年)、《广东省放射性废物管理办法》(2001年)、《天津市放射性废物管理办法》(2004年)、《陕西省核应急预案》(2006年)等。

（四）其他规范性文件

其他规范性文件也是核能源法律体系的组成部分。例如,国务院《关于处理第三方核责任问题给核工业部、国家核安全局、国务院核电领导小组的批复》(1986年国函44号),对在中国境内发生核事故造成核损害的赔偿责任人、赔偿额度、诉讼和适用法律等作出了规定。2007 年 6 月,国务院向国家原子能机构发布《关于核事故损害赔偿责任问题的批复》,规定了核事故损害赔偿的责任主体、归责原则、免责事由、责任限额、财务保证与责任保险等事项。

（五）导则和标准

导则和标准是核能源法律体系的有益补充。导则主要包括核安全生产导则和技术导则,核安全生产导则是说明或补充核安全规定以及推荐实施安全规定的方法和程序的指导性文件,目前分为通用系列、核动力厂系列、放射性废物管理系列与核材料管制系列等,核安全导则是推荐性的,在执行中可采用该方法和程序,也可采用等效的替代方法和程序。技术导则表明核安全当局对具体技术或行政管理的见解,在应用中参照执行。标准主要包括质量标准和技术标准,我国核工业标准数据库载明的标准属于行业标准,由国防科学技术工业委员会、核工业部、核工业总公司等发布,归口核工业标准化研究所。

（六）国际条约与双边多边协定

国际条约与双边多边协定是核能法律体系的重要组成部分。核能和平利用的国际合作方面,中国累计签署核能领域的国际条约及部门间协定 70 项,与国际原子能机构进行了多方面的技术合作和人员交流,提高了中国和平利用核能的技术和水平。[①] 重要的国际公约包括:

（1）《制止核恐怖行为国际公约》（2006 年 6 月 7 日加入）；

（2）《乏燃料管理安全和放射性废物管理安全联合公约》（2006 年 4 月 29 日加入）；

（3）《核损害补充赔偿公约》（2004 年 5 月 26 日加入）；

（4）《国际原子能机构特权和豁免协定》（2004 年 4 月 7 日加入）；

（5）《建立亚洲区域食品辐照合作项目的规定》（2004 年 3 月 4 日加入）；

（6）《中华人民共和国和国际原子能机构关于在中国实施保障的协定》（2004 年 3 月 4 日加入）；

（7）《核材料和核设施的实物保护条约》（1998 年 11 月 1 日加入）；

（8）《关于核损害民事责任的 1997 年维也纳公约》（1997 年 9 月 12 日加入）；

（9）《核科学技术研究、发展和培训区域合作协定》（1997 年 2 月 2 日加入）；

---

① http://lexiscnweb.com/clr/view_article.php? clr_id＝58&clr_article_id＝755,下载日期:2012 年 6 月 27 日。

(10)《核安全公约》(1994 年 6 月 17 日加入)；

(11)《核材料实物保护公约》(1987 年 2 月 8 日加入)；

(12)《核事故或辐射紧急情况援助公约》(1986 年 9 月 26 日加入)；

(13)《及早通报核事故公约》(1986 年 9 月 26 日加入)；

(14)《不扩散核武器条约》(1980 年 3 月 5 日加入)；

(15)《国际原子能机构规约》(1980 年 3 月 4 日加入)等。

这些公约大多集中在核能的军事应用管制,防止核武器扩散、制止核恐怖行为,但同时也对核能和平应用于民事领域做出了约定,特别是《核安全公约》、《核材料实物保护公约》以及《乏燃料管理安全和放射性废物管理安全联合公约》对于这个核能安全利用具有重要意义。

除了国际公约、国际条约之外,世界各国还互相签订双边协定,以保证在核能的和平利用方面进行合作。中国本着相互尊重主权和平等互利的原则,先后同德国、巴西、阿根廷、比利时、英国、美国、日本、巴基斯坦、瑞士、伊朗、韩国、加拿大、法国、俄罗斯、越南、澳大利亚等国家,签订了政府间的和平利用核能合作协定,为中国与这些国家开展核领域的交流与合作奠定了基础。主要包括《中国和罗马尼亚和平利用核能合作协定》(2004 年)、《中华人民共和国政府和德意志联邦共和国政府和平利用核能合作协定》(2004 年)、《中国和巴西和平利用核能合作协定》(2004 年)、《中国和澳大利亚政府和平利用核能合作协定》(2006 年)等。

四、中国核能源基本法律制度

核能源基本法律制度内容广泛,包括核能源规划制度、核原料、核材料、核设施管制制度、核应急法律制度、放射性废物管理制度、辐射防护制度、核损害赔偿制度等。针对我国核能源法律制度建设情况,主要阐述核能源规划制度、核应急法律制度、核损害赔偿制度。

(一)核能源规划制度

核能源规划制度,是指核能和平利用过程中的重大项目决策,由国家统筹安排,规划进行,规划制度适用范围比较广泛,核电发展规划是核能源规划制度的核心和关键,此外,规划制度还包括核能矿产勘探开采规划、核废物处置规划等。

1.核电发展规划

核电在我国能源供应体系中应处于什么地位、核电站的场址选择、建设规划等等,都由政府统一规划。宏观调控是市场经济下国家调整经济建设的重要手段,国家对核电进行规划,目的就是从整体上对能源事业进行调控。"十一五规划"中明确规定,"积极推进核电建设。重点建设百万千瓦级核电站,逐步实现先进压水堆核电站的设计、制造、建设和运营自主化。加强核燃料资源勘查、开采、加工工艺改造以及核电关键技术开发和核电人才培养。"2007年11月国务院正式批准了国家发展改革委上报的《国家核电发展专题规划》(2005—2020年)(以下简称《规划》),这标志着我国核电发展进入了新的阶段,确立并不断完善核电发展规划制度具有非常重要的意义。在该《规划》明确:加快核电发展,发挥核电在电力供应中的更大作用,是我国电力发展的必然选择,是满足经济和社会发展的重要保障;核电是国家能源安全战略的重要保证;发展核电有利于推动这些行业的技术创新,提高技术水平和管理水平。

2. 核能矿产勘探开采规划

将矿产资源勘探开采纳入国家调控。我国《矿产资源法》第7条规定,国家对矿产资源的勘查、开发实行统一规划、合理布局、综合勘查、合理开采和综合利用的方针。第17条规定,国家对国家规划矿区、对国民经济具有重要价值的矿区和国家规定实行保护性开采的特定矿种,实行有计划的开采;未经国务院有关主管部门批准,任何单位和个人不得开采。为进一步促进铀矿地质勘查工作全面、协调和可持续发展,提高铀资源对国防建设和核电发展的保障能力,国土资源部和国防科工委2008年3月4日联合发布的《关于加强铀矿地质勘查工作的若干意见》指出,允许社会资本投入铀矿勘查、开发领域,享受勘查、开采权益,逐步形成开放有序的铀矿地质勘查开发新格局。按照"谁投资、谁受益"的原则,进一步理顺铀矿矿业权(包括探矿权、采矿权)的流转机制,合理划分中央与地方的矿产资源开发收益。允许按规定实行矿业权的有偿使用和流转,逐步推动铀矿勘查开发进入良性循环轨道。要加强对铀矿地质勘查工作的管理,国土资源部和国防科工委将按照全国地质勘查规划等有关规划,根据各自分工,进一步加强对铀矿地质勘查工作的规划、计划和地质勘查成果的管理,依法做好铀矿采矿权人资质管理。

3. 核废物处理规划

核废物的处理是否妥当,将关系到公众的健康与环境安全,因此,对于核废物处理场所的选择、核废物的处理等,都应统一规划管理。根据现有法律规定,放射性废物处置方法包括浅地层处置以及海洋投弃。而无论是采用哪种方法,处理地点的选择都应遵循法律规定,由国家统一规划。《海洋环境保护法》第七条规定,国家根据海洋功能区划制定全国海洋环境保护规划和重点海域区域性海洋环境保护规划。《海洋倾废管理条例》对此进行了进一步的细化,第五条规定,海洋倾废区由国家海洋局会同有关部门,按科学合理、安全和经济的原则划出,报国务院批准确定。2006 年 2 月国防科学技术工业委员会、科学技术部、国家环境保护总局联合制定了《高放废物地质处置研究开发规划指南》,启动了国家级高放废物地质处置研究开发规划,全面、系统、科学、协调地部署研究开发工作,并确立我国高放废物地质处置研究的总目标是在我国领土内选择地质稳定、社会经济环境适宜的场址,在 21 世纪中叶建成高放废物地质处置库,通过工程屏障和地质屏障的包容、阻滞,保障国土环境和公众健康长时间内不会受到高放废物的不可接受的危害。

此外,国家能源局 2012 年 2 月 9 日发布《能源科技十二五规划》,其中在核电科技创新方面,消化吸收三代核电站技术,形成自主知识产权的堆型及相关设计、制造关键技术;目标是建成具有自主知识产权的大型先进压水堆示范电站。2012 年 6 月 18 日,国务院常务会议审议并原则通过《关于全国民用核设施综合安全检查情况的报告》和《核安全与放射性污染防治"十二五"规划及2020 年远景目标》,国家环保部在其官网头条发布了上述两个文件全文,征求社会各界的意见和建议。

(二)核原料、核材料、核设施管制制度

核原料、核材料、核设施管制制度,是指政府核能主管部门依法对核原料、核材料进行管制的制度。核原料、核材料、核设施的运营都具有比较大的危险性、污染性,因此对它们进行管制是保证社会公众健康、环境安全的需要。

1. 核原料管制

包括核原料物质生产冶炼、转让受让、进出口、运输和储存、废弃等各方面的管制。核原料主要包括铀矿石及其初级产品。

(1)生产冶炼管制。从事核原料生产冶炼必须向政府主管部门申请,经许可批准方可进行。根据我国《矿产资源法》,设立矿山企业,必须符合国家规定的资质条件,并依照法律和国家有关规定,由审批机关对其矿区范围、矿山设计或者开采方案、生产技术条件、安全措施和环境保护措施等进行审查;审查合格的,方予批准。由于铀矿石等核原料具有放射性,对于从事核原料生产冶炼单位的审查将更加严格。政府主管部门审查的范围一般包括:单位的资本、技术、设备和经营管理水平等。从事核原料生产冶炼的单位必须按照主管部门批准的报告进行生产作业。

(2)核原料转让受让管制。转让受让核原料须申报政府主管部门,经批准同意才能进行。为了管理核原料市场,在一定条件下主管部门可依法对核原料的转让受让进行干预,强制命令有关单位买入核原料物质,或者指令有关单位将其持有的核原料物质进行转让。

（3）核原料持有和使用管制。持有和使用核原料物质必须向原子能主管部门申请并接受其检查,按照主管部门的要求,采取安全措施保证核原料物质处于可控制状态。另外,核原料物质的运输、储存及进出口都必须依法进行,按政府主管部门指定或者经报告批准后进行。

2.核材料管制

主要包括核材料物质持有、运输、储存、使用和处置等各方面的管制。按《核材料管制条例》规定,受管制的核材料主要包括:铀-235,含铀-235的材料和制品;铀-233,含铀-233的材料和制品;钚-239,含钚-239的材料和制品;氚,含氚的材料和制品;锂-6,含锂-6的材料和制品;其他需要管制的核材料。核材料比核原料物质危险性、污染性更大,因此对其管制较核原料物质管制更为严格。

（1）核材料管制机构。根据我国现行的管理体制,国家核安全局、核工业部、国防科学技术工业委员会、国家原子能机构以及其他有关部门都有权对核材料进行管制。管理机构过多,造成其部门之间的职能分工不明确,不利于核材料的管制。而且有些机构已经被撤销,但现行立法并没有相应地作出修改,如《核材料管理条例》(1987年制定)规定核工业部负责管理全国的核材料,但1988年核工业部被撤销,而改设为中国核工业总公司,负责行业管理。因此有必要对当前立法进行修订,理顺各管理部门之间的关系。

（2）核材料持有管制。持有一定数额的核材料必须向主管部门申请许可,并进行登记;持有单位必须建立专职机构或指定专人负责保管核材料,严格交接手续,建立账目报告制度,保证账物相符;持有单位应当在当地公安部门的指导下,对生产、使用、贮存和处置核材料的场所,建立严格的安全保卫制度,采用可靠的安全防范措施,防止盗窃、破坏、火灾等事故的发生;持有单位必须切实做好核材料及其有关文件、资料的安全保密工作。

（3）核材料运输、进出口等其他管制。核材料运输、储存、使用、处置和进出口等,都应向原子能主管部门进行申报,经其批准同意后才能进行。同时还应注意其他一些事项,比如核材料运输采取必要的安全保卫措施、保证安全;核材料进出口由国务院指定的单位专营,任何其他单位或者个人不得经营。

3.核设施管制制度

核设施管制制度指为了保证核设施的安全运营,由政府对核设施的设置、运转、退役等进行管制,由营运人向主管部门提出申请,经许可同意才能进行相关活动的制度。该制度是安全原则及政府管制原则的具体体现。

　　我国原子能事业发展比较晚，相关立法也相对滞后，目前还没有专门的立法对核设施进行管制，仅有部分法条零散分布在部门规章之中。

　　主管机构及其职责。按照现有立法，核设施主要由国家核安全局进行核安全监督。有关核设施的设计、制造、安装以及核设施的选址、建造、调试、运营、退役等，都要经国家核安全局的许可，取得核设施安全许可证件和执照后才能进行。国家核安全局对核设施营运单位的监督贯穿于选址、设计、建造、调试、运行、退役等各环节。

　　管制内容及营运单位的义务。根据已有的法律规定，从事核设施设计、制造和安装的单位必须取得资格许可证后方可从事相应的活动，申请许可证的单位必须向主管部门和国家核安全局同时提出申请。按《核电厂厂址选择安全规定》，在核电厂选址过程中，许可证申请者必须负责向国家核安全部门提出厂址评价报告，充分地说明在该厂址上能够建造拟建的核电厂，并能在整个预计寿期内安全运行，国家核安全部门有责任独立、全面地进行厂址的评审工作。对于核电厂的建造、调试、运行和退役，国家颁发相应的安全许可证件，由国家核安全局负责审批，以保证安全。关于核设施的退役，营运单位在退役前必须向国家核安全部门提交退役申请及退役报告，经批准后方可退役。核电厂以外的其他核设施的管制，目前法律基本没有规定，在新的法律法规通过之前，应当准用核电厂的有关规定。

　　（三）放射性废物管理制度

　　放射性废物管理制度是指为了保证安全而设立的有关放射性废物的排放、管理、处置等一系列法律规范的总和。

　　1.管理原则

　　由于放射性废物具有较强的辐射性，为了保证安全，在进行管理过程中应注意以下几个方面：第一，安全原则。安全是生产经营的首要原则，任何活动都必须在保障安全的基础上进行，放射性废物的管理关系到社会公共健康，因此更应遵循安全这一原则。第二，"三同时"原则。"三同时"是环境法的基本制度之一，在放射性废物处理设施兴建过程中应当遵循这一制度的要求，即环境保护设施必须与主体工程同时设计、同时施工、同时投产使用。第三，许可审批。许可审批是管理放射性废物的主要方式，政府主管部门通过发放许可证或者对申请进行批准审查，可以有效控制排放、处置放射性废物的行为，将其纳入政府的管制之下。

　　2.管理机构及其职责

　　放射性废物应以产生单位（核设施营运者）自主处置为主，同时政府主管部门负责监督管理。根据我国现行规定,国家核安全部门负责放射性废物的安全监督管理,其职责为制定有关放射性废物管理法规、技术性文件;对有关设施、计划和报告进行审查批准,并负责提出补救和纠正措施。营运者是放射性废物的主要管理者,承担绝大部分的管理处置义务,包括处置前准备工作、安全和环境影响评价、处理、贮存、整备和处置,以及环境监测、控制、相关的研究开发等。放射性废弃物的处理、贮存、整备及最终处置,应由放射性废弃物产生者自行或委托国内、外具有放射性废弃物最终处置技术能力或设施的单位处置其废弃物;按照环境法"污染者付费原则",放射性废弃物产生者应负担其废弃物处理、贮存、整备和最终处置等所需一切费用。为了保护国家利益,禁止将放射性废物和被放射性污染的物品输入我国境内或者经我国境内转移。

3.法律责任

放射性废物管理过程中发生意外造成损害的,应承担赔偿责任;由于个人或者单位失职而发生事故的,还应追究相关责任人的行政责任;危害后果严重,构成刑事犯罪的,要依法追究单位或个人的刑事责任。目前我国有关核废物管理的法律责任,主要规定在《放射性污染防治法》和《放射性废物安全管理条例》(2011 年 11 月 30 颁布,自 2012 年 3 月 1 日起施行)中。

(四)核应急管理制度

应急制度是指核设施运行单位或生产、销售、使用、贮存放射源的单位,必须建立健全的核事故应急制度,制订应急计划,做好应急准备。

1993 年国务院颁布的《核电厂核事故应急管理条例》,奠定了我国核应急工作的法制基础。此后,国务院有关部门积极开展与核应急条例配套的核应急规章的制定工作,颁布了《核电厂核事故应急报告制度》等十多项部门规章及一批国家标准,形成了适用于核电厂的核应急法规、标准体系。《国家应急预案》第 1.2 条规定:"本预案主要适用于国家针对核电厂可能发生严重核事故的应急准备和应急响应。我国其他核设施、核活动发生的核或辐射事故和其他国家发生的对我国造成或可能造成辐射影响的核或辐射事故,参照本预案实施。"因此,核应急机制建设要以核电应急为中心,进而扩展到所有核设施与核活动,并据此形成专门相关预案。核应急工作围绕履行《及早通报核事故公约》和《核事故或辐射紧急情况援助公约》规定的义务,积极响应全球应急网络,扩大国际交流和合作,加强与国际原子能机构等国际组织和有关国家或地区的核应急协作,使中国应急通信系统与国际系统之间建立起安全可靠、及时、有效的通信联络,共享信息。

在我国目前的核应急协调委的组成单位中,有政府和军队部门,这使核应急工作有了根本的保障,但是协调委中没有企业(营运者),这是不合适的。国家核应急协调委要进一步做好协调工作,成员中应包括像中国核工业集团公司等这样拥有国内大部分核设施的企业集团。这样,一旦核事故真正发生时,能够减少接口,快速反应,有效保障核安全。

此外,虽然国家对核应急有一些投入,但数量是比较少的,不足以维持整个核应急体系的正常开展工作。因此,国家核应急有关部门有时要求拥有核电站、核设施的企业赞助,这一方面加重了企业的负担,不利于企业的发展,同时也损害了政府部门的形象,不利于正常执法。

(五)核损害赔偿制度

核损害赔偿责任,是指在核电站及其他核设施发生核事故情况下,由该核电站或核设施的业主对核损害受害者承担的民事赔偿责任。

我国核损害赔偿制度创立于 1986 年《国务院关于处理第三方核责任问题的批复》国函〔1986〕44 号,该批复对核损害赔偿责任人、赔偿限额、免责条件、受害人诉讼时效和管辖权作出规定,成为我国处理第三方核责任的基本依据,沿用至 2007 年。2007 年国务院仍以批复形式对国家原子能机构下发了国函〔2007〕64 号批复。国函〔2007〕64 号是中国政府对核事故损害责任问题作出的第二次行政答复。该批复文件的核心内容是大幅提高了核电站赔偿限额和国家补偿限额,同时对非常核事故的国家补偿作了灵活规定,区别对待商用核电站与其他核设施的赔偿数额等等。此外,我国加入了《关于核损害民事责任的 1997 年维也纳公约》和《核损害补充赔偿公约》。

第一,确定运营者、国家、国际社会作为责任赔偿主体。根据该规定,因核电站等核设施发生事故造成的核损害的赔偿责任,除公约另有规定情形外的,应由核设施的经营者承担。

第二,设置合理的责任额度。合理的责任额度体现在既要确保受到核损害的当事人依法得到及时充分的赔偿,又要保护核能行业技资者和经营者合法利益。

五、中国核能法律制度问题与展望

我国核能立法初步形成了以《放射性污染防治法》为核心的核能源法律体系,为中国核能利用尤其是核电发展奠定了基础。但实施中也凸显出若干问题,制约着核能利用和发展,需及时完善我国核能源法体系。

（一）目前中国核能法律制度主要存在以下问题

1. 缺乏核能开发利用的基本法——《核能法》

虽然中国核工业已有近 60 年的历史，至今已建立起一套具备一定规模的、较为完整的、军民结合的核工业体系，但遗憾的是现在还没有一部与之相适应的能从全局、整体和宏观上对核能的开发和利用进行全面调整的基本法。这与核能的特殊性、中国的核大国地位以及所承担的相关国际责任是不相称的。

在 1984 年国家核安全局成立后，国家就开始启动我国《原子能法》的编制工作，具体由国家核安全局会同原核工业部、卫生部等政府部门起草。但由于牵涉部门较多，法律条款涉及面广，部门之间、参加人员之间意见分歧较大，无法达成共识，而国家核安全局的影响力以及协调能力也难胜此任，几年后只能搁浅。随着机构的不断改革，这项立法就处于半荒废状态。

《放射性污染防治法》作为目前核能源领域第一部也是唯一一部法律，其立法目的主要是为了建立和完善防治放射性污染的法律制度，强化对放射性污染的防治，来保护环境，保障人体健康。虽然在一定程度上会起到促进核能和核技术的开发与和平利用的作用，但是，该法没有从全局上对核能开发和利用进行整体制度安排。而且，世界上大多数核发达国家都有核能基本法，国际上成熟的核能源领域立法经验也表明，核能源领域基本法对核能和平利用发挥着重要的保障作用。由于国家核能源法的缺位，使单行法律法规的制定和修订，缺乏统筹协调和统一的指导原则，影响立法进度，甚至立法后实效低或只有短期效应。

2. 立法体系以行政法规和部门规章为主，规范效力低

虽然 2003 年颁布的《放射性污染防治法》是作为核能方面的基本法支撑着整个核能开发利用的法律体系，但是该法本身也主要是从管理层面规范核能开发利用关系的。同时，从法律形式上看，现行的核能发利用的法律体系主要是由大量的行政法规和部门规章构成的，规范效力低，况且有的已经过时，因而已经无法适应新的核能开发利用的要求。

（1）在专项立法中，我国核电相关立法明显滞后。国家层面除核电应急体系立法外的《核电厂设计安全规定》（1991 年）、《核电厂厂址选择安全规定》（1991 年）、《核电厂质量保证安全规定》（1991 年）、《核电厂运行安全规定》（1991 年）、《核电厂设计安全规定》（1991 年）、《核电厂核事故应急管理条例》（1993 年）、《核电厂运行报告制度》（1999 年）等都制定于 20 世纪 90 年代，地方性法规和规章规范效力层级较低，适用范围有限，而且，所确立制度具有地

方特质,难以统一适用。此外,"虽然我国核电标准工作取得了一定的成绩并在核电自主化进程中发挥了积极的作用。但现有标准不完整、不系统,没有形成体系,核电标准技术路线不统一,技术水平滞后。与当前引进 API 000 的消化、吸收和再创新及建设一批二代改进核电机组的核电发展新形势相比,我国核电标准还存在很大的差距"。目前,我国主要依靠核电规划和政策导引规范,以此统率核电产业的技术政策、装备政策、投资政策、区位政策、产业组织政策和对外交往战略,从长远来看,规划政策要和法律制度相协调运作,否则,不利于充分保障核电能源供应与安全,实现电力工业结构优化和可持续发展,以及环境保护。所以,为了促进和支撑核电自主化发展,我国必须与时俱进,根据国外核电运行经验和核技术的发展,对核电厂提出更高的核安全要求,尽快修订完善《核电厂核事故应急管理条例》等相关立法,并建立起与核电发展形势相适应的标准体系。

(2)现有法律主要集中在核能发电领域,而缺乏核能在更多民用领域的法律规制。目前这个设计的核能利用的行政法规及部门规章中,多关注的是核能发电以及由此而产生的核燃料、乏燃料等方面的规制,但对于核能整体作为一种能源的宏观利用却少有提及。目前,核能广泛应用于医疗、食品、农业、环境保护、科学研究等多个领域。但是目前已有的行政法规及部门规章却很少有核能在这些领域的相应规范。

(3)目前已有法律重点关注核能利用的安全性,而对核能其他方面的规制较少见。目前已有法律集中在核电的安全管制上。涉及核能利用的其他方面问题,比如核能利用规划、核能利用的许可、管制、专营,核事故损害赔偿等基本问题鲜有涉及。这一方面是由于核能是裂变能、聚变能,能量巨大,核能利用于军事领域给人们带来严重的"恐核"思想所导致的,他使得我们在立法中特别关注核能的安全性,另一方面也是由于立法机关的局限性所致。

(4)已有法律规定可操作性不强,缺乏具体规定。例如,《民用核设施安全监督管理条例》第十五条规定,核设施的迁移、转让和退役必须向国家核安全局提出申请,经审查批准后方可进行。但是对于退役的含义、申请的要求和程序等都没有具体规定。原则性过强导致法律制度难以发挥应有作用。

3.具体制度不健全

例如针对核能开发利用过程中可能出现的对人身、财产和环境造成损害的赔偿问题,我国法律还没有明确规范,尤其是缺乏对民用核设施的商业保险行为的明确法律规范。又如,随着我国核事业的发展以及核技术应用的日益广泛,放射性物质运输的需求也在不断扩大,而对于放射性物质的运输活动,我国也缺乏相关的法律规制。

具体表现为：

（1）核应急法律制度不完备。鉴于核技术的敏感性和核事故可能引发的政治、社会与心理影响，核应急准备与响应工作非常重要，这是社会管理和公共服务的重要内容，是检验政府行政能力的重要标志，也是积极履行国际义务的举措。我国核应急工作是在 1986 年 4 月 26 日前苏联切尔诺贝利核电站事故后，随着我国秦山、大亚湾核电站的建设而逐步发展起来的。1993 年国务院颁布的《核电厂核事故应急管理条例》，奠定了我国核应急工作的法制基础。2006 年 1 月，国务院办公厅发布《国家核应急预案》（第三版），这是我国 25 个专项预案之一，其范围"主要适用于国家针对核电厂可能发生严重核事故的应急准备和应急响应。我国其他核设施、核活动发生的核或辐射事故和其他国家发生的对我国造成或可能造成辐射影响的核或辐射事故，参照本预案实施"。各部门、地方及主要核设施单位正根据《国家核应急预案》的总体要求，抓紧编制或修订各自的预案及执行程序。但是，核应急工作是一项涉及面广、技术性强的社会系统工程，技术含量很高，我国的核应急准备工作虽然取得了长足的进展，但与党的十六届四中全会提出的"建立健全社会预警体系，形成统一指挥、功能齐全、反应灵敏、运转高效的应急机制，提高保障公共安全和处置突发事件的能力"的要求，还存在较大的差距，核应急工作法制化还很薄弱，应当将核应急法律制度纳入核能源基本法，并抓紧《核电厂核事故应急管理条例》的修订工作，将责任、制度、措施、资金保障和物资储备等落到实处，完善应急联动协调机制。

（2）核损害赔偿制度有待确立。核损害赔偿责任，是指在核电站及其他核设施发生核事故情况下，由该核电站或核设施的业主对核损害受害者承担的民事赔偿责任。[①] 我国核损害赔偿制度创立于 1986 年，当时大亚湾核电站项目合同谈判中外方按照国际惯例提出核损害赔偿的一系列法律问题，借鉴国际上相关公约，我国通过《国务院关于处理第三方核责任问题的批复》国函〔1986〕44 号对核损害赔偿责任人、赔偿限额、免责条件、受害人诉讼时效和管辖权作出规定，成为我国处理第三方核责任的基本依据。我国加入了《关于核损害民事责任的 1997 年维也纳公约》和《核损害补充赔偿公约》，根据该规定，因核电站等核设施发生事故造成的核损害的赔偿责任，除公约另有规定情形外的，应由核设施的经营者承担。但是相对于国际损害赔偿机制相比较还不

---

① 李朝晖：《中国核损害制度现状》，载《中国核工业》2003 年第 1 期。

健全,包括赔偿额度偏低、免责条件界定不够清晰、未涉及境外的核损害问题,也未规定核材料在运输过程中的责任问题等问题。《产品质量去》(2000年)第73条第2款规定"因核设施、核产品造成损害的赔偿责任,法律、行政法规另有规定的,依照其规定"。但是,目前我国还没有制定因核设施、核产品造成损害的赔偿责任专门法律或行政法规。《放射性污染防治法》(2003年)第12条规定:"核设施营运单位、核技术利用单位、铀(钍)矿和伴生放射性矿开发和利用单位,负责本单位放射性污染的防治,接受环境保护行政主管部门和其他有关部门的监督管理,并依法对其造成的放射性污染承担责任。"第59条规定:"因放射性污染造成他人损害的,应当依法承担民事责任。"该法上述有关核损害责任问题的规定十分原则,可操作性较差。① 2007年国务院仍以批复形式对国家原子能机构下发了国函[2007]64号批复。因此,我国应当尽快确立核损害法律制度,以促进核电事业的发展和核能源和平利用的国际合作。对损害赔偿责任的法律基础可以采用无过错原则、损害的范围及其认定、损害赔偿的标准问题,诉讼时效予以特别规定。

(3)法律责任制度。当前核能领域法律法规关于法律责任规定比较简略,存在许多不足,其中一个亟待解决的是监管者的法律责任问题,作为风险极高的核能事业的监管机构,其对于防范事故的发生、合理应对危机有着重要的作用。当前的核安全立法体系中,已有的责任条款基本都是针对核设施营运人及其工作人员,而对监管机构自身应负的责任没有规定或规定较少,不利于其职能的有效实现。

(二)完善我国核能源法体系

中国已是世界上核电在建规模最大的国家,作为国际原子能机构的成员国,在核安全和辐射安全方面存在法律空白。这一现状会引起国际上对中国的立法和核安全与辐射安全的管理能力的质疑,在一定程度上影响着中国的国际地位和国际形象。

1.制定《核能法》

国际上所有发达国家、绝大多数发展中国家都有《原子能法》、《核安全法》和类似于《核安全法》的法律,中国作为国际原子能机构的成员国,在核安全和辐射安全方面存在法律空白。随着近年来中国核能开发利用的迅速发展,中国目前最为欠缺、最为紧迫需要制定的是这方面的基本法——《核能法》。《核

---

① 黄振中、赵秋雁、谭柏平著:《中国能源法学》,法律出版社2009年版,第309~310页。

能法》调整范围应当包括军用与民用两方面，但是由于军用原子能事业油气特殊性质，不应放入民用管理体制。结合中国核能开发利用的现实情况，并借鉴其他核发达国家的立法实践，中国的《核能法》应当涵盖以下内容：总则部分应包括：立法宗旨，适用范围，发展原则、国际合作原则、管理方式、紧急情况处置、核安全保障与核保安、管理部门及其职责等内容。分则内容包括：铀矿资源的保障与勘查、采冶管理；核材料管制；核设施管理；核技术应用管理；核安全；核事故应急准备与响应放射性物质的运输；放射性废物管理；核进出口；法律责任等。

2.制定和修改中国核能开发利用法律体系中的行政法规

中国在下一阶段应着重制定或修改以下行政法规和部门规章：制定《放射性物质运输管理条例》、《核损害赔偿条例》、《放射性废物管理条例》、《乏燃料管理条例》和《放射性矿产资源勘查与采冶管理条例》，修改《核电厂核事故应急管理条例》、《民用核设施安全监督管理条例》、《核材料管制条例》、《核出口管制条例》、《核两用品及相关技术出口管制条例》和《核进出口及对外合作保障监督管理规定》等。在修订的法规中，特别要注意的是管理部门的权力、职责应该明确；适应新技术制定标准和规范。

3.有计划地实施配套性立法

由于全国人大及其常委所制定法律规定较为原则，因此规定的具体落实则往往授权给下位的法规、规章处理。如《放射性污染防治法》第23条确立的核设施外围规划限制区制度，第45条确立的放射性固体废物处置收费制度，第46条确立的放射性固体废物贮存、处置资质许可证制度等，都有对国务院及其有关部门进行配套性立法，制定行政法规、规章的授权。一旦法律有对下位法立法的授权，有关职能负责部门应当及时编入立法规划，有计划、有步骤地制定上位法律规定的具体实施办法。需要特别指出，实施上位法规定的地方性立法应结合地方的实际情况进行，体现地方特色，不应直接照搬上位法的有关规定而成为上位法的简单翻版。如核设施外围规划限制区制度，其实施必然是考虑当地的人口布局地理环境等具体情况而因地制宜的，因而地方性立法应当就该制度的实施作出具有地方特色的规定。

4.完善具体法律制度

完善核安全许可证制度，进一步明确核电集团公司、业主公司、专业化公司的核安全责任；完善核燃料循环、核设施退役和放射性废物处理处置的管理制度和政策，制定核设施退役费用和放射性废物处理处置费用的提取和管理办法；推动核电集团研究建立核赔偿基金，核设施营运单位购买第三方核责任险等等。

第六节　煤炭法

一、煤炭资源储量及消费

煤炭是全世界储量最丰富的化石燃料。《BP 世界能源统计 2012》的数据表明,2011 年探明全球煤炭储量 8609.38 亿吨。以目前的开采速度计算,煤炭可以满足全球 112 年的生产需求,是目前为止储产比最高的化石燃料,煤炭目前占全球能源消费的 30.3%,达到自 1969 年以来的最高份额。煤炭是我国的主要能源,蕴藏量约占地球煤炭资源的 1/3。2011 年我国已经探明的原煤储量是为 114500 百万吨。其中烟煤占 70%,无烟煤占 16%,褐煤占 14%,烟煤中炼焦用煤占 30%。按人均计算,中国人均煤炭可采储量是 90.7 吨,而世界人均为 162 吨,为世界平均值 57%。

煤炭是我国储量最多、分布也最广的不可再生战略资源。除上海市外,全国各省区都产煤,主要分布在华北和西北地区,山西、内蒙古、陕西及新疆等十个省(自治区)的煤炭探明储量约占全国的 87.79%。与煤炭资源分布相对应,我国的煤炭生产也集中于这些地区。与其他主要产煤国家相比,我国煤炭资源开采条件属中等偏下水平,可供露天开采的资源较少,开采条件良好的煤田主要集中在新疆、宁夏部分地区和由山西、陕西和内蒙古西部所组成的"三西地区"。"三西地区"的煤炭生产具有良好的地理条件,区内的煤炭储量具有煤质优良、煤种丰富的优点,但由于当地消费量小、距离主要客户和港口远,这些地区的优质煤炭储量尚未得到充分的开发。地处中国经济较发达的沿海地区的苏皖鲁豫的煤炭储量也具有煤质优良、煤种丰富的优点,并接近运输设施,但这些省份的煤炭储量却仅占全国煤炭储量不足 10%,产量占比也仅为 17.76%,而它们的煤炭调入量占到全国各省煤炭调入总量的 35% 左右。

中国是世界上少数几个以煤为主要能源的国家之一,也是世界上最大的煤炭生产国和消费国,以每年 8.8% 的速度增加产量。2011 年,中国煤炭消费量比 2010 年增长 9.7%,在一次能源消费结构中,煤炭消费 18.394 亿万吨油当量,占一次能源消费总量的 70.39%。[①] 据国家能源局预测,到 2020 年,煤炭在我国一次能源消费结构中,仍将占到 60% 左右。在未来相当长的时期内,我国以煤为主的能源结构不会发生变化。

我国煤炭消费主要集中在电力、钢铁、水泥和化肥四个行业,这四大行业煤炭消费增速的变化决定了全国煤炭消费总量的变化。据中国煤炭资源网统计,电力行业是煤炭消费的主力,2010 年其煤炭消费量约占全国总消费量的 53%、钢铁 18%、水泥 9% 及煤化工 2%、其他行业占 18%。我国煤炭产销不平衡问题突出,西煤东运的压力逐步显现。我国煤炭行业对运输的依赖性较强,铁路运输等成为影响我国煤炭及下游行业正常运行的重要因素。

我国富煤少油的能源禀赋格局决定了煤制油、煤代油具备比较成本优势,同时,煤炭生产和洁净煤技术的进步和成熟增强了煤炭在能源市场上的比较优势,导致发电用煤需求急剧增长。可以说,在未来相当长的时期内,煤炭作为主体能源的地位不会改变。虽然中国的新电厂是世界上最清洁的,政府也关闭了一些污染大的小燃煤电站,煤电占电厂容量的比重预计从 75% 降至 68%。

二、煤炭产业

中国“富煤、贫油、少气”的地质条件决定了煤炭作为中国基础能源的战略地位。煤炭是我国的主体能源,在一次能源结构中占 70% 左右。未来相当长时期内,煤炭作为主体能源的地位不会改变。煤炭工业是关系国家经济命脉和能源安全的重要基础产业。煤炭工业是我国传统产业,改革开放以来,煤炭工业取得了长足发展,煤炭产量持续增长,生产技术水平逐步提高,煤矿安全生产条件有所改善,对国民经济和社会发展发挥了重要的作用。

煤炭产业在发展过程中仍然存在不协调、不平衡、不可持续问题。

一是资源支撑难以为继。我国煤炭人均可采储量少,仅为世界的三分之二;开发规模大,储采比不足世界平均水平的三分之一;资源回采率低,部分大矿采肥丢瘦、小矿乱采滥挖,资源破坏浪费严重;消费量大,约占世界的 48%。资源开发和利用方式难以支撑经济社会长远发展。

二是生产与消费布局矛盾加剧。东部煤炭资源日渐枯竭,产量萎缩;中部受资源与环境约束的矛盾加剧,煤炭净调入省增加;资源开发加速向生态环境

---

① 《BP 世界能源统计 2012》,http://www.bp.com/statisticalreview,下载日期:2012 年 6 月 28 日。

脆弱的西部转移,不得不过早动用战略后备资源。北煤南运、西煤东调的压力增大,煤炭生产和运输成本上升。

三是整体生产力水平较低。采煤技术装备自动化、信息化、可靠性程度低,采煤机械化程度与先进产煤国家仍有较大差距。装备水平差、管理能力弱、职工素质低、作业环境差的小煤矿数量仍占全国的80%。生产效率远低于先进产煤国家水平。

四是安全生产形势依然严峻。煤矿地质条件复杂,瓦斯含量高,水害严重,开采难度大,开采深度超过1000米的矿井39对。占三分之一产能的煤矿亟须生产安全技术改造,占三分之一产能的煤矿需要逐步淘汰。重特大事故尚未得到有效遏制,煤矿安全生产问题突出。

五是煤炭开发利用对生态环境影响大。煤炭开采引发的水资源破坏、瓦斯排放、煤矸石堆存、地表沉陷等,对矿区生态环境破坏严重,恢复治理滞后。煤炭利用排放大量二氧化碳等有害气体,应对气候变化压力大。

六是行业管理不到位。行业管理职能分散、交叉重叠,行政效率低。资源开发秩序乱,大型整装煤田被不合理分割,不少企业炒卖矿业权,部分地区片面强调以转化项目为条件配置资源,一些大型煤炭企业资源持续困难。准入门槛低,一些不具备技术和管理实力的企业投资办矿,存在安全保障程度低等问题。

2012年3月国家能源局发布《煤炭工业发展"十二五"规划》。规划提出,"十二五"主要目标是到2015年生产能力41亿吨/年,形成10个亿吨级、10个5000万吨级大型煤炭企业,煤炭产量占全国的60%以上。同时要推进煤矿企业兼并重组,发展大型企业集团;有序建设大型煤炭基地,保障煤炭稳定供应;建设大型现代化煤矿,提升小煤矿办矿水平。根据该规划,"十二五"期间,煤炭产量复合增长率将从过去的8%降至3.8%,年新增产能将从过去的14亿吨降至7.5亿吨。在经历约10年的高速发展后,煤炭行业即将进入深度调整时期。

三、我国煤炭资源立法概况

我国已经颁布了多部与煤炭相关的法律、规章以及其他规范性文件,早在1951年就由当时的政务院颁布了《矿业暂行条例》,1956年底国务院针对矿产资源保护专门制定了《矿产资源保护试行条例》。1982年,国务院发布了《关于发展煤炭洗选加工合理利用能源的指令》,并于1985年转批了《关于开展资源综合利用若干问题的暂行规定》。为了实施有偿开采,国务院于1984年发布了《资源税条例(草案)》,同年,财政部也颁布了《资源税若干问题的规定》。[①] 1986 年,我国颁布了《矿产资源法》,这是我国矿产资源立法的一个重要里程碑,国务院 1987 年颁布了《矿产资源勘查登记管理办法》、《矿产资源监督管理暂行办法》,1994 年颁布了《矿产资源法实施细则》、《矿产资源补偿费征收管理规定》、《煤炭生产许可证管理办法》、《乡镇煤矿管理条例》等,为国家矿产资源所有权的实现和矿业权的合理使用,以及煤炭业监督管理制度提供了法律根据,首开了煤炭开发、生产、管理法制度化的先河。1996 年,为了适应矿业市场经济体制的变革我国对《矿产资源法》作了修改。在此基础上,据我国经济和社会发展的需要,由煤炭部主持起草并于 1996 年 8 月 29 日经第八届全国人大常委会第 21 次会议通过了《煤炭法》,该法的颁布实施,是我国煤炭行业发展走上规范化、法制化轨道的一个重要里程碑。该法实施以来,对完善我国煤炭法律法规体系,合理开发利用和保护煤炭资源,规范生产、经营活动,促进和保障煤炭行业的发展发挥了重要和积极的作用。该法 2009 年 8 月进行了第一次修订,2011 年 4 月进行了第二次修订。可以说,目前,我国已经初步形成了法律、行政法规规章、地方性法规规章等在内的比较的煤炭资源法律体系。煤炭法规按照煤炭行业管理可分煤炭规划、煤炭资源、煤炭建设、煤炭生产、煤矿安全、煤炭经营、煤层气、煤炭综合利用、煤矿矿区和环境保护、煤炭从业人员及其他 11 大类。具体如下:[②]

(一)煤炭资源法律

煤炭资源法律中,除了《煤炭法》还存在大量与煤炭资源相关的法律,例如与煤炭资源权属制度相关的《民法通则》、《物权法》,与探矿权、采矿权市场流转有关的《招标投标法》、《拍卖法》,与煤炭资源、规划制度相关的《规划法》,与煤炭企业设立许可有关的《行政许可法》,与煤炭安全生产有关的《安全生产法》等,与煤炭合同履行有关的《合同法》,与环境保护相关的《环境保护法》、《环境影响评价法》、《清洁生产促进法》,与非法采矿、破坏煤炭资源相关的《刑法》等。

(二)煤炭行政法规和规章

我国煤炭资源保护和开发利用依赖大量的煤炭行政法规和行政规章进行

---

① 李显冬主编:《中国矿业立法研究》,中国人民公安大学出版社 2006 年版,第 10 页。

② 以下内容主要引用黄振中、赵秋雁、谭柏平著:《中国能源法学》,法律出版社 2009 年版,第 243~245 页。

调整,这些行政法规和行政规章是我国煤炭法律体系中的重要组成部分。如《乡镇煤矿管理条例》(1994 年)、《煤炭生产许可证管理办法》(1994 年)、《煤炭工业环境保护暂行管理办法》(1994 年)、《乡镇煤矿管理条例实施办法》(1995 年)、《煤炭生产许可证环境保护审查管理规定》(1995 年)、《煤炭生产许可证管理办法实施细则》(1995 年)、《开办煤矿企业审批办法》(1997 年)、《矿产资源勘查区块登记管理办法》(1998 年)、《矿产资源开采登记管理办法》(1998 年)、《探矿采矿权转让管理办法》(1998 年)、《煤矸石综合利用管理办法》(1998 年)、《生产矿井煤炭资源回采率暂行管理办法》(1998 年)、《探矿权采矿权评估管理暂行办法》(1999 年)、《探矿权采矿权使用费和价款管理办法》(1999 年)、《矿业权出让转让管理暂行规定》(2000 年)、《探矿权、采矿权招标拍卖挂牌管理办法(试行)(2003 年)、《煤炭经营监管办法》(2004 年)、《安全生产培训管理办法》(2004 年)、《国有煤矿瓦斯治理规定》(2005 年)、《国有煤矿瓦斯治理安全监察规定》(2005 年)、《煤炭经营监管办法》(2005 年)、《进出口煤炭检验管理办法》(2006 年)、《〈生产安全事故报告和调查处理条例〉罚款处罚暂行规定》(2007 年)、《节约能源监测管理办法》(2007 年)、《关于加强小煤矿安全基础管理的指导意见》(2007 年)、《煤矿安全改造项目管理暂行办法》(2007 年)、《中国煤炭行业自律公约》(2008 年)、《煤矿企业 2008 年安全生产隐患排查治理工作实施意见》(2008 年)、国家发展改革委、财政部《国家煤炭应急储备管理暂行办法》(2011 年)、2012 年 6 月发改委能源局发布的《煤炭矿区总体规划管理暂行规定》等。

(三)煤炭地方性法规和规章

由于我国煤炭资源分布的广泛性和资源品质的差异性,大量的煤炭资源法律关系需要地方性规范来进行调整,地方性煤炭资源法规和规章成为煤炭立法体系中的必要组成部分。例如,《内蒙古自治区地方煤矿管理条例》(1994 年)、《甘肃省实施〈中华人民共和国煤炭法〉办法》(1999 年)、《陕西省煤炭石油天然气开发环境保护条例》(2000 年)、《天津市矿产资源管理条例》(2001 年)、《天津市矿产资源补偿费征收管理办法》(2003 年)、《河南省煤炭条例》(2005 年)、《山东省矿山地质环境治理保证金管理暂行办法》(2005 年)、《郑州市煤炭管理办法》(2005 年)、《大同市煤炭资源保护办法》(2006 年)、《吉林省矿山生态环境恢复治理备用金管理办法》(2006 年)、《安徽煤矿安全生产联合执法实施办法》(2007 年)、《内蒙古自治区矿产资源有偿使用管理办法(试行)》(2007 年)、《重庆市矿山环境治理和生态恢复保证金管理暂行办法》(2007 年)等。其中,山西省的系列规定较具代表意义,如《山西省煤炭管理条例》(2001年)、《山西省矿业权公开出让暂行规定》(2003年)、《山西省煤炭资源整合和有偿使用办法》(2006年)《山西省煤炭可持续发展基金征收管理办法》(2007年)、《山西省煤炭产量监控系统管理》(2008年)、《山西省煤炭企业办矿标准暂行规定》(2008年)等。

(四)其他规范性文件

煤炭资源的其他规范性文件是煤炭立法体系的有益补充,主要包括产业政策、通知、指示、批复和法律解释等。如最高人民法院于2003年5月16日通过的《最高人民法院关于审理非法采矿、破坏性采矿刑事案件具体应用法律若干问题的解释》。国新办发表《中国的矿产资源政策》白皮书(2004年)、《国务院关于促进煤炭工业健康发展的若干意见》(2005年)、《关于煤矿负责人和生产经营管理人员下井带班指导意见的通知》、国办发〔2005〕53号、《国务院办公厅关于加强煤炭行业管理有关问题的意见》(2006年)、国土资源部《关于加强矿产资源补偿费征收管理促进煤矿回采率提高的通知》(2006年)和《关于加强煤炭和煤层气资源综合勘察开采管理的通知》(2006年)、国家发展和改革委员会、国家质检总局《关于进一步加强煤炭管理工作的通知》(2007年)、安全监管总局《煤矿安全生产"十一五"规划》(2007年)、《煤炭产业政策》(2007年)、国家发展和改革委员会、铁道部、交通部联合下发《关于进一步加强煤炭合同履行监管工作的通知》(2007年)《国务院关于进一步加强淘汰落后产能工作的通知》、国家能源局《煤炭工业发展"十二五"规划》(2012年)等。

(五)煤炭标准

煤炭标准也是煤炭资源立法体系中的一个的组成部分。在我国,煤炭方面的标准,主要有国家标准、行业标准和地方标准之分,例如《中国煤炭分类及评价方法》、《煤矿企业建设与生产基本标准》、《煤矿企业工程建设标准》、《煤炭企业生产操作技术标准》、《煤矿安全规程》、《煤炭工业污染物排放标准》等。

四、煤炭法律的基本制度述评[①]

(一)煤炭资源产权制度

煤炭资源属于国家所有,不因其所依附的土地所有权或使用权的不同而改变。国务院代表国家行使煤炭资源所有权,国务院煤炭主管部门受国务院委托作为代理人对煤炭资源实施统一分配。国家对煤炭资源实行有偿开采,

---

① 以下内容主要引用黄振中、赵秋雁、谭柏平著:《中国能源法学》,法律出版社2009年版,第256~265页。

煤炭矿业权人向国家缴纳矿产资源税费。

现行《煤炭法》没有对煤炭资源这一特定资源产权制度作出规定,而是通过其他有法规定的矿产资源的产权制度。1986 年 4 月 12 日公布的《民法通则》中第 81 条第 2 款规定:"国家所有的矿藏,可以依法由全民所有制单位和集体所有制单位开采,也可以依法由公民采挖,国家保护合法的采矿权。"第一次明确了我国采矿权的主体和财产属性。2007 年 10 月 1 日起施行的《物权法》第 118 条规定:"国家所有或者国家所有由集体使用以及法律规定属于集体所有的自然资源,单位、个人依法可以占有、使用和收益。"第 123 条规定:"依法取得的探矿权、采矿权、取水权和使用水域、滩涂从事养殖、捕捞的权利受法律保护。"这是从立法角度明确了矿业权的用益物权属性,以及探矿权和采矿权的内容。

改革开放之前,我国禁止矿业权转让、出租和抵押,随着我国社会主义计划经济向市场经济转轨步伐的加快,1996 年对《矿产资源法》作了修改,该法第 5 条第 1 款规定:"国家实行探矿权、采矿权有偿取得的制度"。第 6 条规定:"探矿权人在完成规定的最低勘查投入后,经依法批准,可以将探矿权转让给他人。"其后陆续发布了配套法规《矿产资源、勘察区块登记管理办法》(1998 年)、《矿产资源开采登记管理办法》(1998 年)、《探矿权采矿权转让管理办法》(1998 年)、《探矿权采矿权评估管理暂行办法》(1999 年)、《探矿权采矿权使用费和价款管理办法》(1999 年)、《探矿权采矿权使用费减免办法)(2000 年)、《探矿权采矿权评估资格管理暂行办法》(2000 年)、《探矿权采矿权招标拍卖挂牌管理办法(试行)》(2003 年)、《探矿权采矿权价款转增国家资本管理办法》(2004 年)等,初步建立了矿业权法律制度,从法律上肯定矿业权流转的合法性,对治理整顿矿业秩序发挥了重要作用。

但是,目前的立法规定只考虑到矿产资源的共性,没有考虑煤炭资源的特性,现行《煤炭法》缺乏相关规定,导致煤炭资源矿业权设置和转让极不合理,不利于实现我国煤炭资源生产开发的规模化、集约化经营,导致许多大型矿床被化整为零,分割勘查开采,一些企业甚至炒卖探矿权和采矿权。

我国目前的煤炭产权的流转中行政管制过多,市场化不足。应当进一步完善采矿权合同取得制度,淡化行政审批规范市场出让。在《煤炭法》修订中应当针对煤炭行业特点明确矿业权具有的优先效力、排他效力和物上请求权等物权效力,设定矿业权人的权利及行使该权利的程序规则以及相应的侵权责任,矿业权流转制度。

（二）煤炭资源有偿使用制度

煤炭资源有偿使用制度是实现煤炭资源国家所有权的根本制度。煤炭资源有偿使用有利于提高资源回收率,促进资源的有效利用,煤炭资源的价值和价格相统一,也对煤矿安全、减少矿难发生起到积极的作用,是能源可持续发展的必然要求。

我国煤炭资源使用制度经历了从无偿到有偿的变革。我国现有的煤炭资源有偿使用税费制度包括资源税制度、资源补偿费制度、煤炭增值税制度(部分税费)、矿业权价款(探矿权和采矿权价款)制度、矿业权使用费(探矿权使用费和采矿权使用费)制度等,收费项目多达五类,费用名目多而杂、杂而散。煤炭资源税所含的级差收益调节与采矿权价款的级差收益调节功能明显重复,增值税中所有的资源有偿使用功能与资源补偿费交叉重复。

目前国家推进煤炭资源有偿使用制度改革。一是严格执行矿业权有偿取得制度,无论是新设的煤炭资源矿业权,还是以前已经无偿取得的矿业权都要有偿使用。新设立的矿业权原则上采取招标、拍卖和挂牌方式出让。二是健全资源开发成本合理分摊机制,煤矿企业在煤炭生产销售中,提取矿山环境治理恢复保证金,提取煤矿生产安全费用和维简费以确保煤矿安全技术改造的资金来源。三是调整资源开发收益分配关系,煤炭资源有偿使用的收入,中央和地方按比例分成,主要留给地方,按照"取之于矿、用之于矿"的原则,加大对资源勘查开发和矿山企业改革发展的支持力度。四是加强资源开发管理和宏观调控,合理调整煤炭资源税费政策,加强煤炭资源的规划管理,进一步整顿和规范矿业市场秩序。①

（三）煤炭资源规划管理制度

煤炭资源规划管理制度,是国家依法对煤炭业发展作出整体规划并实施的制度。煤炭资源是重要的战略资源,要改进管理方式,实现由粗放开发型管理向科学合理开发、保护节约型管理的转变,各国都在煤炭立法中将勘探规划制度作为重要制度予以确认,尤其是我国煤炭资源相对丰富,但分布不均衡,煤炭资源与水资源逆向分布、煤炭生产与消费逆向布局的矛盾更加突出,煤炭是电力、冶金、建材的燃料或原料,又是运输行业的对象,这些要求我们科学规划管理。国家统一规划主要体现在规划的科学编制和实施上。编制全国煤炭资源勘查规划,是指国务院煤炭管理部门根据全国矿产资源勘查规划编制全

---

① 曾培炎:《推进煤炭资源有偿使用制度改革》,搜狐财经频道,http://business.so-hu.com/20061117/n246447937.shtml,下载日期:2012 年 6 月 8 日。

国煤炭资源勘查规划,以加大煤炭资源勘探力度,加大煤炭资源勘探资金支持力度,研究建立煤炭地质勘探周转资金,增强煤炭资源保障能力。由国家投资完成煤炭资源的找煤、普查和必要的详查,统一管理煤炭资源一级探矿权市场,在此基础上编制矿区总体开发规划和矿业权设置方案;依据矿区总体开发规划和矿业权设置方案,实行煤炭资源二级探矿权和采矿权市场化转让,转让收入要按规定实行"收支两条线"管理,并用于煤炭资源勘探投入,实现滚动发展。健全煤炭地质勘查市场准入制度,培育精干高效、装备精良的煤田地质勘探队伍。严格执行勘查技术规程,进一步完善储量评估制度,依靠科技进步,提高地质勘探精度,保障地质勘查质量,为合理规划和开发煤炭资源奠定基础。组织编制和实施煤炭生产开发规划,是指国务院煤炭管理部门根据全国矿产资源规划规定的煤炭资源,组织编制和实施煤炭生产开发规划。省、自治区、直辖市人民政府煤炭管理部门根据全国矿产资源规划规定的煤炭资源,组织编制和实施本地区煤炭生产开发规划,并报国务院煤炭管理部门备案。①

经过"十一五"规划,煤炭行业已经取得很快发展。2012年3月国家能源局发布《煤炭工业发展"十二五"规划》。该规划提出,"十二五"主要目标是到2015年生产能力41亿吨/年,形成10个亿吨级、10个5000万吨级大型煤炭企业,煤炭产量占全国的60%以上。同时要推进煤矿企业兼并重组,发展大型企业集团;有序建设大型煤炭基地,保障煤炭稳定供应;建设大型现代化煤矿,提升小煤矿办矿水平。依规划管理煤炭资源具有更为关键的意义。

(四)煤炭产业市场准入制度

煤炭产业市场准入制度不仅包括准入门槛的高低,更主要体现在准入环节上。准入环节是指针对煤炭资源生产和经营特性,细分开办煤矿企业、煤炭生产、煤炭经营、煤炭进出口以及退出市场等环节进行管理,主要包括以下环节:(1)开办煤矿企业,必须依法向煤炭管理部门提出申请,煤矿建设应当坚持煤炭开发与环境治理同步进行。煤矿建设项目的环境保护设施必须与主体工程同时设计、同时施工、同时验收、同时投入使用。(2)申领煤炭生产许可证,开办煤矿企业后不是可以立即从事煤炭生产,需要在煤矿投入生产前,依法向煤炭管理部门申请领取煤炭生产许可证,由煤炭管理部门对其实际生产条件和安全条件进行审查,符合规定条件的,发给煤炭生产许可证;未取得煤炭生产许可证的,不得从事煤炭生产。依法取得煤炭生产许可证的煤矿企业不得将其煤炭生产许可证转让或者出租给他人。(3)煤炭经营资格审查,煤炭经营

①《国务院关于促进煤炭工业健康发展的若干意见》,国发[2005]18号。

是指从事原煤及其洗选加工产品的批发、零售及民用型煤的加工经销等活动；国家实行煤炭经营资格审查制度；设立煤炭经营企业，应当经过煤炭经营资格审查。(4)进出口检验检疫管理，煤炭的进出口依照国务院的规定，实行统一管理。具备条件的大型煤矿企业经国务院对外经济贸易主管部门依法许可，有权从事煤炭出口经营；国家检验检疫机构对进口煤炭实施口岸检验监管的方式，对出口煤炭实施产地监督管理和口岸检验监管相结合的方式。(5)退出市场，主要是取缔非法煤矿，关闭布局不合理、不符合产业政策、不具备安全生产条件、乱采滥挖破坏资源、污染环境和造成严重水土流失的煤矿，还包括煤炭生产许可证的有效期限届满或者经批准开采范围内的煤炭资源已经枯竭的，其煤炭生产许可证由发证机关予以注销并公告。

(五)煤炭安全监管监察制度

煤炭行业属于高危行业，相对于其他行业，煤炭从业人员生命健康受到的危害更为严重，重视矿工劳动保护和职业病防治，改善煤矿职工生产、生活环境，提高他们的生活质量和社会地位，真正实现以人为本发展。为了及时发现并排除煤矿安全生产隐患，落实煤矿安全生产责任，预防煤矿生产安全事故发生，保障职工的生命安全和煤矿安全生产，必须全面贯彻安全监管监察制度，主要包括安全监管监察主体制度、综合安全监管监察制度、安全监管监察责任制度。

1.安全监管监察主体制度

安全监管监察主体制度是指要落实安全监管监察主体和安全监管监察责任主体。国家对企业安全生产要进行制度化、经常性的监督和检查，用严厉执法推动安全生产法律、法规的实施，查处和追究事故责任人，依法行政，维护安全生产的严肃性和煤矿工人的合法权益。监管监察责任主体，是落实企业安全生产的主体责任和法定代表人的安全生产第一责任人的责任，即煤矿企业是预防煤矿生产安全事故的责任主体，煤矿企业负责人对预防煤矿生产安全事故负主要责任。

2.综合安全监管监察制度

综合安全监管监察制度是坚持安全第一、预防为主、综合治理的安全生产方针，具体包括职工教育和培训、安全预警、隐患治理和报告等制度。煤矿企业应当依照国家有关规定对井下作业人员进行安全生产教育和培训，保证井下作业人员具有必要的安全生产知识，熟悉有关安全生产规章制度和安全操作规程，掌握本岗位的安全操作技能，并建立培训档案。煤矿企业应当免费为每位职工发放煤矿职工安全手册。煤矿职工安全手册应当载明职工的权利、义务,煤矿重大安全生产隐患的情形和应急保护措施、方法以及安全生产隐患和违法行为的举报电话、受理部门。安全隐患排查,是使煤矿的通风、防瓦斯、防水、防火、防煤尘、防冒顶等安全设备、设施和条件应当符合国家标准、行业标准,并有防范生产安全事故发生的措施和完善的应急处理预案。定期组织排查后将排查情况每季度向县级以上地方人民政府负责煤矿安全生产监督管理的部门、煤矿安全监察机构写出书面报告。

3.安全监管监察责任制度

安全监管监察责任制度是加大对违法违规行为的惩治力度,严格安全生产问责制,对造成重大事故的责任企业和责任人、对监管监察失职和腐败行为,给予严肃处理,依法追究其法律责任。在责任制度中贯彻加强煤矿监管,提高处罚力、加大遇难矿工赔偿额度的原则,尤其突出对职工权益的保护,具体应当包括完善煤矿工人井下特殊作业劳动保护制度,加大对遇难矿工的民事赔偿力度,强制要求企业为井下作业职工办理意外伤害保险、补充养老保险等不同形式的补充保险制度,贯彻对矿工实行职业病强制检查和治疗制度、最低生活保障制度等方面的内容。

(六)煤炭矿区环境保护制度

煤炭矿区环境保护制度是建立生产安全、环境友好、协调发展的煤炭资源开发利用体系,建设资源节约型和环境友好型矿区,促进人与矿区和谐发展的重要环节,要贯穿于煤炭资源勘探和开发利用的全过程,覆盖煤炭勘探、煤炭建设项目可行性研究、矿山设计、施工、生产和闭坑等各环节。

完善矿区环境影响评价制度。煤炭资源的开发利用必须依法开展环境影响评价,环保设施与主体工程要严格实行项目建设"三同时"制度。按照谁开发、谁保护,谁损坏、谁恢复,谁污染、谁治理,谁治理、谁受益的原则,推进矿区环境综合治理,形成与生产同步的水土保持、矿山土地复垦和矿区生态环境恢复补偿机制。我国在《矿产资源法》、《煤炭法》中对煤炭建设项目环境影响评价作出了相应规定,需要进一步补充规定战略环评和规划环评制度。"战略环评和规划环评应是煤炭矿区环境保护要进一步采取的制度选择。与项目环境影响评价相比较,战略环评和规划环评能在决策中更好地考虑区域之间、流域之间、矿区之间的生态环境影响,如煤炭开采引发的流域水环境问题;能更多地对累计的、间接的、协同的、次生的、长期的和滞后的生态环境影响进行评价,能在决策的更早阶段、在更广的范围内提出更好的替代方案及减缓措施。"

健全矿区生态补偿制度。为实现煤炭资源开发与生态保护的协调发展,不仅要恢复矿区在资源开采过程中破坏的生态环境,还要补偿当地居民因资源开发造成的经济损失,进一步明确生态补偿的方式、补偿资金的来源、使用和管理等。近年来,云南、广东、江苏、山东、湖北等省区相继发布实施了有关矿区环境保护方面的规定,推行矿山环境治理保证金制度,如《湖北省矿山地质环境治理备用金管理办法》、《吉林省矿山生态环境恢复治理备用金管理办法》、《山西省大同市矿山地质灾害防治保证金制度实施办法》等。当前,地方立法中的矿山环境恢复保证金制度还有待进一步完善,主要表现为:第一,保证金形式单一,以现金为主,对其他形式没有规定。而在发达国家,保证金的缴纳可采取多种形式,如现金、金融担保、政府债券、不可撤销的信用证,信誉良好的公司还可采用资产抵押和母公司担保的形式。第二,保证金数额的决定方式比较简单。一般是根据矿区登记面积、开采方式以及对矿山自然环境影响程度等因素明确规定了计算方式,难以适应现实情况的变化。第三,保证金的返还以全程保证金的返还为主,阶段性保证金的返还还属特例,显得不够灵活,不利于调动矿山企业的积极性。第四,矿区环境恢复的目标偏低,仅是恢复到可利用状态。

(七)煤炭行业管理体制

1949 年到 2010 年,我国煤炭行业管理体制进行了 15 次调整。现行的煤炭管理体制是从 1998 年国家撤销煤炭部以后形成的,这种体制在一定程度上符合我国经济体制改革的目标取向,做到了权力下放、简政裁员、政企分开,对于促进煤炭工业的发展起了一定的历史作用。行业管理发生两个转变,一是由直接管理向间接管理转变。主要表现为煤炭行业由政府直接管理向企业放权转变,几次机构改革更加缩小了国家煤炭管理部门,更多地限于生产安全监督;政府管理手段管理手段由行政强制向以法律、经济调节转变。二是政府对煤炭行业由集中式管理向分散式管理转变。主要表现为单部门专业化管理向多部门综合化管理转变。2008 年国家能源局(副部级)成立后,实施对石油、天然气、煤炭、电力等能源的管理,而此时煤炭行业的最高机构是发改委下的煤炭司(司局级)。煤炭机构从原来的"一头独大"到分化于其他相关部门之内,正是体现着政府对煤炭行业由专业化管理向综合化管理的转变,中央政府的管理权向地方政府下放。[①]

管理煤炭的主体主要集中在国家发展和改革委员会、国土资源部、国家煤矿安全监察局、国务院国有资产监督管理委员会、国家环保总局、商务部、财政

---

① 曹建力、郭帅:《改革开放以来政府对煤炭行业管理方式的变化分析——以煤炭机构变迁为例》,载《煤炭现代化》2010 年第 4 期。

部、国家能源领导小组和"能源办"等 8 个部委和煤炭行业协会。国家发展和改革委员会规划司、固定资产投资司等主要负责全国煤炭行业的整体发展规划、体制改革和大型煤矿项目建设、矿区规划、投资的审批;经济运行局主要负责安排煤炭行业的生产,协调煤炭行业运行,安排与煤炭行业生产运行相关的重大事项;国民经济综合司负责牵头并与经济运行局、能源局、价格司等进行煤炭产品的年度订货,衔接生产、运输与消费等各有关方面平衡等问题;价格司主要负责制定价格政策、协调煤炭价格问题;国土资源部主要负责煤炭资源与储量的管理,包括核准煤炭资源、审批勘探权和开采权以及土地使用权等,颁发勘探和开采许可证,审批勘探权和开采权的转让和租赁等;国家煤矿安全监察局负责煤矿安全监察、事故处理等事务;国有资产监督管理委员会对煤炭企业国有资产的保值增值实行监督和管理,推进国有煤炭企业的现代企业制度建设,管理产权交易等;国家环境保护总局审批煤矿建设和关闭项目的环境影响报告,同时对煤炭开采过程中的环境污染、生态破坏等进行监督管理;商务部负责培育煤炭产品的商业环境,与其他部门共同开展引进外资和制定煤炭进出口政策等,对煤炭对外贸易工作进行具体的配额管理以及许可证的发放等;国务院"能源办"跟踪了解包括煤炭在内的能源安全状况,预测预警煤炭宏观和重大问题,组织有关单位研究煤炭战略和规划,研究煤炭开发与节约、能源安全与应急、煤炭对外合作等重大政策;财政部主要负责煤炭企业的收入分配管理;煤炭协会在企业和政府间起桥梁和纽带作用,发挥服务和自律功能,协助政府推行经济政策和法令,推动煤炭行业技术与管理进步和可持续发展,实现煤炭工业现代化。

五、中国煤炭法律制度的完善

随着我国经济体制的改革发展,煤炭开发和生产规模不断增加,煤炭行业管理体制、煤炭企业经营机制、行业内外部环境都发生了很大变化,出现了许多新情况和新问题,表现在煤炭资源勘查开发、生产供应、加工转化、环境保护等各个方面。其中的一个根本性因素就是煤炭法律体系滞后和不健全,亟须在科学发展观指导下进一步修改完善。根据国家发改委公布的《我国煤炭法规体系架构方案》(征求意见稿),(见附录),附录中划横线的立法项目为待制订、修订的立法,计划在 2008-2015 年完成。然而,时至今日,过去了一半时间,很多立法项目没能按预期完成。笔者认为应当在以下方面完善:

(一)健全完善以《煤炭法》和《矿产资源法》为核心的煤炭法律体系

煤炭是中国能源的支柱,但该领域只有一部基本法律——《煤炭法》,且该法自 1996 年实施以来,虽然经过两次修正,但仍然不能适应行业发展,急需修订。目前,已经完成《煤炭法》修订(第五稿)的工作。《煤炭法》的修订应当和能源法的制定、《矿产资源法》的修订同时进行,做到法律之间相互衔接。修订的《煤炭法》在煤炭资源管理、战略地位、安全生产和环境保护以及煤炭资源的勘探和开采主体资格方面都应有所突破。特别是在矿工权益保护方面,除继续规定国家对煤矿井下工人实行特殊保护措施,要求煤矿企业为井下作业职工办理意外伤害保险外,还进一步对煤矿工人井下特殊作业劳动保护制度进行了规定,强制要求企业为井下作业职工办理意外伤害保险、补充养老保险等不同形式的补充保险制度。同时还增加了对矿工实行职业病强制检查和治疗制度、最低生活保障制度等方面的内容,明确要求加大对遇难矿工的民事赔偿力度。对矿工权益保护要体现以人为本的原则。

(二)行政法规和规章先后及时制定修改

1. 煤炭规划和资源管理类立法

规划先行是煤炭资源保护和合理开发利用的源头和前提。加强对煤炭资源的规划管理,健全和完善规划管理制度,制定《矿区总体规划管理办法》、《煤炭规划实施办法》、《煤炭生产矿井资源回采率标准和管理办法》等规章,完善规划的编制实施主体、审批程序、实施效力、监督责任等,完善煤矿回采率考核标准和储量管理等要求,强化规划约束指导和加强煤炭资源管理。

2. 煤炭建设生产类立法

重点制定《煤炭建设项目管理暂行规定》、《煤炭建设工程资质管理规定》、《煤炭建设工程资源管理规定》等规章,完善煤炭建设项目招投标、项目评价、设计审查、项目核准等管理制度,加强煤炭建设过程中项目资质管理,规范煤炭建设工程市场秩序。

3. 煤矿安全和矿工权益保护类立法

这方面重点是制定《煤炭安全条例》、《煤矿瓦斯治理规定》、《煤层气开发利用补贴实施办法》、《对外合作开采煤层气管理条例》、《煤矿安全监察行政处罚办法》、《煤矿生产安全事故报告和调查处理规定》等规章,健全煤炭安全管理制度;制定《煤矿井下人员特殊保护条例》、《煤矿职业危害防治管理办法》、《煤矿企业特种作业人员资格管理办法》等法规和规章,依法保障煤炭从业人员的合法权益。

4. 环境保护类立法

主要是制定《煤矿矿区环境保护条例》、《煤矿矿区环境保护实施办法》、《煤炭加工与转化管理办法》、《煤炭资源综合利用管理办法》、《"三下一上"采煤特别规定》等规章,在规范保护生态环境和资源综合利用的活动方面起到了作用。这一点体现了以人为本的原则。

(三)完善几个基本制度

1.完善煤炭行业管理制度

目前我国煤炭行业存在管理职能分散、交叉重叠,行政效率低等问题。第一,管理缺乏专业性。在中央,国家能源局作为中央层面的煤炭主管部门,缺乏实施行业管理的手段和资源,煤炭行业管理职能依然分散在多个部门。煤炭管理体系被肢解,管理队伍被分流,在这种情况下,出现有的管理部门会越权去管理不是他管辖范围内的事,出现严重的管理越位和缺位现象,使管理缺乏专业性。第二,缺乏统一的系统性。长期以来,我国煤炭行业都实行中央和地方双重管理体,中央与地方政府各有管理权。我国地方政府对煤炭的管理主要有三种模式:行政主导型、事业加强型、以企代政型。由于没有一个统一的煤炭行业主管机构对地方煤炭管理的指导,结果地方对煤炭的管理模式各有千秋,尽管具有地方区域性的特点,但相互之间不协调,甚至有些地方的管理模式出现了旧体制的翻版。这种不是全国一盘棋的管理模式,增加了不少管理难度,特别是涉及省际的煤炭管理问题,更是困难重重。第三,管理方式落后。(1)各主管部门在市场准入环节上重发证轻监督,监管不力。例如,国土资源部(厅)负责颁发煤炭资源勘探和生产许可证、土地使用证。国家安全监察局负责颁发安全生产许可证。设在各政府部门里面的煤炭管理部门负责颁发矿长资格证和煤炭经营资格证。在规范市场主体进入煤炭行业,保证煤炭市场有序发展方面,这些主管部门重视市场主体的资格审查是很有必要的,但是煤炭行业的各主管部门只注重给以颁发证书,轻视事后检查和监督,导致各类煤炭企业不注重技术、生产安全条件的改善,探矿权、开采权的层层转让,只追求眼前的经济利益,进而酿成了现在的矿难频频发生,矿区环境污染严重,煤炭资源开发秩序混乱的局面。(2)安全管理与监督不到位。按照目前的安全监督体制,国家对煤矿的行业管理职能和安全监察职能是完全分开的,即所有煤矿不论其所有制结构如何,在安全方面一律要接受煤矿安全监察机构的管理。由于全国的煤矿安全监察人员偏少,管理者与被管理者相距较远,这就使得大量煤矿不会接受真正的日常检查,煤矿安全监察机构只能根据下面报上来的书面材料进行所谓的安全管理。脱离了执法部门的现场监督检查,完全依赖被检查人的自我汇报,煤矿安全难以得到保证。[1]

笔者建议:(1)在管理主体上,国家能源委员会作宏观管理,国家能源局下设煤炭行业管理部门具体执行,并且政策制定、执行、监管分开。(2)管理的手段上,在新的煤炭管理体制下,行业管理机构对煤炭的行业管理主要采用法律、经济、行政等手段。在法律手段中,要进一步明确煤炭生产企业超范围开采等违法者的法律责任,进一步明确政府有关部门的监管责任;依法取缔严重浪费煤炭资源的违法煤矿。

2.《煤炭法》中明确规定了煤炭资源有偿使用原则

第一,目前煤炭资源有偿使用原则并没有在《煤炭法》中明确,只是在《矿产资源法》中规定"国家实行探矿权、采矿权有偿使用制度"。《煤炭法》修订时应予以明确。第二,我国现行矿业税费体系是以资源税为中心的,煤炭法中应当把煤炭矿业权有偿取得与建立煤炭开采补偿机制一并考虑,建立准备金制度,增设生态环境风险预控准备金制度。可以取消煤炭资源税而同时设立煤炭资源权利金制度。强化资源税费制度服务于可持续发展的政策目标。

3.提高煤炭开采市场准入门槛

目前我国煤炭行业尚未建立统一明确的行业准入标准体系。现行《煤炭法》对有关煤矿开办、煤炭生产许可证发放等条件的规定上"太原则,要求不高",管理部门自由裁量权过大,结果使许多资金不充足、技术设备和工艺落后、安全生产条件差、缺乏环保能力的单位和个人纷纷涌进煤炭开采行业。[2]严格产业准入、规范开发秩序,完善退出机制,形成以大型煤炭基地为主体、与环境和运输等外部条件相适应、与区域经济发展相协调的产业布局,是煤炭产业可持续发展的必由之路。

煤炭产业市场准入制度中,要与政策导向协调,不能忽视各地区的因地制宜。我国各地区煤炭禀赋不同,开采利用状况也有差异,应当允许在统一的市场准入制度下,给各地区一定的"自由裁量权"。按照《煤炭产业政策》(2007)第15条规定,山西、内蒙古、陕西等省(区)新建、改扩建矿井规模不低于120万吨/年。重庆、四川、贵州、云南等省(市)新建、改扩建矿井规模不低于15万吨/年。福建、江西、湖北、湖南、广西等省(区)新建、改扩建矿井规模不低于9万吨/年。其他地区新建、改扩建矿井规模不低于30万吨/年。鉴于当前小煤

---

① 肖太寿:《关于构建我国新型煤炭管理体制创新的初步研究》,www.coal.com.cn/Gratis/2007-5-15/ArticleDisplay_137993.shtml,下载日期:2012年6月8日。

② 阮晓琴:《"煤矿安全"写下〈煤炭法〉新篇章》,载《上海证券报》2006年2月17日。

矿数量多、布局不合理、破坏资源和环境的状况尚未根本改善,煤矿安全生产形势依然严峻,"十一五"期间一律停止核准(审批)30万吨/年以下的新建煤矿项目。如果完全按照高标准,不仅东部的煤炭资源不能得到合理开发,同时不利于非公资金进入煤炭领域。

第七节　电力法

一、电力特点

(一)电力是应用最广的二次能源

尽管煤炭、石油、天然气等一次能源构成了能源的基础,但它们很少能作为终端能源供消费和直接使用,大多数情况下需要转化为二次能源,而二次能源中最为普遍的就是电力。电力因可以转化的一次能源不同可以分为水电、火电、风电、核电、潮汐电、太阳能电、生物质能电等。按电力能源结构,截至2010年底,全国的发电装机设备当中,水电占22%、火电占73%、核电占1.12%、风电占3.2%。尤其是自2005年,我国电力新能源取得了举世瞩目的成绩,2010年核电在建规模居世界第一位,风电连续五年实现翻番,仅次于美国,居全球的第二位。生物质发电、太阳能发电也都有了很大的发展。[①]

(二)电能具有同时性

电能的生产、输送、分配以及转换为其他形态能量的过程,是同时进行的。电能有不能储存的特点。

(三)电能使用最方便,适用性最广泛

电能具有转化容易、使用方便灵活的特点,电能使用不受时间、地点、空间、自然条件的限制,可以广泛应用在各种生产活动和生活中。

(四)电能是没有污染的清洁能源

使用电能代替其他能源,可以大大改善工作、生活环境,改善劳动者的劳动条件。

(五)电力供需具有地域性

首先,由于电力是二次能源,电力生产受一次能源地域的限制。其次,电

---

① 李小琳:《电力能源结构的转型和可持续发展》,http://www.sina.com.cn,下载日期:2012年8月11日。

力生产地和需求地可能不在同一地点,需要大规模电网调配。尽管目前我国的电力供需整体上基本达到平衡,但是部分地域的需求相对旺盛,比方说东部沿海经济发达地区的电力市场需求相对旺盛,而该区域的电力供应又相对不足,这就存在着"西电东送"的要求。

二、电力行业概况

(一)电力行业的特点

1.电力工业是国民经济先行发展的基础行业

电力工业是国民经济发展中最重要的基础能源产业,是国民经济的第一基础产业,是关系国计民生的基础产业,是世界各国经济发展战略中的优先发展重点。作为一种先进的生产力和基础产业,电力行业对促进国民经济的发展和社会进步起到了重要作用。经济的发展,对电的需求量不断扩大,电力销售市场的扩大又刺激了整个电力生产的发展。

2.电力工业的关联性强

由于电能目前还是一种不能大规模储存的能源,因此,电力的生产、输送和消费都是通过电力电网同时完成的。为确保电网自身的安全和稳定运行,保证供电的数量和质量,必须严格保持发电、输电、供电与用户之间的动态平衡,这是电力行业生产与其他行业区别的一大特征。

正是由于电力工业的关联性,长期以来,在各国电力工业的传统管理体制中,大都采取了垂直一体化的管理模式。通过这种管理模式,来实现发电、输电、供电的有效协调及动态管理。

3.电力工业有很强的规模性

电力生产和消费依靠电网才能实现。同所有以网络为基础的产业一样,电力工业具有明显的规模经济效率。大电网通过将水电、核电、火电等其他电力生产方式连接起来,从而根据不同电力生产的特点,实行经济调度,优化电源结构、合理利用不同能源和提高经济效益。从理论上讲,电力工业具有明显的强自然垄断的特点。因此在电网建设和管理上,通常由少数几家甚至一家企业来投资经营,国际上除了日本、美国等几个少数国家外,多数国家的电网都是由国家投资兴建。在管理上,也都是采取了少数或独家经营方式。多年来,我国除农村小电网外,大电网都是由国家统一投资、建设和运营的。即使在电力工业市场化改革后,这一特点也将基本保持不变。

4.电力工业是技术和资本密集型行业

因为电力生产、传输、消费同时性和电能无法储存性,为确保电力生产、输送和消费的平衡和稳定,必须采用大量的自动化技术设备。电力设施的建设周期长、电力生产的运行、电力设备的维护要采用大量的高新技术,都要有大量的资金支持。电力行业成为基础产业中需要投资最大、资金占用比率最高的行业之一。

由于电力设备专用性强、资金占用量大,因此,电力市场的进入和退出都十分困难。电力工业内部一旦出现过度竞争,其竞争所产生的分化现象,也会导致大量"沉淀资本"的出现。这一特点也导致长期以来各国对电力工业竞争的限制。

(二)中国电力工业概述

30年的改革开放,以及生活质量和生活水平的提高,各行各业对电能的依赖性越来越强,电力工业作为国民经济的支柱性的能源产业,也取得了显著的成就。发电实力不断提升。全国的装机容量从1978年5700万千瓦,发展到2011年底的10.56亿千瓦,年均增长49.5%,发电量从1978年的2566亿千瓦时发展到2010年42280亿千瓦时,年均增加48.4%。从1996年起,我国的发电装机容量和发电量一直稳居第二,其中,水电的装机已经位居世界首位。2010年核电在建规模居世界第一位,风电连续五年实现翻番,仅次于美国,居全球的第二位。生物质发电、太阳能发电也都有了很大的发展。[①] 全国建成六大区域电网,除个别极其偏远的地区外,均实现村村通电。已建成高电压、大容量、大电网的现代电力行业,但是也存在一些问题问题。

第一,电力体制改革滞后。2000年实现厂网分离改革之后,引入了竞争机制,但是由于自身产业链、价值链的局限,无法将本身的激烈竞争带来的效益传达给最终用户,无法实现社会福利的最大化。改革的滞后,煤电关系至今尚未理顺,火电的年年巨额亏损,严重挫伤了发电产业的积极性,局部还出现了电荒危机。

第二,结构性矛盾突出。随着工业化、城镇化的加速和消费结构的升级,能源需求呈刚性增长,同时火电企业年年亏损,可持续发展遭到了严峻的挑战。但是由于今年前三个季度,火电、风电的投资同比负增长,火电新投产和新开发的规模持续减少。区域性和结构性的电荒将有成为常态的趋向。

第三,环境压力日益增大。以煤为主的自然资源禀赋的现状,决定了我国将以火电为主的历史事实,也决定了今后将以电为主。过度、无序、低效的发

---

① 李小琳:《电力能源结构的转型和可持续发展》,http://www.sina.com.cn,下载日期:2012年8月11日。

展带来了隐患,火电企业更是套上了"紧箍咒"。

第四,自主创新能力不强。电力能源效能提速缓慢,体现出自主创新能力还不够强。风能的整机效率只占 30%～40%,特别是新能源产业,一些关键的零部件、材料仍然需要进口,核心的关键技术仍处在消化、引进、联合设计阶段,缺少自主知识产权。同时,核电安全体系、专业人才储备,新能源与传统能源之间的协调优化还很落后,还存在着很大的潜在风险。[①]

三、我国现行电力立法

我国电力法制建设从 20 世纪 80 年代开始到目前已形成以《电力法》为龙头的电力法律体系框架,主要内容涵盖了电力建设、电力生产与电网管理、电力供应与使用、电价与电费、农村电力建设和农业用电、电力设施保护、监督检查、标准化管理、反窃电及其相关法律责任等方面。具体如下:[②]

(一)电力领域的法律

1995 年通过和公布,并于 1996 年 4 月 1 日起实施的《电力法》共 10 章,是在总结改革开放以来电力建设、电力生产、电力供应、电力使用、电力保护和电力管理等方面经验的基础上,根据社会主义市场经济的客观要求,适当吸收外国电力立法的有益经验制定的,自实施以来发挥了重要的作用,但由于历史局限性,随着电力体制改革,出现了种种不适应。此外,相关法律也对电力资源作出了一定的规范,例如:《合同法》对供用电合同制度的规定,为厂网分开、输配分开、配售分开奠定了法律制度基础;《可再生能源法》为绿色电力的发展提供了重要的法律保障;还有与环境保护相关的《环境保护法》、《环境影响评价法》、《清洁生产促进法》等。

(二)电力领域行政法规与部门规章

由于《电力法》颁布时,我国电力市场化改革还没有开始,国家电力公司还没有成立,政企分开、厂网分开也还没有进行,所以,电力法没有涉及电力产业性质、市场准入、价格形成和控制等范围,随着电力产业改革的深入开展,陆续出台的电力资源行政法规和部门规章在一定程度上弥补了《电力法》的空白。主要包括:

---

① 李小琳:《电力能源结构的转型和可持续发展》,http://www.sina.com.cn,下载日期:2012 年 8 月 11 日。

② 以下 2008 年以前内容主要引用黄振中、赵秋雁、谭柏平著:《中国能源法学》,法律出版社 2009 年版,第 271～274 页。

（1）电力供应与使用方面，《电网调度管理条例》（1993 年）、《电网调度管理条例实施办法》（1994 年）、《供用电监督管理办法》（1996 年）、《供电营业区划分及管理办法》（1996 年）、《电力供应与使用条例》（1996 年）、《电力生产事故调查暂行规定》（2004 年）、《供电服务监管办法（试行）》（2005 年），2009 年《供电监管办法》颁布，2010 年起施行后，2005 年 6 月 21 日发布的《供电服务监管办法（试行）》同时废止。《电力网运行规则（试行）》（2006 年）、《电力供需及电煤供应监测预警管理办法》（2008 年）、2011 年 11 月发展改革委、电监会、工信部、财政部等（发改运行〔2010〕2643 号）等六部委联合印发《电力需求侧管理办法》（发改运行〔2010〕2643 号），国务院《电力安全事故应急处置和调查处理条例》（2011 年）等。

（2）电力设施保护方面，《电力设施保护条例》（1998 年）、《电力设施保护条例实施细则》（1999 年）等。

（3）市场准入方面，包括《承装（修、试）电力设施许可证管理办法》（2004 年），2010 年 3 月 1 日起施行修订的《承装（修、试）电力设施许可证管理办法》后，2005 年 1 月 5 日发布的《承装（修、试）电力设施许可证管理办法》同时废止；《电力业务许可证管理规定》（2005 年），2012 年国家电力监管委员会根据《承装（修、试）电力设施许可证管理办法》以及国家有关规定制定《承装（修、试）电力设施许可证监督管理实施办法》（电监资质〔2012〕24 号）。

（4）电力价格方面，2005 年国家发改委制定了《上网电价管理暂行办法》、《输配电价管理暂行办法》和《销售电价管理暂行办法》，《跨区域输电价格审核暂行规定》（2007 年）等。

（5）电力监管方面，2005 年 5 月 1 日，我国第一部电力监管行政法规《电力监管条例》生效，共 6 章，明确了电监会的定位和基本职责，赋予了监管机构必要的监管手段和监管措施，确定了监管机构及其工作人员的行为规范。该条例的颁布执行，标志着我国电力工业由以行政审批为主的行政管理向依法依规则管理的现代监管迈出了重要一步。此后，国家出台了系列监管法规和规章，包括《电力市场监管办法》（2005 年）、《电力监管信息公开办法》（2005 年）、《电力市场运营基本规则》（2005 年）、《电力监管机构行政处罚程序规定》（2006 年）、《电力监管执法证管理办法》（2006 年）、《电力可靠性监督管理办法》（2007 年）、《电力监管报告编制发布规定》（2007 年）、《跨省（区）电能交易监管办法（试行）》（电监市场〔2009〕51 号）等。

（6）电力争议解决方面，包括《电力监管机构投诉处理规定》（2006 年）、《电力争议调解暂行办法》（2005 年实施），电监会颁布的《电力争议纠纷调解规定》(该《规定》将自2012年1月1日起施行,2005年3月28日发布的《电力争议调解暂行办法》同时废止)、《电力并网互联争议处理规定》(2006年)、《电力监管机构举报处理规定》(2006年)、《电力监管机构投诉处理规定》(2006年)等。

(三)地方性法规和规章、自治区条例

该类包括电力建设、电力供应、电力设施保护以及跨区跨省电能交易等内容。例如,《青海省电力设施安全保护办法》(2005年)、湖南省《电力保护条例》(2006年)、江苏省《电力保护条例》(2007年)、《宁夏电网跨区跨省电能挂牌交易办法》(试行)(2008年)、《新疆维吾尔自治区电力设施保护办法》(2008年)、《福建省电力设施保护办法》(2009年),《重庆市供用电条例》(2009年)、《山东省电力设施和电能保护条例》(2010年)、《广西壮族自治区电力设施保护办法》(2011年)、《宁夏回族自治区供用电条例》(2011年),《湖北省电力设施建设和保护条例》已于2011年12月1日起施行。此外,各市还因地制宜出台了一些电力相关规范性文件,例如,《九江市电网建设与改造实施办法》(2007年)、《南充市电力设施安全保护办法(2008年)等。

(四)其他规范性文件

在《电力法》滞后的情况下,对于规范电力市场、调整电力法律关系和指引电力市场化改革发挥了积极作用。包括《国务院关于印发电力体制改革方案的通知》(2002年)、《关于区域电力市场建设的指导意见》(2002年)、《国务院办公厅关于印发电价改革方案的通知》(2003年)、《关于促进跨地区电能交易的指导意见》(2005年)、《关于明确发展改革委与电监会有关职责分工的通知》(2005年)、《关于印发电价改革实施办法的通知》(2005年)、《电力市场技术支持系统功能规范》(2007年)、《国务院办公厅转发电力体制改革工作小组关于"十一五"深化电力体制改革实施意见的通知》(2007年)、《关于进一步完善电煤价格临时干预措施的通知》(2008年)、《发电权交易监管暂行办法》(2008年)、《关于提高华北电网电价的通知》(2008年)、《关于提高东北电网电价的通知》(2008年)、《电力供需及电煤供应监测预警管理办法》(2008年)、《电力行业深入开展"安全生产年"活动保证电力安全生产持续稳定的意见》(2009年)等。

(五)司法解释

2000年11月《最高人民法院关于审理触电人身损害赔偿案件若干问题的解释》、《最高人民法院关于审理破坏电力设备刑事案件具体应用法律若干问题的解释》(法释[2007]15号)等。

（六）电力行业标准

电力工业的快速发展对在组织机构、管理制度、人才培养、标准制修订以及标准的国际化等方面加强电力标准化工作提出了迫切需求。为保证标准的质量和技术水平，有效地指导电力工业的生产建设，促进电力工业技术进步，中国电力企业联合会组织制定了《电力行业标准制定管理细则》（2007 年）和《电力行业标准复审管理办法》（2007 年）等规范。截至 2008 年年底，我国已发布的电力标准共 1489 项，其中电力国家标准 234 项，电力行业标准 1255 项。这些标准涵盖了电力行业各个专业，满足电力建设、生产、运行及管理的需要，并对促进电力工业技术进步，改进服务和产品质量，提高效益，确保电力系统安全运行发挥了重要作用。

（七）电力产业政策

作为重要的基础能源产业和关系国计民生的公用事业，电力产业迫切需要一部完善的产业政策。通过产业政策的发布，调整产业结构，指导行业稳定、健康发展，这也是电力产业政策制定的根本出发点，也是产业政策所具备的重要职能之一。但是，目前我国还没有发布全国性电力产业政策，部分省市已经开始根据地方经济发展规划发布地方性电力产业政策，例如：《上海市电力发展"十二五"规划》是上海市加强对电力建设、运行、管理、消费等的引导，进一步推动本市电力发展的规划。

四、电力法基本制度

电力法的基本制度（或主要制度）是指根据电力法的基本原则，由调整特定电力法律关系的一系列电力法律规范形成的相对完整的实施规则系统。其作为电力法律制度的基础和结构，是把握电力法及其制度本质属性，进行电力法制度选择和安排的前提。电力法的基本制度对具体电力法律规范具有指导、整合的功能与提纲挈领的作用。具体内容如下：[①]

（一）电力规划制度

电力规划制度是指国家对电网、一个地区或者全国的电力结构进行系统、统一规划，对于电力行业发展提供指导性依据，使全国电力协调、可持续性发展的一项制度。电力规划制度是能源规划在电力领域的体现，是电力法律首要基本制度。电力行业具有自然垄断性与竞争性相结合的特点，因此电力的

---

① 姜苗芬：《论我国电力法律基本制度——兼论我国电力法修改与完善》，载《2006年全国环境资源法学研讨会论文集》。

发展如果完全依靠市场调节,可能会造成巨大浪费。而且电力投资很大,建设周期长,如果企业预测不准,会带来巨大风险。因此电力规划工作在电力工业发展中具有举足轻重的作用,规划的质量和水平直接关系到电力工业发展的质量和水平。但并不是所有国家都建立电力规划制度,很多西方国家就采用仅仅依靠市场调节的手段。主要原因是西方发达国家电力基本进入"饱和期",经济发展比较缓慢,市场波动也不大;我国却相反,经济发展迅速,阶段性起伏大,因此电力规划在我国具有重要意义。我国非常重视电力规划,即有全国性规划,也有区域性规划和行业性规划。在《中华人民共和国国民经济和社会发展第十二个五年规划纲要》第十一章的能源规划中,就涉及电力的结构、指标等,还包括《"十二五"国家战略性新兴产业发展规划》(2012 年),国家能源局出台《国家能源科技十二五规划》(2011—2015 年),现在正在编制《电力十二五规划》;地方规划有《新疆维吾尔自治区能源发展"十二五"规划》(2012年)。

电力规划制度的主要内容应当包括如下几方面:

1.电力规划的目标。电力规划的目标是在更大范围内进行资源优化配置,从长期、全局和战略高度对市场需求、电源供应、电网结构、投资结构、环境保护等进行优化,为实现电力工业的可持续发展,实现电力工业发展的目标做好基础工作。

2.电力规划的范围。电力规划可以分为电网规划、电源规划,或者地区规划、国家规划等等。主要是对国家或地区的电源、电网建设和发展所进行的指导性安排。如我国 2006 年和 2007 年电站项目,要按照国家发展改革委明确的规划(备选方案)安排建设,各地发展改革部门要按照规划有序安排项目前期工作,并做好项目申报和项目管理等工作。2008 年及以后的电站项目建设,将根据规划以及市场发展实际情况进一步研究确定。

3.电力规划的内容。电力规划应该侧重指导性、趋势性的分析,要逐步成为电力产业发展导向的指导性文件。电力规划内容应该侧重于宏观层面的指导性与需求预测,微观层面的具体问题则交给市场调节。电力系统发、输、供、用是一个整体,体制上也应该有一个统一的机构,把各方面协调起来,然后站在国家的层面上进行资源配置和结构调整。电力行业的特点决定了它是整个社会发展大系统的一个子系统,其发展受到相关因子如经济、资源、环境等的影响和制约。电力规划除了考虑电源和电网发展,也要对经济、资源、环境等相关因子进行分析论证。因此,电力规划在形式上,应该更多的是发布信息、预测未来、提出目标、制定政策,使市场竞争的参与者能够把握整个行业的发展方向,从而对其经营行为起到指导性作用。

4.电力规划的管理与工作体制。电力规划的管理与工作体制需要结合市场经济发展的特点和电力工业发展现状来制定。首先,在国家层面上需要建立一个统一的规划领导机构,负责组织有关机构定期编制、颁布国家电力规划,在总体上把握电力工业走更大范围资源优化配置和可持续发展道路。其次,保证规划编制工作的规范化和制度化。需要建立合理的定期的规划修订计划和程序,这样才能保证为市场投资者提供公开、及时的指导。最后,保证国家层面的规划领导机构有适当的人力和足够的经费来组织有关机构开展规划的编制工作。

5.电力规划的实施。电力规划在实现手段上,应提出有效的经济政策,并主要运用法律、税收、财务等手段及时调整,以促进规划目标的实现。此时需要制定科学合理的政策,引导投资者按规划方案实施。即政府有关部门以科学合理的规划为基础,制定有利于规划实施的政策来推动规划的实施,从而使国家和企业实现双赢。电力规划制度作为电力法的一项重要基本制度,却并没有体现在现行《电力法》中。我们认为,《电力法》是确认电力基本法律制度的一部基本法,对其他电力法律规范具有指导作用,应该对每一项电力基本法律制度作出原则性的规定。

(二)电力监管制度

电力监管制度就是指导和约束和调节电力监管机构、电力企业、电力调度交易机构等组织及其工作人员以及电力用户的行为的规则,是实现市场资源优化配置的制度。电力监管制度的建立与完善,是电力市场化改革的重要内容,是随着改革的不断推进而逐步实现的。

早期,我国电力监管主要采用政监合一的模式,由政府电力主管部门实施监管职责。随着电力体制改革进一步深入,我国于2003年成立了独立的电力监管机构,即国家电力监管委员会,由其独立于政府部门,对我国电力市场运行与市场主体进行依法监管,并与随后颁布《电力监管条例》等一系列法律法规对其监管职权进行确认与制约,初步建立了适应我国目前电力产业发展需要的电力监管制度。

我国电力监管制度的主要内容应当包括如下几个方面:

1.电力监管的目标。电力监管的目标,是鼓励公平竞争,防止市场垄断,保证公平、合理、有效竞争的市场秩序。我国《电力监管条例》第2条就提出了电力监管的任务,实际上也就是我们所谓的"目标",即"维护电力市场制度,依法保护电力投资者、经营者、使用者的合法权益和社会公共利益,保证电力系统安全稳定运行,促进电力事业的健康发展"。

2.电力监管的范围。电力市场的竞争程度和市场结构决定着电力监管机构的职能。竞争程度越低,监管内容越多,越需要加强监管。电力监管一般包括对垄断性的输、配电环节的政府管制(非竞争性环节的监管)和对竞争性的发电市场和售电市场的监管。电力管制的内容包括电力市场准入管制、电价管制、电力商品或服务质量标准管制、电业工作场地安全管制、环境污染管制和电力合同条款管制等。电力监管的内容主要为对电力行业准入、股权结构、市场交易行为、竞争行为的监督与控制,对争议行为的调解和裁定,对违规行为的处罚等。其中,电价审批、市场准入、投融资管理、成本监控等监管内容环环相扣,必须密切协同,才能取得预期的监管效果。我国《电力监管条例》第12条至20条规定了我国电监会的监管职责,主要涉及了制定与颁布电力规章、对电力市场的监管、对电力行业的监管和对电力安全的监管四个方面。因此我国的电力监管制度的范围应当包括三个方面:电力市场监管、电力行业监管和电力安全监管。我国电监会先后制定了《电力市场监管办法》、《公用电监管办法》、《电力监管信息公开办法》等对电力监管制度进行完善。电力市场监管包括对电力市场主体和电力调度交易机构的监管和对电力市场运营的监管。对市场主体的监管如颁发和管理电力业务许可证;监管发电企业在各电力市场中所占份额的比例;监管输电企业公平开放电网的情况;监管供电企业向用户提供供电服务的情况。对市场运行的监管如监管电力市场向从事电力交易的主体公平、无歧视开放的情况;监管电力企业、电力调度交易机构执行电力市场运行规则的情况;监管电价。电力监管,就电力行业的监管而言,其范围适用于发电、输电、配电、并网和零售领域。具体来说,电力的经济性监管主要涉及电力行业中垄断领域的定价、电力企业中垄断业务部门的财务状况,他们的经营和投资决策及参与竞争的必要条件;电力技术监管集中在企业或电网运行的操作和工程事务,涉及电力可靠性和质量,以及消费者获得的服务质量;电力环境监管则指对电力生产安全和环保标准的制定,监督和监控,使电力建设和运行对环境的影响降到最低。电力安全监管包括负责具体的电力安全监管工作;经商有关部门后可制订重大电力生产安全事故处置预案和建立重大电力生产安全事故应急处置制度等。

3.电力监管的措施。从监管措施上看,《电力监管条例》规定了电力监管机构必备的五项监管措施:一是进行非现场检查,如要求电力企业、电力调度交易机构报送有关的文件、资料,要求电力企业、电力调度交易机构将相关信息系统接入电力监管信息系统,责令电力企业、电力调度交易机构如实披露信息;二是进行现场检查,如进入电力企业、电力调度交易机构进行检查,询问电力企业、电力调度交易机构有关人员,查阅、复制有关文件、资料,对违法行为予以纠正或者要求限期改正;三是协调和裁决,如对发电厂与电网并网、电网与电网互联达不成协议的,进行协调,经协调仍不能达成协议的,作出裁决;四是处理事故,如对重大电力生产安全事故采取处置措施,并按照国家有关规定组织或者参加事故调查处理;五是公开信息,如向社会公布电力企业、电力调度交易机构违法违规,损害社会公共利益的行为及其处理情况。

4.违反电力监管制度的法律责任。违反电力监管制度的法律责任包括监管机构及其工作人员的责任和电力企业、电力调度交易机构等被监管对象实施违法行为的法律责任。《电力监管条例》第五章专门对其进行了规定:有关电力监管机构工作人员违法监管或者违法兼任被监管对象职务的行为应受到行政处分或处罚,严重的还应追究其刑事责任。电力市场主体和或者刑事的处罚。综上,现代电力监管体制的基本特征是独立性、政监分离、依法监管、社会监管、监管制衡。

（三）电价制度

电能是一种很难用其他商品替代的重要生产资料,它的价格对电力生产的资源优化配置起着重要的杠杆作用;作为重要的生活资料,电价对人民物质生活水平有着明显的影响,起着一定的促进或抑制作用。电价改革是电力体制改革的核心内容,厂网分开、竞价上网、政府监管等各项改革措施都与电价改革密切相关,它是建立公平、公正、公开的电力市场的关键因素,对建立和培育电力市场、优化电力资源配置、调整各种利益关系具有十分重要的意义。

我国电价改革之前,没有形成良好的电价制度,电价反应不能有效调节供求。而与电力密切相关的煤、石油等行业还没有彻底市场化改革,尤其是煤炭资源的市场化配置程度很不高,煤电价格之争日趋严重。一方面是两者价格机制不同,另一方面也存在立法缺失原因。而电价改革的进行以及新型电价制度的形成,将有助于这些问题的解决。2005年国家发改委制定了《上网电价管理暂行办法》、《输配电价管理暂行办法》和《销售电价管理暂行办法》,标志着我国开始实行新的电价制度。2009年11月国家电力监管委员会颁布《电力用户与发电企业直接交易试点基本规则（试行）》（电监市场〔2009〕50号）,其中第四章"交易价格"的第10条规定:直接交易价格由电力用户与发电企业通过协商自主确定,非因法定事由,不受第三方干预。鼓励电力用户与发电企业之间采用上下游产品价格联动定价形成机制。

电价改革后我国电价制度的主要内容：

1. 电价制度的范围。目前，我国将电价分为上网电价、输配电价、销售电价，因此电价制度也可分为相应的三个制度。上网电价是指发电企业与购电方进行上网电能结算的价格。输配电价是指电网经营企业提供接入系统、联网、电能输送和销售服务的价格总称。销售电价是指电网经营企业对终端用户销售电能的价格。随着电力体制改革的不断深入，输电与配电也将分离成两个环节，两者的电价也将适用不同的机制。

2. 电价制度的价格确定。新的电价制度的核心为发电企业竞价上网。有些国家称上网电价为发电厂售电价格。上网电价是电价的源头，在电价中的地位非常重要。此前，发电企业的上网价格存在多种标准。如原国家电力公司系统直属并已从电网分离的发电企业，暂执行政府价格主管部门按补偿成本原则核定的上网电价；电网公司保留的电厂，执行上网电价或按补偿成本原则核定上网电价；独立发电企业，通过政府招标确定上网电价等等。实行竞价上网后，发电企业的上网电价将实行两部制电价，其中容量电价由政府制定，电量电价由市场竞争形成。具有自然垄断特性的输配电价格由政府按照"成本加收益"的原则制定。销售电价在竞价初期由政府管理，配电与售电分开后将由市场竞争形成。即将电价划分为上网电价，输电价格、配电价格和终端销售电价，实现销售电价与上网电价联动，使电价改革与整个电力体制改革协调发展，与电力市场模式和企业重组等改革更好的互相衔接。

3. 电价制度中的电价管理。首先，有关电价的制定与公布。区域电力市场及所设电力调度交易中心的容量电价，共用网络输配电价、联网价和专项输电工程输电价，接入跨省电网的接入价，以及输、配分开前的销售电价均由国务院价格主管部门制定。区域电力市场及所设不参与电力市场竞争的发电企业上网电价，独立配电企业的配电价格，以及输、配分开后的销售电价均由省级政府价格主管部门制定并公布。接入省内电网的接入价和输、配分开后跨省的销售电价由省级价格主管部门提出方案报国务院价格主管部门审批。其次，政府价格主管部门与电力监管委员会的互相协调。政府价格主管部门和电力监管部门按照各自职责对电力市场价格执行情况进行监督、检查和管理。各级政府价格主管部门负责对销售电价的管理、监督。政府价格主管部门对输配电价的作出重大决策或在制定和调整销售电价时，应充分听取电力监管部门、电力行业协会及有关市场主体的意见。电力监管部门按照法律、行政法规和国务院有关规定向政府价格主管部门提出调整电价的建议。居民生活用电销售电价的制定和调整，政府价格主管部门应进行听证。最后，电价制度的法律责任问题。对市场交易主体的价格违法行为,电力监管部门有权予以制止;政府价格主管部门按国家有关规定进行行政处罚。当事人不服的,可依法向有关部门提请行政复议或向人民法院提起诉讼。

(四)电力许可证制度

我国电力市场化过程中逐渐建立更加完善的电力许可证制度,在 2004 年的《承装(修、试)电力设施许可证管理办法》、2005 年的《电力监管条例》、2005 年的《电力许可证管理规定》中做了明确规定。我国电力法中规定的电力许可证制度大致可以分为三大类,一类是电力业务许可证,包括发电类电力业务许可证、输电类电力业务许可证、供电类电力业务许可证。我国电力法规定从事两类以上电力业务的,应当分别取得两类以上电力业务许可证。第二类是承装(修、试)电力设施许可证,包括承装类承装(修、试)电力设施许可证、承修类承装(修、试)电力设施许可证、承试类承装(修、试)电力设施许可证。第三类是电力建设许可证。颁发许可证是一项政府行政管理行为,是电力行政监督管理的重要手段。在发放许可证时,要审查申请人经济状况、企业运作是否具备规范的条件,因此对维护电力市场秩序和承装、承修、承试电力设施的市场秩序,规范电力建设行为,保障电力系统安全、优质、经济运行具有重要作用。

我国电力许可证制度的主要内容包括以下几个方面:

1.电力许可证制度规制的范围。我国电力许可证适用于在我国境内从事电力建设、发电、输电、供电业务和承装、承修、承试电力设施业务的一切主体。《电力业务许可证管理规定》第 4 条规定:"在中华人民共和国境内从事电力业务,应当按照本规定取得电力业务许可证。除电监会规定的特殊情况外,任何单位或者个人未取得电力业务许可证,不得从事电力业务。本规定所称电力业务,是指发电、输电、供电业务。其中,供电业务包括配电业务和售电业务。"修订后的《承装(修、试)电力设施许可证管理办法》第 4 条规定:"在中华人民共和国境内从事承装、承修、承试电力设施活动的,应当按照本办法的规定取得许可证。除电监会另有规定外,任何单位或者个人未取得许可证,不得从事承装、承修、承试电力设施活动。本办法所称承装、承修、承试电力设施,是指对输电、供电、受电电力设施的安装、维修和试验。"

2.电力许可证的程序。电力业务许可证的程序具有一般许可证的共性,也具有其自身的特点,具体而言可以分为申请、受理、审查、决定四个方面,其中还涉及电力许可证的变更与延续程序。电力许可证的申请是启动电力许可证程序的唯一方式,可以由企业本身申请,也可以由具有相关隶属关系的企业申请。法律一般对申请电力许可证的企业的一般条件,和不同许可证申请的特殊外加条件作出了列举性和归纳性的规定,只有具备法定的条件的企业才可以申请电力许可证。如《电力业务许可证管理规定》第 11 条规定:"申请电力业务许可证的,应当具备下列基本条件:(一)具有法人资格;(二)具有与申请从事的电力业务相适应的财务能力;(三)生产运行负责人、技术负责人、安全负责人和财务负责人具有 3 年以上与申请从事的电力业务相适应的工作经历,具有中级以上专业技术任职资格或者岗位培训合格证书;(四)法律、法规规定的其他条件。"具备法定条件的企业,可以向电监会申请电力业务许可证,并按照规定的要求提交申请材料;向申请人所在地的许可机关提出其他相关电力辅助业务许可证。电力许可证的申请由前述许可机关进行形式审查,依法在法定时期内作出受理或者不受理的决定。许可机关受理电力许可证的,应当对申请人提交的材料进行实质审查核实,在法定时期内作出决定。如果认为申请人具备电力许可证所要求的条件,应当向其颁发许可证;否则应及时书面通知申请人并告知理由。申请人对主管机关作出的决定可以提起行政复议或者行政诉讼。当被许可人的自身情况发生法定变更时,应当向许可机关申请变更;若符合法定条件,许可机关应当予以变更。若电力许可证有效期限届满需要延续的,被许可人应当在法定期日前提出申请,由许可机关依法作出延续或者不延续的决定。

3.违反电力许可证制度的法律责任。按照电力法律规定应当取得电力许可证的电力建设项目和电力业务、电力设施业务,都必须取得电力许可证才可以进行。如果未依法取得电力业务许可证非法进行的,或者非法转让电力业务许可证的,都要承担一定的法律责任,主要是警告、责令改正、罚款、没收违法所得、责令停产停业等行政责任,情节严重的还应当承担相应的刑事责任。目前《电力法》中只对"供电营业许可证"作出了规定,并没有涉及其他许可证问题,这与现行的电力许可证制度是不相符合的,因此新《电力法》应该于电力监管一章中涉及许可证问题时,对其作适当规定。

五、问题与展望

一国制定修改能源法包括电力法应该根据该国的能源状况和行业发展状况。自 1995 年颁布以来,电力行业不仅装机容量和电量也在大幅增长,电源结构也发生了变化,从比较单一的电源结构向水电、核电、风电等多元结构发展。2011 年我国在电源结构上,水电、核电、风电、太阳能等清洁能源比重达到 27.5%,风电、太阳能发电的并网容量增长极其迅猛,去年风电并网容量 4505 万千瓦,太阳能发电并网容量达 214 万千瓦,分别比上年增长 52% 和

723％。在电网方面,消纳风电、太阳能发电的能力和安全调度的能力却没有得到相应提升,从而造成了许多新能源发出的电"无法被消纳"的矛盾。[①]《电力法》已经不能适应现在电力行业的发展需求,比如对新能源基本没有涉及等。2002年国务院以国发[2002]5号文件印发的《电力体制改革方案》,在配套措施中,首先提出了"要适时制定和修改有关电力和电价方面的法律、法规和其他相关的行政法规"。但是,十年电改过去了,《电力法》及其配套的电力行政法规既未得到修订,也未予以废止,至今还在继续维系着原有格局不变。《电力法》除了在电力建设、电力设施保护、电力供应和使用等章节及其局部内容可为地方电力立法发挥"余热"作用外,其他大部分规定已逐步被有关新的政策和法律规范所调整、所替代。

2005年,我国出台了《电力监管条例》。以《条例》作依据,《供电监管办法》、《输配电成本监管暂行办法》等行政规章和规范性文件应运而生,电力监管制度得以依法建立和逐步完善。但是《电力监管条例》法律效力远远不及《电力法》,用新的下位法替代旧的上位法,改变了电力监管和电力应急处置无法可依的局面,是电力法制建设的遗憾。用新的下位法替代旧的上位法,要注意下位法与上位法在适用效力上的从属关系,明确该条例未作特别规定的其他规定。地方电力立法的推进在一定程度上弥补了电力法制建设滞后的被动局面不过,地方电力行政法规设定的电力行政执法主体与电力监管行政法规创设的电力监管主体,无形中形成了纵横"两张皮"式的电力监督管理和电力监管格局,这给今后深化电力体制改革又增加了新的课题。

(一)修订《电力法》

《电力法》是部门法,其修订需要符合能源基本法——《能源法》的大框架下,不能与之相背。虽然2012年《电力法》修订没有列入国家立法计划,但是,电力法小范围修正是可行的。从长远来看,电力法应当及早修订,希望未来的电力法能够在以下几方面得到完善:

1.电力法的立法目的和价值取向

1995年指定的电力法,基于当时电力严重短缺的国情。"……进入70年代,电力与国民经济发展的比例失调越来越明显,因缺电造成的拉闸限电日益频繁……"[②]在此条件下,立法的首要目的是解决缺电问题。而现在电力行业

---

① 龙智慧:《电网适应新能源发展需要,新能源并网等将修入电力法》,载《中国能源报》2012年4月9日18版。

② 参见黎鹰:《电力法出台始末》,载《中国电力报》1996年3月10日第2版。

不仅装机容量和电量也在大幅增长,电源结构也发生了变化,从比较单一的电源结构向水电、核电、风电等多元结构发展。在立法目的中增加"保障电力事业的环保和可持续发展的规定",体现节约、清洁、安全的价值取向。这样可以为气候的章节细化有关内容提供依据。

2.与相关法律衔接,为新能源并网发电提供法律环境

电力法颁布后,我国出台了较多的基本法律,既有象《可再生能源法》、《节约能源法》、《清洁生产促进法》、《环境法》等很密切的法律,也有《税法》、《物权法》、《侵权责任法》等相关的法律。电力法修改应当与这些法律相吻合。《侵权责任法》高度危险责任的规定与现行《电力法》的有关规定作对比,无论从责任主体到归责原则,还是从免责事由到赔偿范围,都有重大差异,使现行《电力法》关于电力侵权责任的法律规定又一次受到新的民事基本法律的冲击和挑战。在高压电致害责任上,《电力法》第60条与《侵权责任法》相关规定存在冲突。根据民法理论,应在侵权责任法体系下修正《电力法》第60条,适当提高高压电的电压等级,并规定相应要素作为认定高压电致害的基本依据;高压电致害的责任主体应作扩张解释;精神损害抚慰金及间接财产损害应规定赔偿限额;界定第三人过错造成高压电致害的责任;规定第三人的原因作为高压电作业人的免责事由。[①]

2008年4月1日起,新的《节约能源法》开始施行。该法各篇章节均涉及电力行业,电力节能在国家节约能源大格局中占据十分重要的位置。2010年4月1日,我国新修订的《可再生能源法》正式施行。该法共计32条规定,近半数条文专对电力而言,特别是电网企业的调度及运营管理活动规定得格外具体。

《电力法》规定,电网运行实行统一调度、分级管理。任何单位和个人不得非法干预电网调度。如果按照现有电力法规定,分布广、规模小的可再生能源,如城市屋顶太阳能发电无法就地利用,这种状况必须借助法律的力量加以改变。此外,《可再生能源法》规定了"上网电价"和"全网平摊"条款,但至今没有把太阳能光伏发电纳入"上网电价",而采取"一事一议"的招标方式。

目前新能源发电遇到的瓶颈问题就是并网,我国电网建设偏重于高压输电网,中低压电网投资建设规模相对偏低。尤其是许多农村供电设施出现满载、超载现象。电网结构、电源布局和负荷分布不够匹配是造成窝电、缺电并

---

① 鲍家志:《关于〈电力法〉第60条修正的探讨——兼论〈侵权责任法〉与高压电致害责任的关系》,载《社会科学家》2011年第8期。

存的重要原因。

"智能电网建设"已经纳入《国民经济和社会发展"十二五"规划纲要》并且已列入我国战略性新兴产业,直接影响我国新能源与可再生能源产业的发展规模、速度与效益,关系到我国中长期能源结构调整及国家能源安全,有必要为智能电网立法,提高能源效率。

促进智能电网发展方面的立法,我国《电力法》及《电力供应与使用条例》、《电网调度管理条例》、《电力设施保护条例》、《电力监管条例》等配套行政法规,在智能电网的系统规划、国家标准制定、具体的实施计划、政府的财政补贴与经济激励措施、消费者权益保障等方面的规定还存在空白。

笔者认为应在以下六方面完善:第一,《电力法》总则中明确规定智能电网的发展目标,即智能电网是以特高压电网为骨干网架,各级电网协调发展的坚强电网为基础,以信息化、自动化、互动化为特征的自主创新、国际领先的现代电网;同时明确规定发展智能电网应遵循的基本原则,如"坚强可靠、经济高效、清洁环保、透明开放、友好互动"等。第二,合理构建我国智能电网发展的管理体制和运行机制。第三,构建智能电网发展规划和智能电网体系标准的法律制度。第四,增加智能电网技术研发、示范、推广与应用资金保障的法律条款。第五,增加智能电网产业发展政策与财税扶持政策的法律条款。在修订《电力法》时应补充规定国家在项目核准、财税、资金和电价政策等方面给予支持;在科技项目研发、试验示范工程及推广应用等方面给予政策激励;在清洁能源消纳和经济补偿等方面制定相关的配套政策。第六,构建电网企业智能电网信息披露与定期报告的法律制度。[①]

重新修订的电力法涉及新能源并网发电的问题,这将从法律层面上规范和协调新能源并网发电与电网之间的关系,很有可能对电网企业形成约束,但新能源发电的大规模发展,需要在发电、电网和用户之间找到一个较好的平衡,这样的发展才可持续。

全国人大代表、中科院院士褚君浩建议,基于可再生能源发电分布广、发电量小、适合就地利用的特点,此类项目组成的电网中的项目发电量可以不再由电网统一调度,但须统一监测。

同时,国家应鼓励具有合法资格的投资者投资分布式发电,提供发电、供电、用电一体化服务。他建议增加相关条款,如对居民所用的功率低于 50 千

---

① 周凤翔、陈子楠:《国外智能电网立法与我国〈电力法〉修订》,载《华北电力大学学报(社会科学版)》2012 年第 2 期。

瓦的光伏系统,采用合格产品可不经过审批,直接安装并网。

褚君浩还建议,应检查可再生能源并网发电的现状。电网企业未按照规定完成收购可再生能源电量,造成可再生能源发电企业经济损失的,应当承担赔偿责任,并由国家电力监管机构责令限期改正。拒不改正的,处以可再生能源发电企业经济损失额一倍以下的罚款。[1]

(二)制定《电力监管法》

电力行业是自然垄断性行业,因而更应该由政府和公众加强监控。2005年《电力监管条例》弥补了电力法的很多不足,在我国电力法律体系中发挥着重要作用。然而电监会2003年成立,而1996年施行的《电力法》,对于电力行业监管的,明确由国务院电力管理部门负责,也就是说,在电力法至今未见修改的今天,电监会成立10年来都处于非"法"状态。电监会成立9年多,更多的时间是处于大权旁落的有名无实状态。虽然2002年国务院《关于印发〈电力体制改革方案〉的通知》赋予了电监会电力体制改革的主导权,但是"价格监管"和"市场准入监管"两大主要市场监管权力仍归控国家发改委。

建议在《电力法》总则中增加一条内容,以确定政府、电力监管委员会、行业协会、电力企业等各类主体的法律地位。此外,应加强对监管机构的监管,建立监管的监督制衡机制,建立和强化监管机构内部的激励机制和约束机制,培养和提高专职监管队伍人员的素质,使我国的监管制度和方法更加法制化、科学化、公开和透明。[2]

在总结《电力监管条例》经验基础上,巩固改革成果,将已实现的改革成果和监管的成功经验通过立法予以规范。适时制定《电力监管法》,进一步明确电力监管机构的法律地位,完善电力监管制度,强化监管手段,加大监管力度,提高监管水平。由竞争性电力市场替代垂直一体化的电力行业模式是我国电力体制改革的目标,决定在监管制度的设计中,要围绕开放的竞争性电力市场化为目标,以"价格监管"和"市场准入监管"为核心监管内容,理顺与发改委、能源局、电监会、国资委、财政部的监管关系,改革相关管理手段。完善的《电力监管法》将使电力监管科学化。

---

① 褚君浩:《建议修改〈电力法〉为可再生能源发展扫清障碍》,http://news.xinhua-net.com/politics/2012-03/04/c_111601340.htm,下载日期:2012年6月18日。

② 姜苗芬:《论我国电力法律基本制度——兼论我国电力法修改与完善》,载《2006年全国环境资源法学研讨会论文集》。

（三）完善相关制度

1.建立良好的电价形成机制和电价管理体制

"煤电顶牛"，反映出我国电价改革滞后，使发电企业的竞争价格不能直接传导到用户端，即用户没有受益；另外企业上下游的关系也受到政策制约等。原因是我国现有电价形成机制和电价管理体制的规定产生得晚、立法层次低。煤电顶牛是"市场和计划的矛盾"。应当提高电价形成机制和电价管理体制在我国电力法律体系中的地位，以巩固电价改革成果，促进电力市场的完善。因此，需要在新的《电力法》中予以系统性规定。首先，现行的《电力法》只规定了发电环节电价和销售环节电价，而缺乏输配环节电价，电网经营价格在电价中也没有合理的价值体现。所以，通过《电力法》确立上网电价、输配电价和销售电价，奠定不同类型电力企业的基本利益格局，非常必要。其次，对于在以往实践中出现的分时电价、峰谷电价、丰枯电价，也需要《电力法》上升为法律层次加以规范与引导。再次，现行《电力法》规定的电价管理模式，无论是上网电价，还是销售电价，均由政府审批核准，电力企业没有根据市场定价的自主权，不符合竞价上网的电力市场改革需要。应将《上网电价管理暂行办法》、《输配电价管理暂行办法》和《销售电价管理暂行办法》三法规定的电力价格确定内容在新《电力法》中做出规定，对于上网电价、输配电价、销售电价等按其各自的特征作出不同的电价形成机制规定；有关大用户的电力直购法律问题也应给予充分法律预期。最后，在新《电力法》中规定的电价制度应充分考虑环境因素，可建立有利于二氧化硫减排的价格政策，并且制定一系列绿色电价政策，形成发电、输电、配电和售电的绿色价格政策体系，将绿色电价政策渗透到电力生产和供应的各个环节。电价应保证回收供电的所有经济成本，包括环境成本，也就是要求在电价中包括发电厂的污染治理成本。充分利用目前电力改革和重组，竞价上网的有利时机，制定有利于环境的价格政策和相关政策，尽力实现电力排放折价标准。[①]

2.落实电力需求侧管理

电力需求侧管理是指为提高电力资源利用效率，改进用电方式，实现科学用电、节约用电、有序用电所开展的相关活动。发改委、电监会等六部委2010年联合印发《电力需求侧管理办法》，从2011年1月1日实施。《电力需求侧管理办法》明确了电力电力需求侧管理工作的责任主体和实施主体，即发改委

---

① 姜苗芬：《论我国电力法律基本制度——兼论我国电力法修改与完善》，载《2006年全国环境资源法学研讨会论文集》。

负责全国电力需求侧管理工作,电网企业是电力需求侧管理工作重要的实施主体,自行开展工作并为其他各方提供便利条件。提出了电力需求侧管理工作的十六项管理措施和激励措施。《电力需求侧管理办法》对节能减排、新能源产业发展有重要意义。2011 年 5 月工信部部署工业领域电力需求侧管理,两部委 2012 年 7 月印发《电力需求侧管理城市综合试点中央财政奖励资金管理暂行办法》并开展电力需求侧管理城市综合试点工作。

在中国,电力需求侧响应目前还没有一套成熟的运营系统,也没有成熟的商业运行模式。除建立需方响应模式、合同能源管理模式和清洁能源发展机制外,还需要电网企业引导、发电资源合理布局以及终端能效合理提高。

电力需求侧管理工作的最终目的是提高客户用电终端的用电效率,在需求侧管理模式的设计过程中必须由用户积极参与对需求侧供电方式和结构进行探讨。主要路径有:其一,用户通过自身能效管理将降低的电量负荷纳入电力的总体供应中;其二,随着分布式新能源越来越多的被接入系统,电价政策及激励政策需要更加完善。

(四)鼓励和引导民间资本进入电力行业

电力领域中,五家电力央企占到我国电力市场份额的 66%。央企垄断程度较高,长期都是民间资本难以迈进的一道门。2005 年,《国务院关于鼓励支持和引导个体私营等非公有制经济发展的若干意见》中就曾表示"鼓励和引导民间资本进入法律法规未明确禁止准入的行业和领域"。2010 年,国务院再次发布《关于鼓励和引导民间投资健康发展的若干意见》,进一步明确了民间投资的领域和范围,被称为"新 36 条",其中指出:"鼓励民间资本参与电力建设。支持民间资本以独资、控股或参股形式参与水电站、火电站建设,参股建设核电站。进一步放开电力市场,积极推进电价改革,加快推行竞价上网。"

实施细则,虽可以改变现状,但打破垄断仍存在较大难度。这主要取决于两方面因素。首先,是中国政府改革力度及地方政府配合程度。具体表现在用电缺口激增、用电难等问题能否得到妥善解决、地方政府开展节能降耗政策的落实程度。其次,来自于民营资本市场进入电力行业准入门槛及可行性分析。民营资本进入方式、进入门槛高低、收益情况等均制约其收效。

从电力行业各领域来看,发电领域早就向民资开放,可民资比例仍然偏低,主要是收益过低造成。民资引入电网领域分为输电和配电两个方面,此前业内普遍认为,由于输电方面涉及国家安全可以由国家掌控,但是配电方面可以引进民资。然而,国家电网输电收益为 4%,这个水平的收益对于民资来讲过低,民资不愿意进入。

2012 年 6 月 14 日，为落实"新 36 条细则"，电监会颁布《加强电力监管支持民间资本投资电力的实施意见》（以下简称《意见》），《意见》称，今后将加强市场准入监管，支持和引导符合资质条件的不同所有制企业进入电力市场。不断完善风能、太阳能、地热能、生物质能及小水电等可再生能源的许可准入条件，平等对待各类投资主体，对民间资本投资的电力企业及承装（修、试）电力设施企业依法颁发许可证。《意见》除了"重复"目前已经执行的鼓励民间资本进入风能、太阳能、地热能等可再生能源发电领域外，对于此前业内呼吁甚至传言许久的开放电网领域却只字未提。

《意见》最大的困难还是执行，与银监会、证监会不同，由于电力监管涉及能源局、发改委，电监会的权利十分有限。《意见》虽然是落实国务院发布的引导民资进入相关领域的"新 36 条"文件，但要想落实到各个项目的批复，还要国家和各地方发改委同意。[①]

我国目前计划实行的分布式发电，在并网过程中，国家电网设置障碍阻碍民资发电并网，这个问题不解决，民资永远不能得到公平待遇。将民资真正引入电力，需要多方面改革配合，如输配电一体化的改革、国资委对国企收益考核方式的改革等。

第八节　新能源法

一、新能源的定义及范围

长期以来，在中国乃至世界对于"新能源"的定义比较含混，范围不够清晰。以至于各主体在公约、法律、能源报告、教材、著作中表述不同，范围不一致。新能源和可再生能源关系如何需要界定清楚。

（一）国际组织对新能源的界定

1978 年 12 月 20 日，联合国第三十三届大会第 148 号决议将新能源与可再生能源作为一个专业化名称使用，并且规定："新能源与可再生能源是指常规能源以外的所有能源。"在此决议中新能源和可再生能源共包括 14 种能源：太阳能、风能、地热能、水能、潮汐能、波浪能、海水温差能、木柴、木炭、泥炭、生

---

① 王晓朦：《电监会"新 36 条细则"发布 民资进入电网再落空》，载《北京商报》2012年 6 月 20 日。

物质转化、畜力、油页岩以及焦砂岩。

1981 年 8 月 10 日至 21 日,联合国于肯尼亚首都内罗毕召开的新能源和可再生能源会议上正式界定了新能源和可再生能源的基本含义,即以新技术和新材料为基础,使传统的可再生能源得到现代化的开发利用,并用取之不尽,用之不竭的可再生能源来替代资源有限而又对环境有污染的化石能源。

90 年代,联合国开发计划署(UNDP)把新能源和可再生能源分为 3 大类:大中型水电、传统生物质能和新可再生能源。新可再生能源包括小水电、太阳能、风能、现代生物质能(指沼气、气化、乙醇、生物质能发电等)、地热能和海洋能。

国际组织或会议一直将新能源和可再生能源作为一个整体分类,基本上将二者视为等同。但是由于制定时间的不同,对于新能源所包括的种类界定不同,其差别主要集中在大中型水电和核电上。按目前国际惯例,新能源和可再生能源一般不包括已经广泛利用的大中型水电和核能(已经属于常规能源),只包括小水电、太阳能、风能、现代生物质能、地热能和海洋能等一次能源以及氢能、燃料电池等二次能源。

(二)我国政府对新能源的相关规定

我国的法律法规和政策未曾就新能源的概念有过明确而系统的定论。

2000 年 8 月,我国颁布实施《2000—2015 年新能源和可再生能源产业发展规划要点》。

2001 年 10 月,我国公布《新能源和可再生能源产业发展“十五”规划》。

2005 年通过了《可再生能源法》。该法规定:“在我国,可再生能源是指风能、太阳能、水能、生物质能、地热能、海洋能等非化石能源。水力发电是否为可再生能源,由国务院能源主管部门规定,报国务院批准。”

《可再生能源法》颁布后,2008 年和 2012 年出台的《规划》名称就成为《可再生能源发展“十一五”规划》和《可再生能源发展“十二五”规划》。

从我国相关法律法规可以看出,我国能源相关政策或法规一直未对新能源作具体界定,而且在对新能源的认识上,我国政府层面一直将新能源与可再生能源视为同一概念或作为一个整体来进行看待。而在对新能源所包括种类的界定上,我国政府与国际上的界定存在着一些差别,我国常把核能和水能这些可再生能源与新能源放在一起,纳入到新能源与可再生能源的范围,这点可以从《可再生能源法》中的概念界定可以看出。[①]

[①] 张伟涛、冯蛟杰:《关于新能源概念界定的探讨》,载《商品与质量》2012 年第 5 期。

（三）关于新能源其他主要观点

新能源最狭义的理解就是可再生能源。狭义的理解是在新技术基础上开发利用的非常规能源。《能源法》（征求意见稿）139 条对新能源和可再生能源定义和范围做了规定。"新能源是指在新技术基础上开发利用的非常规能源，包括风能、太阳能、海洋能、地热能、生物质能、氢能、核聚变能、天然气水合物等。""可再生能源，是指风能、太阳能、水能、生物质能、地热能、海洋能等连续、可再生的非化石能源。"可见二者在范围上是不同的。

广义的理解，"能够实现温室气体减排的技术都可以列入新能源，但又不仅仅局限于此。由此分析，广义新能源将主要包涵了以下几个方面：高效利用能源、资源综合利用、可再生能源、替代能源、核能、节能"。[1]

从总体上来讲，新能源可以分为新能源的开发和传统能源的技术创新，前者是指太阳能、风能、生物质能、地热能和海洋能等新型能源，后者是指对传统能源进行技术变革所形成的新的能源，如车用新型燃料、智能电网等。[2] 限于篇幅以及本书的前后衔接，在本文不再介绍大型水电、核能等能源。

二、中国新能源资源及行业发展状况

可再生能源是能源体系的重要组成部分，具有资源分布广、开发潜力大、环境影响小、可永续利用的特点，是有利于人与自然和谐发展的能源资源。我国可再生能源资源丰富。太阳能资源居世界第二位。太阳能较丰富的区域占国土面积的三分之二以上，年辐射量超过 60 万焦耳/平方厘米，每年地表吸收的太阳能大约相当于 1.7 万亿吨标准煤的能量；我国风能资源总量约为 7 亿～12 亿千瓦，陆地技术可开发风能资源储量大于海上，年发电量可达 1.4 万亿～2.4 万亿千瓦时，2010 年底，中国投入运营的风电发电装机容量达到 41800 兆瓦，成为全球风电装机最大的国家；当前可利用生物质资源约 2.9 亿吨，主要是农业有机废弃物；可开发的水能资源总量非常丰富，约为 6 亿千瓦左右，全国水能技术可开发量，至少也在 5 亿千瓦以上，年可提供电量 2.5 万亿千瓦时。[3]

---

[1] 韩晓平：《关于"新能源"的定义》，载《节能与环保》2007 年第 7 期。

[2] 魏永升，苏晓犀：《世界新能源开发利用现状及发展趋势》，载《调查研究》2009 年 11 期。

[3] 李胜茂、萧函等主编：《2012—2016 年中国可再生能源行业发展分析》，51 行业报告网，www.51baogao.cn，下载日期：2012 年 6 月 11 日。

自上世纪 80 年代,风电、太阳能、现代生物质能等技术应用和产业在政府的支持下稳步发展,小水电、太阳能热水器、小风电等一些可再生能源技术和产业已经走在世界的前列。

自 2006 年《可再生能源法》正式生效后,政府陆续出台了一系列与之配套的行政法规和规章来推动新能源的发展,新能源得到专项资金鼓励,从此进入发展的快车道。

新能源作为国家加快培育和发展的战略性新兴产业之一,将为新能源大规模开发利用提供坚实的技术支撑和产业基础。国家已经出台和即将出台的一系列政策措施,将为新能源发展注入动力。随着投资新能源产业的资金、企业不断增多,市场机制的不断完善,"十二五"期间新能源企业将加速整合,我国新能源产业发展前景乐观。

中国在新能源和可再生能源的开发利用方面已经取得显著进展,技术水平有了很大提高,产业化已初具规模。虽然新能源总量上已经超过了很多大牌的发达国家,但是核心技术的缺乏是制约新能源发展的最大瓶颈。

三、新能源在我国未来能源结构中的作用和地位

可再生能源是我国重要的能源资源,在满足能源需求、改善能源结构、减少环境污染、促进经济发展等方面已发挥了重要作用。但可再生能源消费占我国能源消费总量的比重还很低,技术进步缓慢,产业基础薄弱,不能适应可持续发展的需要。2011 年,我国含水电、核电、可再生能源占能源消费总量 7.4%。[①]随着我国能源需求日益增加,环境污染压力越来越大,新能源替代性强,发展清洁的、可再生的新能源成了中国的必然选择。

2007 年 12 月中国政府对外发布了《中国的能源状况与政策》白皮书,其中要求中国能源发展坚持节约发展、清洁发展和安全发展的思路;把可再生能源作为中国能源优先发展的领域。

在 2009 年"两会"上,温家宝总理在政府工作报告中提出,要大力发展循环经济和清洁能源,积极发展核电、风电、太阳能发电等清洁能源。

2011 年 3 月,在《国家"十二五"规划纲要》中提出,坚持节约优先、立足国内、多元发展、保护环境,加强国际互利合作,调整优化能源结构,构建安全、稳定、经济、清洁的现代能源产业体系。重点任务涉及:因地制宜开发中小河流

---

① 英国石油公司:《世界能源统计报告 2012》,英国石油公司网,www.bp.com/statisticalreview,下载日期:2012 年 6 月 26 日。

水能资源,科学规划建设抽水蓄能电站。在确保安全的基础上高效发展核电。加强并网配套工程建设,有效发展风电。积极发展太阳能、生物质能、地热能等其他新能源。促进分布式能源系统的推广应用。

2012 年 3 月,温家宝在十一届全国人大五次会议上作的政府工作报告中提出:优化能源结构,推动传统能源清洁高效利用,安全高效发展核电,积极发展水电,加快页岩气勘查、开发攻关,提高新能源和可再生能源比重。

2012 年 8 月,国家能源局发布《可再生能源"十二五"发展规划》。该规划明确指出,"十二五"时期,可再生能源将新增发电装机 1.6 亿千瓦,其中常规水电 6100 万千瓦,风电 7000 万千瓦,太阳能发电 2000 万千瓦,生物质发电 750 万千瓦,到 2015 年可再生能源发电量争取达到总发电量的 20% 以上。

"十二五"时期可再生能源发展的总体目标是,到 2015 年,可再生能源年利用量达到 4.78 亿吨标准煤,其中商品化年利用量达到 4 亿吨标准煤,在能源消费中的比重达到 9.5% 以上。水电装机容量将达到 2.9 亿千瓦,累计并网运行风电 1 亿千瓦,太阳能发电 2100 万千瓦,太阳能热利用累计集热面积 4 亿平方米,生物质能利用量 5000 万吨标准煤。

在即将制定的《能源十二五规划》中,新能源的积极发展除了发展可再生能源外,也应当大力发展对油气等化石能源进行清洁、高效和综合利用。

当前由于化石能源仍是主要的能源来源,在中国能源结构中占的比重七成以上,这一情况还将长期持续。中国此前提出的到 2020 年非化石能源占一次能源消费比重达到 20% 左右的目标,在很大程度上来自核能和水力发电,太阳能和风能发展与国际相比还有很大的潜力和差距,新能源的技术还不够成熟、新能源商品化、市场化还有很长一段路要走,新能源和可再生能源在我国能源结构中的地位仍然是补充地位。需要国家提出更鼓舞人心的目标来引导和鼓舞产业,也需要进一步落实已经推出的法律和政策。

四、中国新能源法律与政策概述

(一)新能源的相关法律和政策进程

我国对新能源的开发利用起步较晚,中国开发利用新能源和可再生能源始于 20 世纪 70 年代,针对当时热效率低下、大气污染、生态恶化等问题,国务院提出了"因地制宜、多能互补、综合利用、讲求效益"的十六字方针。1992 年联合国环境与发展大会后,我国政府率先制定了《中国 21 世纪议程》,提出积极开发利用太阳能、风能、生物质能和地热能等可再生能源,保护环境,坚持走可持续发展的道路。1995 年,计、经、科三部委分别制定了《1996—2010 年新能源和可再生能源发展纲要》,再次强调了发展新能源和可再生能源对我国经济可持续发展和环境保护的重要作用。2001年,国家经贸委、原国家计委先后颁布了《能源节约与资源综合利用"十五"规划》、《新能源和可再生能源产业发展"十五"规划》以及《能源发展重点专项规划》,提出了未来我国"提高效率、保护环境、保障供给、持续发展"的能源战略构想。21世纪前,对新能源的管理主要是靠政策与行政手段,真正能够上升到法律角度的很少,只是在其他能源方面的相关法律(如电力法和节能法)和有关经济与环保方面的法律中,体现为一条或若干条款。进入21世纪以后,我国有关新能源的立法及政策进入快速全面发展时期,主要体现在可再生能源立法、单项能源立法、节能立法等方面,而且我国制定了许多与新能源有关的政策,颁布出台了不同时期的促进能源发展的专项规划。以下详述之:

首先,为了加快新能源的发展,我国根据实际国情一直致力于相关法律法规的完善。

在我国现行的有关能源开发利用领域的专门立法,如《矿产资源法》、《电力法》、《煤炭法》、《节约能源法》中新能源的发展都在不同程度上得到了重视。其中,作为我国能源领域的第一部法律,1995年12月颁布的《中华人民共和国电力法》第一次以法律形式对可再生能源的开发利用做出明确的规定,该法第5条规定:"国家鼓励和支持利用可再生能源和清洁能源发电"。《中华人民共和国节约能源法》(1997年颁布,2007年修订)第7条规定:国家实行有利于节能和环境保护的产业政策,限制发展高耗能 高污染行业,发展节能环保型产业;国家鼓励、支持开发和利用新能源、可再生能源;第59条规定:国家鼓励、支持在农村大力发展沼气,推广生物质能、太阳能和风能等可再生能源利用技术,按照科学规划、有序开发的原则发展小型水力发电,推广节能型的农村住宅和炉灶等,鼓励利用非耕地种植能源植物,大力发展薪炭林等能源林。

为了全面促进可再生能源的开发利用,增加能源供应,改善能源结构,保障能源安全,保护环境,实现经济社会的可持续发展,《中华人民共和国可再生能源法》于2005年2月颁布,并于2009年8月进行了修订。该法的主要目标是国家将可再生能源的开发利用列为能源发展的优先领域,通过制定可再生能源开发利用总量目标和采取相应措施,推动可再生能源市场的建立和发展;同时国家鼓励各种所有制经济主体参与可再生能源的开发利用,依法保护可再生能源开发利用者的合法权益;对再生能源资源调查与发展规划、产业指导与技术支持、推广与应用、价格管理与费用补偿、经济激励与监督措施等进行了详细具体的规定,从而对我国再生能源资源的开发与利用具有重要的规范与指导作用。

　　除了专门性的能源立法之外,在我国相关的环境保护领域的立法中,新能源在环保中的重要地位也得到了强调。例如,《中华人民共和国大气污染防治法》(1987 年颁布,2000 年第二次修订)第 9 条规定:国家鼓励和支持大气污染防治的科学技术研究,推广先进适用的大气污染防治技术;鼓励和支持开发、利用太阳能、风能水能等清洁能源。《中华人民共和国水法》(1988 年颁布2002 年 8 月修订)第 4 条规定:应当全面规划、统筹兼顾、标本兼治、综合利用、讲求效益,发挥水资源的多种功能;第 26 条规定:国家鼓励开发、利用水能资源。2002 年《中华人民共和国清洁生产促进法》提出了清洁生产的概念,并制定了财税激励措施和清洁或不清洁生产的产品目录及标准。

　　另外,国务院及有关部门、地方各省也颁布了一系列的行政法规、部门规章与地方性法规来积极促进可再生能源的发展。原电力工业部 1994 年颁布《风力发电场并网运行管理规定(试行)》,1997 年国家计委制定《新能源基本建设项目管理的暂行规定》、1999 年国家计委科技部颁布《关于进一步支持可再生能源发展有关问题的通知》、2003 年原国家环境保护总局颁布《秸秆禁烧和综合利用管理办法》,2006 年 1 月国家发改委颁布《可再生能源发电有关管理规定》及《可再生能源发电价格和费用分摊管理试行办法》、2006 年 6 月财政部出台《可再生能源发展专项资金管理暂行办法》、2007 年 8 月初国家电监会出台《电网企业全额收购可再生能源电量监管办法》、2008 年 8 月财政部颁布《风力发电设备产业化专项资金管理暂行办法》、2009 年 7 月财政部与科技部协同国家能源局公布《金太阳示范工程财政补助资金管理暂行办法》、北京在 1994 年制定《北京市地热资源管理办法》、湖北省在 2009 年制定《湖北省农村沼气项目管理办法》等,都对于新能源的发展进行了相关的规定。

　　其次,相比较于立法,我国促进新能源发展的政策领域更为宽广、内容更为丰富,措施更为多样化。

　　2004 年通过的《中国能源中长期发展规划》,要求采取综合措施解决能源供应不足的问题,要大力开发水电、积极推进核电建设、鼓励发展风电和生物质能等可再生能源,在提供优质、经济、清洁的终端能源的同时,尽量减弱能源开发与利用给生态环境造成的负面影响,促进人与自然的和谐发展。[①] 2007年 4 月国家发改委发布《能源发展"十一五"规划》,其指导方针:以邓小平理论和"三个代表"重要思想为指导,用科学发展观和构建社会主义和谐社会两大

[①]　王利:《中国新能源法律、政策的缺陷与完善》,载《北方论丛》2011 年第 8 期。

战略思想统领能源工作,贯彻落实节约优先、立足国内、多元发展、保护环境、加强国际互利合作的能源战略,努力构筑稳定、经济、清洁的能源体系,以能源的可持续发展支持我国经济社会可持续发展。

2007 年 9 月,国家发改委发布《可再生能源中长期发展规划》,提出了从现在到 2020 年期间我国可再生能源发展的指导思想、主要任务、发展目标、重点领域和保障措施,以指导我国可再生能源发展和项目建设。并提出要逐步提高优质清洁可再生能源在能源结构中的比例,力争到 2010 年使可再生能源消费量达到能源消费总量的 10% 左右,到 2020 年达到 15% 左右。

2007 年 12 月中国政府对外发布了《中国的能源状况与政策》白皮书,其中要求中国能源发展坚持节约发展、清洁发展和安全发展的思路;把可再生能源作为中国能源优先发展的领域。为此,中国将推进水电流域梯级综合开发,加快大型水电建设,因地制宜开发中小型水电,适当建设抽水蓄能电站。推广太阳能热利用、沼气等成熟技术,提高市场占有率。积极推进风力发电、生物质能和太阳能发电等利用技术,将建设若干个百万千瓦级风电基地,以规模化带动产业化。积极落实可再生能源发展的扶持和配套政策,培育持续稳定增长的可再生能源市场,逐步建立和完善可再生能源产业体系和市场及服务体系,促进可再生能源技术进步和产业发展。

2011 年 3 月,在《国家"十二五"规划纲要》中提出,坚持节约优先、立足国内、多元发展、保护环境,加强国际互利合作,调整优化能源结构,构建安全、稳定、经济、清洁的现代能源产业体系。重点任务涉及:因地制宜开发中小河流水能资源,科学规划建设抽水蓄能电站。在确保安全的基础上高效发展核电。加强并网配套工程建设,有效发展风电。积极发展太阳能、生物质能、地热能等其他新能源。促进分布式能源系统的推广应用。

2012 年 3 月,温家宝在十一届全国人大五次会议上作的政府工作报告中提出:优化能源结构,推动传统能源清洁高效利用,安全高效发展核电,积极发展水电,加快页岩气勘查、开发攻关,提高新能源和可再生能源比重。

2012 年 8 月,国家能源局发布《可再生能源"十二五"发展规划》。该规划明确指出,"十二五"时期,可再生能源将新增发电装机 1.6 亿千瓦,其中常规水电 6100 万千瓦,风电 7000 万千瓦,太阳能发电 2000 万千瓦,生物质发电 750 万千瓦,到 2015 年可再生能源发电量争取达到总发电量的 20% 以上。

"十二五"时期可再生能源发展的总体目标是,到 2015 年,可再生能源年利用量达到 4.78 亿吨标准煤,其中商品化年利用量达到 4 亿吨标准煤,在能源消费中的比重达到 9.5% 以上。水电装机容量将达到 2.9 亿千瓦,累计并网运行风电 1 亿千瓦,太阳能发电 2100 万千瓦,太阳能热利用累计集热面积 4 亿平方米,生物质能利用量 5000 万吨标准煤。

该规划包括了水能、风能、太阳能、生物质能、地热能和海洋能,阐述了 2011 年至 2015 年我国可再生能源发展的指导思想、基本原则、发展目标、重点任务、产业布局及保障措施和实施机制,是"十二五"时期我国可再生能源发展的重要依据。

(二)新能源法的立法目的与原则

《可再生能源法》中第 1 条规定了本法立法目的是"为了促进可再生能源的开发利用,增加能源供应,改善能源结构,保障能源安全,保护环境,促进经济和社会的可持续发展"。可见,《可再生能源法》的立法目的体现了立法目的的多元性,不仅要直接地促进可再生能源的开发利用,还要实现保障能源安全和保护环境的目的,最终实现环境、经济和社会的共同协调发展。

具体法律的立法基本原则往往构成某一法律领域的法律规则的基础或出发点。我国可再生能源法的基本原则是在明确立法理念和宗旨的基础上,结合具体的立法对象所得出的调整可再生能源开发利用法律关系的一般性规则。我国可再生能源法的基本原则没有在现有的《可再生能源法》中明确体现,法条中并没有关于可再生能源法基本原则的规定。基本原则规定的不明,导致制度设计的科学性合理性存在问题,制度设计往往是基于现实需要,缺乏长期考虑,无总体规划,随意性较大。有学者认为可再生能源立法应当遵循下列原则:科技先导与制度保障相结合;制度创新与制度移植相结合;经济效益与社会效益相结合;政府调控与市场调节相结合;强制与激励相结合的原则。[①]

我国制定《可再生能源中长期发展规划》确立了以下四项原则:坚持开发利用与经济、社会和环境相协调;坚持市场开发与产业发展互相促进;坚持近期开发利用与长期技术储备相结合;坚持政策激励与市场机制相结合。《可再生能源"十二五"发展规划》确立的四项原则是:市场机制与政策扶持相结合;集中开发与分散利用相结合;规模开发与产业升级相结合;国内发展与国际合作相结合的原则。作为规划,其原则可以具体。作为可再生能源法的原则,应当更具有概括性。笔者认为,以下四个原则可以作为可再生能源立法原则。即:国家责任和全社会支持相结合;政府引导和市场运作相结合;当前需求与

① 周勇、李燕:《我国可再生能源法若干问题研究》,载《中国矿业大学学报(社会科学版)》2004 年第 2 期。

长远发展相结合;国内实践与国际经验相结合。[①] 力求通过行政规制和市场激励机制,对引导和激励国内外各类经济主体参与开发利用可再生能源,改善中国不合理的能源结构、增强国家能源安全,促进中国可再生能源发展起到重要作用。

五、新能源法的主要制度

(一)总量目标制度

总量目标制度的含义有两点:一是总量目标,是指一个国家以强制性手段对未来一定时期内可再生能源与新能源等发展总量作出一种强制性规定,是必须实现的一个国家目标。二是目标的实现手段。也就是说,该制度必须有一系列配套的政策措施或机制以保证所确立的目标得以实现。总量目标制度的核心是:国家根据替代能源开发利用的资源条件、经济承受能力、能源需求状况等诸多因素,提出在一定阶段的发展目标,并制定保证总量目标实现的具体措施。[②]

总量目标制度具有如下特征:第一是强制性,总量目标制度是基于强制性立法的制度。第二是战略性,该制度提出国家中长期的替代能源发展战略目标,是未来相当长一段时间内新能源要达到的状态。时间的跨度一般要有10—20 年,甚至更长的时间。第三是阶段性,提出的目标一般要分几个阶段来逐步实现。第四是计划性,要制订明确的发展计划达到所提出的战略目标。第五是指导性,该制度对总量目标和保障手段的提出对整个替代能源产业的发展和市场容量具有明确的前景指示作用。第六是明确性,总量目标具有明确的量的规定(绝对量或相对量)和实现目标的手段,由此可以对未来替代能源的发展速度,在某段时间里要达到的状态,市场潜力,投资者的获利机会(利润空间)和对国民经济持续发展(社会、经济、资源和环境)等方面作出明确判断。

可再生能源、新能源产业是一个新兴产业,其开发利用存在成本高、风险大、回报率低等问题,对这种具有战略性、长期性、高风险、低收益的新型基础产业,在尊重市场规律的基础上,必须依靠政府积极的推动,而政府推动的主要手段是提出一个阶段性的发展目标。一定的总量目标,相当于一定规模的

---

① 黄振中、赵秋雁、谭柏平著:《中国能源法学》,法律出版社 2009 年版,第 356 页。

② 李俊峰、王仲颖:《中华人民共和国可再生能源法解读》,化学工业出版社 2005 年版,第 16、22 页。

市场保障,采用总量目标制度,可以给市场一个明确的信号,可以起到引导投资方向的作用。因此可以说,总量目标制度是新能源法的核心和关键。[①]

我国总量目标制度主要用政府的"规划"形式发布的,国家发展改革委、国家能源局印发了可再生能源、水电、风电、太阳能发电和生物质能等五个"十二五"专项规划,对"十二五"可再生能源和水电、风电、太阳能发电、生物质能产业发展目标、重点任务、保障措施与实施机制等进行了明确。此外还有国家能源局《能源科技"十二五"规划》、工信部发布的《太阳能光伏发展"十二五"规划》。各地方政府如北京、陕西、浙江、吉林、四川等省都制定了本地区的可再生能源"十二五"发展规划以落实国家《可再生能源"十二五"发展规划》,如北京发改委《"十二五"时期新能源和可再生能源发展规划》、《浙江"十二五"及中长期可再生能源发展规划》、《吉林省能源发展和能源保障体系建设"十二五"规划》。各地根据本地区可再生能源资源条件和技术发展情况制定了本地区新能源发展目标和措施。

(二)强制上网制度

所谓强制上网制度,其实质是强制对电网企业做出指标性安排的制度,对电力公司明确了发展新能源的法定义务。实施强制上网制度,是由可再生能源、新能源等的开发技术和经济特性所决定的,因为可再生能源多为间歇性的能源,电网从安全和技术角度甚至自身的经济利益出发对可再生能源、新能源发电持有一种忧虑和排斥的心态。在现有技术和经济核算机制条件下,如风力发电、生物质能发电等非常规能源的产品还不能与常规能源产品相竞争。因此,实行强制上网,是保障替代能源产业发展的基本制度,这也是世界各国的通行规定,是使新能源电力企业得以生存,并逐步提高能源市场竞争力的重要措施。

我国《可再生能源法》通过对并网电价、全额收购等制度的规定确定了强制上网制度的若干规定。该法第13条规定:"国家鼓励和支持可再生能源并网发电。"2009年将第14条修改为:国家实行可再生能源发电全额保障性收购制度。第29条规定了电网企业未履行全额保障性收购义务应当承担相应的法律责任。

"国务院能源主管部门会同国家电力监管机构和国务院财政部门,按照全国可再生能源开发利用规划,确定在规划期内应当达到的可再生能源发电量

---

① 叶荣泗、吴钟瑚主编:《中国能源法律体系研究》,中国电力出版社2006年版,第240页。

占全部发电量的比重,制定电网企业优先调度和全额收购可再生能源发电的具体办法,并由国务院能源主管部门会同国家电力监管机构在年度中督促落实。"

"电网企业应当与按照可再生能源开发利用规划建设,依法取得行政许可或者报送备案的可再生能源发电企业签订并网协议,全额收购其电网覆盖范围内符合并网技术标准的可再生能源并网发电项目的上网电量。发电企业有义务配合电网企业保障电网安全。"

"电网企业应当加强电网建设,扩大可再生能源电力配置范围,发展和应用智能电网、储能等技术,完善电网运行管理,提高吸纳可再生能源电力的能力,为可再生能源发电提供上网服务。"

2007年7月电监会《电网企业全额收购可再生能源电量监管办法》作为现行《可再生能源法》相关配套规定以保障强制上网制度。

(三)保护性分类电价制度

新能源商业化开发利用有发电、提供热力和燃气、制取液体燃料等方式,其重点是发电,制约其发展的主要因素是上网电价。由于可再生的替代能源发电成本明显高于常规发电成本,难以按照电力体制改革后的竞价上网机制确定电价,在一定的时期内对可再生的替代能源发电必须实行政府定价。因此,对于可再生能源发电,需要建立分类电价制度,即根据不同的可再生能源技术的社会平均成本,分门别类地制定相应的固定电价或招标电价,并向社会公布。投资商按照固定电价确定技资项目,减少了审批环节;电网公司按照发电电价全额收购可再生能源系统的发电量,减少了签署购电合同的谈判时间和不必要的纠纷,从而降低了可再生能源发电上网的交易成本。[①]

我国《可再生能源法》第19条对该制度作了规定:"可再生能源发电项目的上网电价,由国务院价格主管部门根据不同类型可再生能源发电的特点和不同地区的情况,按照有利于促进可再生能源开发利用和经济合理的原则确定,并根据可再生能源开发利用技术的发展适时调整。上网电价应当公布。"根据我国电价改革的实际情况和促进可再生能源开发利用的要求,并借鉴一些发达国家的成功经验,法律规定按照风力发电、太阳能发电、小水电、生物质能发电等不同的技术类型和各地不同的条件,分别规定不同的上网电价。按照定价原则,上网电价水平实际上应当根据各地区平均发电成本加上合理的

---

① 叶荣泗、吴钟瑚主编:《中国能源法律体系研究》,中国电力出版社2006年版,第240页。

利润来确定。这一价格机制将使可再生能源发电投资者获得相对稳定和合理的回报，引导他们向可再生能源发电领域投资，从而加快可再生能源开发利用的规模化和商业化。因此，实行分类电价，实际上是在法律框架内，保证市场主体在不同地区、不同时段，开发利用不同可再生能源的投资回报大体上相同。[①]

（四）费用分摊制度

费用分摊制度是解决替代能源发电的额外成本问题的有效措施。新能源开发利用由于受技术和成本的制约，目前除水电可以与煤炭等化石能源发电相竞争外，其他替代能源的开发利用成本都比较高，还难以与煤炭等常规能源发电技术相竞争。总体来看，替代能源上网电价要高出常规化石能源上网平均电价。由于新能源具有良好的生态效益和社会效应，政府需要将新能源上网电价高出常规化石能源上网平均电价的差额部分，在销售电价中分摊。另外，替代能源资源分布不均匀，要促进替代能源的发展，就要采取措施解决新能源开发利用高成本对局部地区的不利影响，想办法在全国范围分摊可再生的替代能源开发利用的高成本。费用分摊制度的核心是落实公民义务和国家责任相结合的原则，要求各个地区相对均衡地承担发展可再生的能源额外费用，体现政策和法律的公平原则。实施费用分摊制度后，地区之间、企业之间负担公平的问题可以得到有效的解决，从而可以促进可再生能源开发利用的大规模发展。[②]《可再生能源法》（2009 修订）第 20 条规定："电网企业依照本法第十九条规定确定的上网电价收购可再生能源电量所发生的费用，高于按照常规能源发电平均上网电价计算所发生费用之间的差额，由在全国范围对销售电量征收可再生能源电价附加补偿。"

（五）优惠补贴制度

新能源优惠补贴制度主要包括补贴制度，税收制度，低息贷款制度，价格制度和担保信贷制度。优惠制度主要有鼓励替代能源产业化和促进替代能源产业投资的优惠制度，包括优惠定价、投资补贴，税收减免，发电配额比例制度或招投标制度等。这些制度位于供给或生产环节，主要目的是削弱投资者风险，增加投资预期利益，鼓励投资，实现新能源利用的产业化。各国十分注重

---

①　李俊峰、王仲颖：《中华人民共和国可再生能源法解读》，化学工业出版社 2005 年版，第 31 页。

②　叶荣泗、吴钟瑚主编：《中国能源法律体系研究》，中国电力出版社 2006 年版，第 240～241 页。

替代能源的产业化问题。根据我国《可再生能源法》第 26 条规定,国家对列入可再生能源产业发展指导目录的项目给予税收优惠。具体办法由国务院规定。我国目前已经通过个案方式,有一些税收减免的变通式规定,虽然有的不是以可再生能源的名义而是以高新技术、中外合资、扶贫项目等名义。可以考虑在该项制度中对可再生能源研究、开发企业的设备予以不同幅度的关税法定减免、特案减免或临时减免、和进口环节一定的增值税与增值税附加的减免。在人工沼气、水力发电、风力发电增值税优惠的基础上,扩大并分门类地对其他或再生能源产业实行相应的增值税优惠政策。对部分可再生能源企业实行不同程度的所得税减免。此外,制定对可再生能源企业实行优惠税率的营业税、土地使用税、固定资产投资方向调节税等。

(六)强制配额制度

强制配额制度的主要做法是通过立法手段,明确可再生能源在全部能源消费中的比例,并将这一责任强制性地落实到能源供应商或能源销售商,甚至能源消费大户身上。对能源供应商而言,就是要求他们生产一定比例的可再生能源,对能源销售商而言,就是要求他们在销售的能源总量中可再生能源必须占据一定的比例;对消费大户而言,就是要求他们在能源消费中使用一定比例的可再生能源。达不到要求的比例,就必须到社会上购买相应数量的可再生能源,或者向政府支付一定数量的罚金,再由政府购买相应数量的可再生能源。[①]

强制配额制度的优点在于可以明确相关市场主体的责任,并有可能通过市场机制达到资源的有效配置,降低开发和利用用可再生能源的成本。我国虽然没有以法律条文确定这项制度,但是在《可再生能源"十二五"规划》中已经明确提出"实施可再生电力配额制"。已经起草的《可再生能源并网配额管理办法》已经报国务院。今后该制度必将完善并为广泛确立。

六、新能源法律政策的展望

(一)完善我国新能源法律制度体系

1.细化或补充配套法律制度

《可再生能源法》、《节约能源法》只是一个框架性法律,需要大量的实施细则,制定地区性的、行业性的节能法规。除了已经发布的《可再生能源发电管

---

① 叶荣泗、吴钟瑚主编:《中国能源法律体系研究》,中国电力出版社 2006 年版,第225 页。

理办法》、《可再生能源上网电价及费用分摊管理办法》以及各项税收财政倾斜的措施以外,我国近期还需要在规定的时间内研究和制定下述一些行政法规或规章、技术规范及标准、规划,包括:全国可再生能源开发利用中长期总量目标和各省、自治区、直辖市人民政府可再生能源开发利用中长期目标及相应规划;国家可再生能源电力的并网技术标准及其他可再生能源技术和产品的国家标准;有关财政贴息和税收优惠的政策规定等等。

2.协调相关政策法律措施之间的关系

现有的能源管理体系是以常规能源为基础建立起来的,与可再生能源的特点不适应。电力系统运行机制和管理主要着眼于大电源和大电网特性,没有建立适应可再生能源特点的运行管理体系。可再生能源的间歇性对电力系统运行的挑战随着可再生能源规模的不断增加日益凸显,建立适应可再生能源特点的电力管理体系、市场机制和技术支撑体系十分必要。

我们应当按照《可再生能源法》的法律原则和规定,及时对现行的行政法规、规章、技术规范以及相应的规划、计划进行清理,并注意整合各项相关政策法律措施。此外,我们还应当注意保持法律制度目标的一致性,在今后制定《循环经济法》,修订《电力法》、《节约能源法》等相关法律的同时考虑发展可再生能源的各项要求,在其他相关法律中体现可再生能源发展的各项目标。

3.落实现有的政策法律措施

许多可再生能源方面的政策法律措施的可执行性比较差,有些法律制度在实践中没有得到很好的执行,难以完成"十二五"规划的指标要求。因此,严格执行《可再生能源法》及其配套法规、规章、技术规范、规划、政策的规定是保障可再生能源快速发展的重要方面。政府和有关部门要将依法开发利用可再生能源列入议事日程,要按照法律的规定和规划的要求,明确责任,严格管理,各项优惠措施要确保到位。

(二)围绕特殊国情来进行,以确立符合我国国情的新能源发展品种与范围

在促进本国新能源的发展过程中,合理地依据本国各种新能源的开发与利用成本差异的国情确定新能源发展的品种与范围是快速、有效地改善本国能源结构的重要措施。新能源有关的法律与政策出台只有针对符合本国国情的、能源开发经济合理、法律实施成本较小的新能源,其实施的可靠性和稳定性才有保障。例如,德国和一些北欧国家将风力发电和生物质能源作为发展

的重点,而南欧的一些国家,如西班牙等将风能和太阳能利用作为重点。① 在我国的能源发展战略已经明确提出优先发展新能源的前提下,如何处理风能、水能、太阳能、生物质能等可再生能源与传统化石能源的清洁利用关系,将考验政府如何处理各方利益的能力。各地方政府在出台的地方性法规、规章、政策中要结合本地区新能源资源情况。比如,吉林生是农业大省,可以大力发展生物质能,沿海的浙江结合地理条件和行业发展状况重点发展海上风能和太阳能光伏产业。

(三)强化政府在发展新能源方面的引导责任

新能源的发展不仅对于改善国民生活与生态环境 加快经济与社会的可持续发展是至关重要的,它也具有典型的公共事业性,政府在推动新能源发展方面应该起到主导性的作用。纵观世界各国,其新能源发展莫不与本国政府的支持密切相关,政府的支持是新能源能快速发展的关键因素。由于新能源产业仍处于商业化的初期,开发成本高,风险大,回报率低,投资者往往缺乏投资的经济动因,因而新能源的开发利用不可能依靠市场自发形成,必须依靠政府政策的支持。政府应加快完善新能源发展的融资机制、技术创新机制。在政策上应当向"两头"倾斜,即加强对研发阶段和市场化的倾斜而不是对"中间"——制造端倾斜,前几年在发展风能上,由于对中间端的倾斜,造成风机产能过剩,风电不能并网输送。

(四)加快完善新能源发展所必需的市场竞争机制

传统的行政管理模式在能源利用与发展领域存在诸多弊端,比如管理的费用较高、资源配置效率低下不利于能源市场的公平竞争秩序的建立,容易滋生腐败现象等,从而不利于能源产业的持续、健康发展。直接的政府补贴容易引起国际上对中国新能源产品的反补贴诉讼。市场机制可以弥补行政管理手段的上述缺陷,建立在灵敏的价格调节机制、优胜劣汰机制基础上的市场调控机制可以充分、全面地体现能源资源的经济与生态价值,可以促使市场主体的行为符合外部成本内在化的要求,最终可以在能源资源的节约利用与环境保护、社会经济发展方面提供足够的激励与约束机制。目前我国政府在市场调控方面没有制定明确的向可再生能源产品倾斜的政策。在市场准入、政府集中采购方面,并没有体现出对可再生能源的大力支持,使得可再生能源产品在市场竞争中很难占有一席之地,甚至还会出现在同等价格下,受地方和行业垄

---

① 时璟丽、李俊峰:《借鉴国外经验通过立法手段促进我国可再生能源发展》,载《国际电力》2005 年第 1 期。

断利益的保护下,可再生能源被常规能源挤出市场的情况。①

在节能方面,完善市场节能机制,加强对合同能源管理、节能配额交易制度、分布式能源的研究,鼓励运用市场调节节能。

（五）发展分布式能源成为迫切任务

"分布式能源"（distributed energy sources）是指分布在用户端的能源综合利用系统。一次能源以气体燃料为主,可再生能源为辅,利用一切可以利用的资源;二次能源以分布在用户端的热电冷（植）联产为主,其他中央能源供应系统为辅,实现以直接满足用户多种需求的能源梯级利用,并通过中央能源供应系统提供支持和补充;在环境保护上,将部分污染分散化、资源化,争取实现适度排放的目标。

在《可再生能源法》出台之前,在中国仅有《节能法》中一次提到"国家鼓励"发展"热电冷联产"。《可再生能源法》出台,仅仅明确了可再生能源方式的分布式项目的合法并网等问题。

在法规方面,只有国家四委部局联合颁发的 1268 号《关于发展热电联产的通知》第十四条:"积极支持发展燃气—蒸汽联合循环热电联产"。其中规定:"以小型燃气发电机组和余热锅炉等设备组成的小型热电联产系统,适用于厂矿企业,写字楼、宾馆、商场、医院、银行、学校等较分散的公用建筑。它具有效率高、占地小、保护环境、减少供电线损和应急突发事件等综合功能,在有条件的地区应逐步推广。"

分布式能源在中国还是一个新生事物,示范工程很少,经验很少,采用的技术方式也很少,成功案例就更少。国务院总理温家宝先后两次批示,要求重视发展分布式能源技术。副总理曾培炎还亲自参观了示范工程,并表明了关注的态度。国家发改委能源局也为此发出了一个文件,肯定了这一技术对于未来中国能源可持续发展的重大意义。但是,在各级政府的执行层仍然缺乏必要的行动,缺乏可以实施的具体政策,推广和试点工作无法落实。很多行政管理部门对于分布式能源,以及它的优势和必要性缺乏基本的了解,"搞不清这是一个什么东西",更不清楚为什么要发展它,一些官员甚至将分布式能源与小火电通语而论。有些地方的官员甚至站在地方的行业利益集团的立场上,对发展分布式能源采取了排斥的态度。②

①　崔民选:《中国能源发展报告（2008）》,社会科学文献出版社 2008 年版,第 294 页。

②　韩晓平:《中国发展分布式能源的障碍与解决对策》,价值中国网,http://www. chinavalue.net/Biz/Blog/2011-8-30/826568.aspx,下载日期:2012 年 10 月 6 日。

第九节　节约能源法

能源不是取之不尽，用之不竭的，特别是石油、煤、天然气等不可再生能源要经过久远的地质年代才形成，用一点少一点，因此节约利用、合理利用、高效利用显得尤为重要。节能是指在满足相等需要或达到相同目的的条件下，通过加强用能管理，采取技术上可行，经济上合理以及环境和社会可以接受的措施，减少从能源生产到消费各个环节中的损失和浪费，提高能源利用的经济效果。节能并不是简单的限制能源消费，以至于影响正常的生产和生活水平的提高，其根本目的一是节约资源，杜绝浪费；二是保护环境，改善条件。目前，国际上普遍用"能源效率"（Energy effciency）这一词语，来替代上世纪70年代能源危机后提出的"节能"（Energy conservation）一词。能源效率是指在利用能源资源的各项活动（从开采到终端的利用）中，所得到的起作用的能源量与实际消耗的能源量之比。"能源效率"来代替"节能"是由于观念的转变。早期节能的目的，是为了通过节约和缩减来应付能源危机，现在则强调通过技术进步提高能源效率，以增加效益、保护环境。

国际上将"节能"称为煤炭、石油、可再生能源、核能之后的第五能源。各国利用市场化机制，将节能作为增加能源供应的新的手段，将节约的能源变为"商品"，进行交易，并为节约者赢利。也有人将节能称谓："负瓦特"革命，即减少瓦特的革命。

一、中国节约能源法律法规体系的建立

从节能减排的立法渊源来看，有关节能减排的制度规定从环境保护的基本法到专门法都有体现，并且散布于其他部门法的法律规范中，但体系庞杂。

1979年颁布《环境保护法》（试行）把中国的环境保护方面的基本方针、任务和政策，用法律的形式确定下来。1989年《环境保护法》的颁布是中国环境管理走上法治道路的标志。

中国有组织地开展节能始于20世纪80年代，在计划经济的背景下，指令性规定成为当时规范节能工作的主要法律依据，具有很强的操作性。1982年国务院批准和颁布了《关于按省、市、自治区实行计划用电包干的暂行管理办法》《征收排污费暂行办法》，成为补充《环境保护法》法律调整的重要组成部

分,表明行政法规和规章成为当时法律调整的主力军。[①]

1997 年 11 月,全国人大常委会通过颁发了我国第一部《节约能源法》,以法律的形式明确了"节能是国家发展经济的一项长远战略方针",为中国的节能行动提供了法律保障。

这是一部覆盖面宽,适用于全社会各行各业以及政府、机构组织和每个社会成员,在能源利用和节约能源的活动以及能源管理工作中,进行能源经济关系调整的综合性、基础性较强的专门法。《节约能源法》的颁布和实施,使我国的节能工作逐步走上了法制化的轨道,并且以《节约能源法》为核心,国务院及其有关部门和地方立法机构,相继出台了一系列配套的法规、规章、制度、标准和规范性文件。在企业责任、政府责任、社会责任方面构建了较为完整的责任体系,形成节能、减排、控制、治理开发的全方位调整体系。

主要的行政法规有《重点用能单位节能管理办法》(1999 年)、《节约用电管理办法》(2001 年)、《中国节能产品认证管理办法》(1999 年)、《能源效率标识管理办法》(2004 年)、《民用建筑节能管理规定》(2005 年)、《关于加强热电联产管理的规定》(2000 年)等。

此外还有《节能产品政府采购实施意见》、《新型墙体材料专项基金征收与使用管理办法》、《发展节能省地型住宅和公共建筑的指导意见》、《加强城市照明管理、促进节约用电的管理工作的意见》、《关于进一步推进城镇供热改革的意见》、《关于控制部分高耗能、高污染、资源性产品出口有关措施的通知》、《关于鼓励发展节能环保型小排量汽车意见的通知》、《关于进一步推进墙体材料革新和实施建筑节能的意见》、《加强能源计量工作的意见》、《关于固定资产投资工程可行性研究报告节能篇(章)编制及评估规定》、《"中国绿色照明工程"实施方案》、《加强电力需求侧管理工作的意见》等行政规范和政策性文件。我国还发布了能源效率标识产品目录和一大批能源基础管理和节能管理的国家标准和行业性标准。

目前全国已经有绝大多数省、市、自治区颁发了与《节约能源法》配套的实施细则和节能管理办法,此外,一些省会城市和省辖市也颁发了节约能源条例或办法。[②] 2012 年 7 月 21 日,内蒙古自治区第十一届人民代表大会常务委员

---

① 贺荣兰:《论我国节能减排法律规范体系的嬗变与完善》,载《法制与社会》2011 年第 8 期。

② 叶荣泗、吴钟瑚主编:《中国能源法律体系研究》,中国电力出版社 2006 年版,第256 页。

会通过了《内蒙古自治区实施〈中华人民共和国节约能源法〉办法》，于 2012 年 10 月 1 日起正式颁布实施。

2005 年国家颁布《可再生能源法》，2007 年 10 月修订了《节约能源法》。修订后的《节约能源法》在调整范围、内容和责任方面相比之前都有较大变化。一是将节约资源确定为基本国策；二是省级政府可制定严于国家标准的地方建筑节能标准；三是节能目标完成情况将纳入地方政府考核评价内容；四是禁止使用国家明令淘汰的用能设备、生产工艺；五是加强对重点用能单位节能的监管；六是加大节能方面政策激励力度；七是明确节能执法主体，强化节能法律责任；八是对交通节能、建筑节能、公共机构节能等问题做了专门规定。①

此外，相关配套法规相继出台，如《公共机构节能条例》(2008 年)、《民用建筑节能条例》(2008 年)等。与此同时，包括《能源法》、《循环经济法》、《石油天然气管道保护法》及《建筑节能管理条例》等在内的 10 余部法律法规正在抓紧制定中。国家一系列立法的突破性进展标志着我国能源立法逐步完善，也标志着我国节能减排工作已纳入法制化轨道。

二、节约能源法的立法目的和原则

(一)节约能源法的立法目的

《节约能源法》第 1 条规定："为了推进全社会节约能源，提高能源利用效率和经济效益，保护环境，保障国民经济和社会的发展，满足人民生活需要，制定本法。"表明了该法的立法目的不是为了通过节约和缩减来应付能源危机，而是强调通过技术进步提高能源效率，以增加效益，保护环境。节能制度设计理念从应付能源危机而实行节约和缩减，转变成以提高效益、减少污染、改善生活质量和改进公共关系为目标。为达到此目标，必须以科学发展观为立法指导思想。

(二)节约能源法的原则

确立制度设计应遵循的新原则主要包括：统筹兼顾原则，分类管理原则，重点管理原则，混合调整原则，能源、经济与环境综合决策原则等。具体如下：②

1.统筹兼顾原则

这是指节能法律制度创新要处理好以下几个方面的关系。第一，统筹考

---

① 王文革：《中国节能法律制度研究》，法律出版社 2008 年版，第 1 页。
② 王文革：《论完善我国节能法律制度的对策》，载《环境保护》2007 年第 24 期。

虑和规划整个社会经济发展的速度、结构、布局和能源供给,增强能源对经济的支撑力。第二,统筹考虑国内外能源市场,确保能源安全。第三,统筹考虑能源的内部结构,立足现有条件,依靠科技进步,大力发展新型能源。第四,统筹考虑勘探、开采、供应、运输和使用各个环节,避免不必要的浪费,降低社会发展成本。第五,统筹考虑节能制度改革的阶段性目标和总体目标的关系。要把改革的阶段性目标和总体目标有机统一起来,通过坚持不懈的努力逐步实现改革的总体目标。第六,统筹考虑直接节能与间接节能相结合原则。未来我国节能潜力由两部分组成,一部分是结构变化与加强管理所带来的节能,即间接节能,另一部分则是单耗下降所形成的节能潜力,即直接(技术)节能。第七,统筹考虑集中节能与分散节能相结合的原则。集中节能目前主要有两种形式:一是鼓励企事业单位将其拥有的节能设施,在本单位利用的同时,可将剩余的利用能力向他人开放使用。二是区域性集中节能方式,即建设区域的专业性的能源利用设施,把一些分散在各单位的能源利用设施,按一定要求和条件集中在一起进行利用。第八,改变偏重工业节能,忽视建筑、交通节能的现状,统筹考虑工业、交通、建筑节能。

2.节能分类管理原则

这是指根据能源类别和不同行业、单位用能性质差异,分别实施不同管理的原则。其核心就是对不同能源、不同行业要区别对待,采取不同措施,实施不同管理。该原则贯穿于各种管理规定、制度和标准中,其由按行业分类管理和按能源类别分类管理组成。

3.重点管理原则

这是指根据能源类别和不同行业、单位用能性质差异进行综合考虑,将某种能源或某行业、某地区、某部门确定为重点管理的对象,在立法上作出更为严密、细致的规定,在管理上实行更为严格的要求、投入更多的力量,在技术上集中力量、重点攻关等,是基于全面系统管理基础上的管理,是对全面系统管理的发展和深化。重点管理的内容主要有重点环节管理、重点行业管理、重点能源管理、重点区域管理、重点方法管理等。重点环节管理,是指对节能管理全过程中的某些环节或某个环节的某些具体方面实行特别控制。如对能源利用环节而言,应注意事先采用能源利用率高的工艺、技术和流程;重点行业管理,是指对重点用能行业或节能潜力大的行业实行特别控制。

4.混合调整原则

这是指综合运用政府管制、市场调节、社会调整等不同法律手段对能源节约社会关系进行系统性调整。具体内涵体现为:一是法律机制的运作不再是以政府一元化的模式为前提,而是以包括政府在内的社会多元主体的参与为基础;二是多种法律手段的协同与配合,综合运用强制、指导、经济刺激、市场调节、社会参与等法律手段,对涉及节能问题社会关系的法律调整由强制的直接介入转变为直接的管制与间接的促进与引导相结合、由消极被动的救济与修复转向积极主动的引导和鼓励。

5. 能源、经济、环境综合决策原则

这指在能源生产、流通、消费等环节,应当兼顾经济、社会与环境效益,内部与外部效益,近期与长远效益,从而实现能源利用综合效益最大化。总体效益最佳表现为在良好的生态环境条件下,能源利用经济、社会效益最高。

三、节约能源法的主要制度简介

(一)节能规划计划制度

节能规划计划制度是指政府或用能单位在节能活动中,应当制定科学合理的规划和计划,并按所制定的规划和计划实施节能的制度。对节能进行科学合理的规划和计划,有利于加强节能工作的指导、监督和考核,增强节能工作的前瞻性和规范性,使节能工作步入有序化的轨道,实现环境、经济和社会的可持续发展。为此,《节约能源法》第5条规定:"国务院和县级以上地方各级人民政府应当将节能工作纳入国民经济和社会发展规划、年度计划,并组织编制和实施节能中长期专项规划、年度节能计划。"第24条规定:"用能单位应当按照合理用能的原则,加强节能管理,制定并实施节能计划和节能技术措施,降低能源消耗。"①

2012年5月9日,住房和城乡建设部以建科〔2012〕72号印发《"十二五"建筑节能专项规划》。该《规划》分发展现状和面临形势,主要目标、指导思想、发展路径,重点任务,保障措施,组织实施5部分。总体目标是:到"十二五"末,建筑节能形成1.16亿吨标准煤节能能力。

2012年8月6日,国务院以国发〔2012〕40号印发《节能减排"十二五"规划》。该《规划》分现状与形势,指导思想、基本原则和主要目标,主要任务,节能减排重点工程,保障措施,规划实施6部分。

(二)节能目标责任制和节能考核评价制度

明确节能法的责任主体是政府。国家运用财政、信贷、物价、税收等经济

---

① 唐敏:《节约能源的法理念与制度——解读修订后的〈节约能源法〉》,载《电力需求侧管理》2008年第1期。

调节手段、鼓励、引导节能技术的开发利用,和新能源可再生能源的、研制和开发利用,政府积极支持推动节能工作的开展。将节能工作纳入地方政府和企业目标责任制并实施考核评价,将节能目标明确化、具体化和定量化,并根据节能目标和任务,对节能管理机构、节能管理负责人和相关人员实施考核,这有利于国家节能规划的落实,是国家提高能源利用效率的重要手段。为此,《节约能源法》第6条规定:"国家实行节能目标责任制和节能考核评价制度,将节能目标完成情况作为对地方人民政府及其负责人考核评价的内容。省、自治区、直辖市人民政府每年向国务院报告节能目标责任的履行情况。"第25条规定了"用能单位应当建立节能目标责任制"。

(三)节能标准制度

节能标准制度为节约利用能源的单位和个人提供节能的行为规范和准则,使其在有关能源方面的活动科学化、合理化、定量化、标准化和制度化。节能标准是政府对节约能源实施管理的重要措施和手段,也是衡量用能单位是否达到节能要求的准则,使节能工作有章可循。许多国家在节约管理中,制订各种节能标准,并纳入本国的节能法律体系和标准化管理系列。我国一直沿袭粗放式的生产模式,能源利用效率低、耗能高、浪费大。我国能源效率一直维持在30%左右,其中煤炭只有6%,煤矿回采率平均只有30%左右。在能源消费中,中国的产值能耗,约为中等收入国家的2.5倍,工业化国家的4倍,主要产品的能耗比发达国家高50%～80%。因此,节约能源,科学、合理地利用能源,实行节能标准与限额管理制度是十分重要的。《节约能源法》第13条规定:"国务院标准化主管部门和国务院有关部门依法组织制定并适时修订有关节能的国家标准、行业标准,建立健全节能标准体系。国务院标准化主管部门会同国务院管理节能工作的部门和国务院有关部门制定强制性的用能产品、设备能源效率标准和生产过程中耗能高的产品的单位产品能耗限额标准。国家鼓励企业制定严于国家标准、行业标准的企业节能标准。省、自治区、直辖市制定严于强制性国家标准、行业标准的地方节能标准,由省、自治区、直辖市人民政府报经国务院批准;本法另有规定的除外。"许多国家在节约管理中,制订各种节能标准,并纳入本国的节能法律体系和标准化管理系列。

(四)投资项目节能评估和审查制度

投资项目节能评估和审查制度,是指国家对固定资产投资项目,在开工建设前实施节能评估和审查,凡投资项目达不到国家规定的节能标准不予核准建设的制度。实行固定资产投资项目节能评估和审查制度,是确保从源头上消除能源浪费,提高能源综合利用效率,优化能源结构,遏制高耗能产业过快增长,缓解我国能源供需矛盾的必要手段。为此,《节约能源法》第 15 条规定:"国家实行固定资产投资项目节能评估和审查制度。不符合强制性节能标准的项目,依法负责项目审批或者核准的机关不得批准或者核准建设;建设单位不得开工建设;已经建成的,不得投入生产、使用。具体办法由国务院管理节能工作的部门会同国务院有关部门制定。"

(五)用能产品、设备和工艺淘汰制度

它是指国家对落后的耗能高用能产品、设备实行淘汰的一系列措施。任何单位和个人不得生产、销售国家明令淘汰的用能产品;淘汰的用能产品,由政府节能行政主管部门会同有关部门确定并公布,对准许在寿命中使用的产品,采取加速折旧、限期改造、大修加以处理。《节约能源法》第 16 条规定:"国家对落后的耗能过高的用能产品、设备和生产工艺实行淘汰制度。淘汰的用能产品、设备、生产工艺的目录和实施办法,由国务院管理节能工作的部门会同国务院有关部门制定并公布。"第 17 条规定:"禁止生产、进口、销售国家明令淘汰或者不符合强制性能源效率标准的用能产品、设备;禁止使用国家明令淘汰的用能设备、生产工艺。"此外。在节约能源法法律责任一节明确了违反该制度的法律责任。

(六)节能减排财税支持制度

国家运用财政、信贷、物价、税收等经济调节手段、鼓励、引导节能技术的开发利用,和新能源可再生能源的、研制和开发利用,政府积极支持推动节能工作的开展。具体有节能产品项目和污染防治项目税收优惠制度、资源税制度、燃油税制度、节能奖励制度、节能产品财政补贴制度,国家财政设立可再生能源发展基金制度等,这些制度,大多以行政法规和规章的形式规定,其中,《节约能源法》规定,各级人民政府对在节能管理、节能科学技术研究和推广应用中有显著成绩以及检举严重浪费能源行为的单位和个人,给予表彰和奖励。

(七)节能自愿协议制度

自愿协议是政府与经济部门之间达成并签署的协议,是在政府的支持和鼓励下,企业按照预期的节能目标进行的自愿行动。与传统的命令控制型规制不同,自愿性环境协议强调环境管理应是"自下而上"进行,而不是"自上而下"进行的,强调企业在环境管理中的作用。鼓励政府和企业之间的对话和建立信任机制,比传统的管理手段更有效和灵活。自愿协议可使企业的管理理念发生转变,对企业的节能工作产生较大的推动力,使企业和政府间、行业和公众间进行良好的对话和建立信任,推动各项政策的贯彻执行。全球十余个主要发达国家都采用了这种政策措施来激励企业自觉节能。[①]

我国法律法规对节能自愿协议的涵义没有明确的规定,但是我们可以从现有的法律法规对环境行政合同的规定中寻找到相关的依据。如《清洁生产促进法》、《节约能源法》等法律法规中可以看到对节能自愿协议的规定。《节约能源法》第66条第2款规定:"国家运用财税、价格等政策,支持推广电力需求侧管理、合同能源管理、节能自愿协议等节能办法。"2005年,国家发改委组织制定了《节能中长期专项规划》,规划中要求探索建立适应市场经济要求的推动能源节约与资源综合利用的新机制,其中包括了企业自愿协议。被列入《"十一五"十大重点节能工程》和《2005—2007年资源节约和综合利用标准化发展规划》的重要国家标准制定项目——《节约能源协议技术通则》国家标准于2009年12月29日通过审查。此外,在国际社会对自愿性管理工具日益广泛应用的大背景下,我国参与签订了一些减少污染保护环境的国际公约,如《保护臭氧层维也纳公约》、《联合国气候变化框架公约》、《京都议定书》等。上述我国现有的法律法规和参与的国际公约都为在我国各行业领域实施节能自愿协议奠定了法律基础。

四、我国节约能源法问题与展望

(一)节能减排立法的结构性缺陷

一是起龙头作用的能源基本法缺失;二是能源法子体系不完整,石油、天然气、核能等领域的能源法律严重缺位;三是缺少能源公用事业法。而这些法律对节能减排均具有很大的促进作用。没有体现节能减排优先理念的能源基本法,也就没有能源法子体系对节能减排要求的系统性考虑,如《煤炭法》对煤炭开采造成的环境污染如何处理、如何补偿就没有明文规定。作为清洁能源主要板块的核能法的缺位更是直接影响着节能减排法律体系的完整性。[②]

一是在整体的法律体系方面,应适时修订《宪法》,将"可持续发展"纳入到《宪法》的规定中去。因为"可持续发展"内涵丰富,具有高度的概括性,能将节能和减排统摄其下。将"可持续发展"写入《宪法》,不仅使节能减排立法有了明确的指导原则,而且也使节能减排的四个子法体系有了统一的价值目标,从而促进各法律之间的衔接配合,避免不必要的摩擦和冲突。二是在四个子法

---

① 竞晓:《节能自愿协议刍议》,载《经营管理者》2011年第6期。
② 张绍鸿、曾凡银等:《建立健全节能减排法律法规体系》,载《科技与法律》2010年第4期。

律体系方面,应完善基本法律,填补专门法空白,提升现有法规层级,制定配套法规。具体思路如下:

节约能源基本法律《节约能源法》下尚无专项法律,目前国务院行政法规仅有《民用建筑节能条例》和《公共机构节能条例》,还应制定《工业节能条例》、《交通运输节能条例》、《重点用能单位节能条例》等行政法规,条件成熟时也可考虑将以上行政法规提升为专项法律,再制定相应的实施细则。另外,在整个能源法律体系中,应制定体现"节能优先"理念的能源基本法,并将这一理念贯穿于《煤炭法》、《电力法》等能源单行法中。[①]

(二)节能制度设计理念和原则存在的问题

能源、经济、环境相协调的综合规划和决策体制尚未建立;现行立法规定带有较明显的计划经济时代的特征,没有反映出市场经济条件下的管理理念,缺乏强制与激励相结合、政府、市场与社会调节相结合的有效机制,忽略了政府的合理定位问题;制度设计不协调、不系统,缺乏统筹。

节约能源不仅是增加能源供给的手段,而且是环境保护的手段。在节约能源机制中,必须综合考虑能源、资源、经济效率和环境(生态)成本。在传统化石能源的清洁利用中,如果消耗大量的水,而淡水目前是比能源更缺乏的资源。这一新能源利用方式,就因为环境、资源成本高而得不偿失。

我国已确定了市场经济基本模式,但用市场机制来推动节能减排的机制还未完整建立。节能减排法律充斥了大量的"命令——控制"型法律管制措施,而对"成本——收益"型法律机制着墨不多。《"十一五"规划》提出单位GDP能耗降低 20% 左右、主要污染物排放总量减少 10% 的约束性指标。目标虽然已经完成,一个不必讳言的事实是,"十一五"以来,我国在节能减排上取得的成绩,更多的是依靠签责任状、大检查等行政手段;这些手段不能作为推动节能减排的长久之计。官员们倾向于采取行政手段,主要是因为他们对行政手段轻车熟路,而且行政手段见效快。但从长远看,我们还是得依靠市场和法律手段。

我国对法律激励措施运用不够,如在低碳技术专利申请方面,就没有"美国、日本、韩国等均采取了加快审查或者优先审查的方式加以激励"的制度。[②]长期以来,我国法律政策对能源矿产资源价格实行严格管制,能源矿产资源价

---

① 张绍鸿、曾凡银等:《建立健全节能减排法律法规体系》,载《科技与法律》2010 年第 4 期。

② 张鹏:《论低碳技术创新的知识产权制度回应》,载《科技与法律》2010 年第 3 期。

格仅仅反映了生产成本,资源成本以及环境(生态)成本没有得到完全的反映。尽管能源矿产资源逐步实施有偿开采制度,但是能源矿产税费的设置、性质、用途并没有反映出市场经济规律,能源矿产价格不能反映资源稀缺程度和市场供求关系,由此造成能源矿产资源开发利用过程中的资源浪费与环境污染问题日益严重。[①]

我们必须在完善市场机制的基础上,通过强化市场竞争,并制订相互配套的节能减排政策体系,才能真正建立长效的节能减排市场运行机制。

(三)强化公众参与制度

"一个成功的政治经济单位也即是一个成功的国家,总是与一个成功的意识形态相联系"[②]。社会公众的节约意识仍然十分薄弱,甚至有些人把节约当作是"落后"、"保守"的同义词,还有些人错误地把超前消费乃至浪费认为是拉动内需或促进发展。这些追求豪华型的消费行为,不仅严重脱离了我国国情,而且加剧了资源供需的矛盾,也助长了不良的社会风气。要更新费理念,提倡科学消费、绿色消费理念,主张节能消费、理性消费、适度消费;反对浪费消费、奢华消费、无度消费。人人都要重视节能减排,人人都要有节能减排的意识和行为,而不仅仅是高能耗企业。如今国家将"节约资源"作为基本国策,但是却不能化作全民的自觉行动。合同能源管理在降低能耗的物业服务中推行不下去,且不说物业公司怕麻烦,就连业主们对最终自己节约电费的管理模式都不以为然。"不花钱的节能"遭遇了"不差钱的业主"说明在节能理念和心态上,许多人停留在"十分初级阶段"。以"限塑令"为例,2007 年,国务院办公厅发布《关于限制生产销售使用塑料购物袋的通知》,"限塑令"的目的是促进资源综合利用,保护生态环境,进一步推进节能减排工作。2008 年 6 月 1 日的"限塑令"至今已有 4 年。据发改委公布的数据显示,"限塑令"实施三年以来,我国主要商品零售场所塑料购物袋使用量每年减少 240 亿个以上,累计减少塑料消耗 60 万吨。但也有报道显示,以价格杠杆为核心的"限塑令"的执行效果已接近饱和状态,多数公众使用塑料袋的消费习惯仍未从根本上得到改观。因此,对"限塑令"的效果,不能太乐观。[③]"限塑令"若想取得持续实施效果,

---

① 华晓慧:《使用者成本视角下的能源矿产资源定价改革》,载《生态经济》2008 年第 6 期。

② [美]道格拉斯 C 诺.:《经济史中的结构与变迁》,陈郁等译,上海三联书店,上海人民出版社 1999 年版,第 53～54 页。

③ 汤嘉琛:《对"限塑令"效果不能太乐观》,载《新民晚报》2011 年 5 月 31 日。

不能靠配套法规、价格杠杆，必须从引导消费习惯入手。然而，普及节能减排知识，提高节约和环保理念是一个长期活动，不能靠一时的宣传活动，要有较长时期、细致的工作。拿身边的垃圾分类来说，绝大多数人不知道如何分类，也没有谁教。市政环卫部门的垃圾桶有的就不是分类垃圾桶，让民众如何自觉进行垃圾分类？建立正确的节能理念和心态任重而道远。

目前，我国在有关能源开发利用领域中的立法大都有公众参与的规定，并且公众参与原则也被公认为是基本的原则，但总体上看，我国法律，特别是环境保护立法对于公众参与的法律规定呈现出分散而不系统的特点，大多的规定只是《环境保护法》原则性规定的机械重复，特别是能源有关的立法中公众参与的规定只是倡导相关领域科学技术创新、鼓励有利于环保行为的实施。厉行节约能源、发展新能源需要不仅仅是企业的参与，在合同能源管理、需求侧管理、发展分布式能源中需要大众参与。

（四）为合同能源管理搭建融资和税收平台

推行合同能源管理（简称"EMC"）是一种新型的市场化节能机制。其实质就是以减少的能源费用来支付节能项目全部成本的节能业务方式。这种节能投资方式允许客户用未来的节能收益为工厂和设备升级，以降低目前的运行成本；或者节能服务公司以承诺节能项目的节能效益、或承包整体能源费用的方式为客户提供节能服务。

合同能源管理引进之初的中国正处于从计划向市场体制转型的过程，过去节能工作基本上是计划主导。上世纪 80 年代初，国家计委设置节能计划局，负责国家重大节能措施专项资金的管理，后改组成立国家能源投资公司节能公司，这也正是中国节能集团的前身。从 2010 年开始，政策层面陆续对合同能源管理模式在中国的发展给予关注。2010 年 4 月 2 日，国务院办公厅出台了《关于推进合同能源管理加快节能服务产业发展的意见》。该意见强调，在加强税收征管的前提下，对节能服务产业采取适当的税收扶持政策。在免税方面，节能服务公司实施合同能源管理项目，符合税法有关规定的，自项目取得第一笔生产经营收入所属纳税年度起，第一年至第三年免征企业所得税，第四年至第六年减半征收企业所得税。意见颁布不久，同年 6 月初，国家财政部公开表示安排 20 亿元专项奖励资金用于支持节能服务公司采取合同能源管理方式在工业、建筑、交通等领域及公共机构实行节能改造。2011 年 2 月 17 日，财政部、税务总局联合下发了《关于促进节能服务产业发展增值税、营业税和企业所得税政策问题的通知》（以下简称《通知》）。《通知》明确提出，对符合条件的节能服务公司实施合同能源管理项目，取得的营业税应税收入，暂免征收营业税。节能服务公司实施符合条件的合同能源管理项目,将项目中的增值税应税货物转让给用能企业,暂免征收增值税。

合同能源管理依市场机制而生,但我国现行体制残存着不少计划经济痕迹,制约了合同能源管理模式的推广。

合同能源管理最大的问题是融资难。合同能源管理公司一般都是小规模、轻资产的服务型企业,资金压力大,必须借助银行融资。在发达国家,合同能源管理企业的节能投资大都源于贷款,但在我国,中小企业的贷款难、担保难是老问题,合同能源管理公司也不例外。此外,发达国家的保险公司有专门险种,帮助合同能源管理公司化解风险,防止客户违约拖欠分成费。银行传统的融资模式不适应节能项目,需要关注不同类型公司和经模式配套不同的融资模式,节能量怎么测算等。所以必须按照国务院文件提出的,开发适合合同能源管理项目的融资平台和金融品种。融资难不解决,产品型和服务型的节能服务公司早晚要退出合同能源管理产业,"正宗的"合同能源管理将被边缘化。"正宗的"合同能源管理的吸金来源有三个方面,一是政府的财政奖励,二是先投入后收钱的经营机制,三就是靠管理赚钱。而现在的合同能源管理主要靠取得政府的奖励。

其次是税收,由于是新生事物,各地尚未出台具体操作细则,可操作性差,税务机关也不知道怎么收税,只能用现成规定去套用,税务机关要按照有利于税收的原则来收取,这恰恰加重了节能服务公司的税负,影响了节能产业发展。很多大公司之所以一开始没有进入到这个行业,主要原因就是税收政策的不确定性,政策导向中的优惠,在现实中连规范的税收都无从谈起,税收优惠的政策没有落到实处,真正享受到税收优惠政策的企业少之又少,没有起到应有的推动作用。有些企业还受困于审计政策在现有框架内,节能的分成收入根本没有名目入账。①

---

① 《合同能源管理模式在中国节能产业中艰难着陆》,http://news. dichan. sina. com. cn 新浪地产,下载日期:2012 年 6 月 1 日。

参考文献

一、中文著作类

1. 杨泽伟主编：《发达国家新能源法律与政策研究》，武汉大学出版社2011年版。

2. [英]哈耶克：《法律、立法与自由》（第二、三卷），邓正来等译，中国大百科全书出版社2000年版。

3. 《2012年BP世界能源统计年鉴》

4. 黄振中、赵秋雁、谭柏平著：《中国能源法学》，法律出版社2009年版。

5. 叶荣泗、吴钟瑚主编：《中国能源法律体系研究》，中国电力出版社2006年版。

6. 何建坤主编：《国外可再生能源法律译编》，人民法院出版社2004年版。

7. [美]托梅因、卡达希：《美国能源法》，法律出版社2007年版。

8. 张勇：《能源资源法律制度研究》，中国时代经济出版社2008年版

9. 龚向前：《气候变化背景下能源法的变革》，中国民主法制出版社2008年版。

10. 何勤华主编：《外国法制史》，法律出版社1997年版。

11. 清华大学环境资源与能源法研究中心课题组：《中国能源法（草案）专家建议稿与说明》2008年。

12. 崔民选：《中国能源发展报告（2008）》，社会科学文献出版社2008年版。

13. [美]道格拉斯·C.诺：《经济史中的结构与变迁》，陈郁等译，上海三联书店，上海人民出版社1999年版。

14. 李胜茂、萧函等主编：《2012—2016年中国可再生能源行业发展分析》。

15. 李显冬主编：《中国矿业立法研究》，中国人民公安大学出版社2006

年版。

二、中文论文类

1. 杨泽伟：《德国能源法律与政策及其对中国的启示》，载《武大国际法评论 2010 年第 1 期。

2. 鲍家志：《关于〈电力法〉第 60 条修正的探讨——兼论〈侵权责任法〉与高压电致害责任的关系》，载《社会科学家》2011 年第 8 期。

3. 黄婧：《论美国能源监管立法与能源管理体制》，载《环境与可持续发展》2012 年第 2 期。

4. 杨嵘：《美国能源政府规制的经验与借鉴》，载《中国石油大学学报》2011 年第 1 期。

5. 中国法学会能源法研究会：《美、日等国适用能源主要法律介绍》，http://www.energry law.org.cn/images /200879184731650.pdf.

6. 王一旸：《政党对美国能源立法的影响 1991 年至 2008 年》，中国社会科学院研究生院硕士学位论文，2010 年。

7. 国家能源局：《从美国能源监管委员会看美国能源管理体制》，载《节能与环保》2010 年第 2 期。

8. 张剑虹：《美国、日本和中国能源法律体系比较研究》，载《中国矿业》2009 年第 11 期。

9. 陈丽萍：《美国煤炭资源立法概览》，载《国土资源情报》2007 年第 4 期。

10. 廖英敏：《美国联邦政府的石油政策》，载《中国金融》2004 年第 23 期。

11. 罗兰·普里德尔：《美国和加拿大石油天然气行业监管体制简介》，载《国际石油经济》2001 年第 2 期。

12. 宫国渝、孙剑：《美国联邦政府在油气行业中的职能——兼论构建中国油气行业监管体系》，载《国际石油经济》200 年第 2 期。

13. 刁艳华：《中国石油行业产业结构优化及其规制研究》，载《价格月刊》2006 年第 8 期。

14. 董洁：《浅析美国天然气市场发展及监管政策》，载《经营与管理》2010 年第 9 期。

15. 杨凤玲等：《对美国天然气法律与政策的思索》，载《国际石油经济》2003 年第 11 期。

16. 曹霞：《美国核电安全与法律规制》，载《政法论丛》2012 年第 1 期。

17 罗如意、林晔：《美国太阳能扶持政策解析》，载《能源技术》2010 年第

2 期。

 18. 侯佳儒:《美国可再生能源立法及启示》,载《郑州大学学报》2009 年第 6 期。

 19. 王谋等:《美国清洁能源与安全法案的影响及意义》,载《气候变化研究进展》2010 年第 4 期。

 20. 夏立平:《论日本核政策的走向与影响》,载《国际观察》2008 年第 4 期。

 21. 高士宪:《日本能源领域新举措及对我国的启示》,载《中国能源》2003 年第 4 期。

 22. 吴志忠:《日本能源安全的政策、法律及其对中国的启示》,载《法学评论》2008 年第 3 期。

 23. 王乐:《日本的能源政策与能源安全》,载《国际石油经济》2005 年第 2 期。

 24. 马玉安:《从〈新国家能源战略〉看日本石油政策走向》,载《金融时报》2006 年 12 月 19 日第 4 版。

 25. 单宝:《日本推进新能源开发利用的举措及启示》,载《科学·经济·社会》2008 年第 2 期。

 26. 井志忠:《日本新能源产业的发展模式》,载《日本学论坛》2007 年第 1 期。

 27. 唐瑞雪:《日本政府对新能源产业的扶持政策》,载《科学时报》2008 年 7 月 28 日第 2 版。

 28. 宦国渝等:《借鉴欧盟经验加快完善我国天然气行业你的政府监管》,载《国际石油经济》2003 年第 2 期。

 29. 杨凤玲:《英国天然气行业政府管制及立法》,载《上海煤气》2004 年第 1 期。

 30. 曹建军:《英国天然气产业的发展及其启示》,载《中国物价》2004 年第 1 期。

 31. 窦永山、王万生:《英国的煤矿安全监察体系》,载《当代矿工》2002 年第 4 期。

 32. 黄芬平:《电力体制改革的国际经验及启示》,载《湖南水利水电》2007 年第 1 期。

 33. 任继勤、方春阳:《国外电力改革的经验及启示》,载《北京交通大学学报》(社科版)2004 年第 2 期。

34. 赵九斤：《英国不列颠电力交易与输电制度》，载《国际电力》2004 年第 8 期。

35. 王汝英：《英国电力市场改革探讨》，载《天津电力技术》2006 年第 1 期。

36. 郑坚平：《英国可再生能源政策及启示》，载《能源工程》2001 年第 4 期。

37. 国际能源机构：《世界能源展望 2009——执行摘要》，2009 年。

38. 华晓慧：《使用者成本视角下的能源矿产资源定价改革》，载《生态经济》2008 年第 6 期。

39. 汤嘉琛：《对"限塑令"效果不能太乐观》，载《新民晚报》2011 年 5 月 31 日。

40. 张绍鸿、曾凡银等：《建立健全节能减排法律法规体系》，载《科技与法律》2010 年第 4 期。

41. 张鹏：《论低碳技术创新的知识产权制度回应》，载《科技与法律》2010 年第 3 期。

42. 竟晓：《节能自愿协议刍议》，载《经营管理者》2011 年第 6 期。

43. 唐敏：《节约能源的法理念与制度——解读修订后的〈节约能源法〉》，载《电力需求侧管理》2008 年第 1 期。

44. 王文革：《论完善我国节能法律制度的对策》，载《环境保护》2007 年第 24 期。

45. 贺荣兰：《论我国节能减排法律规范体系的嬗变与完善》，载《法制与社会》2011 年第 8 期。

46. 时璟丽、李俊峰：《借鉴国外经验通过立法手段促进我国可再生能源发展》，载《国际电力》2005 年第 1 期。

47. 李俊峰、王仲颖：《中华人民共和国可再生能源法解读》，化学工业出版社 2005 年版。

48. 周勇、李燕：《我国可再生能源法若干问题研究》，载《中国矿业大学学报(社会科学版)》2004 年第 2 期。

49. 王利：《中国新能源法律、政策的缺陷与完善》，载《北方论丛》2011 年第 8 期。

50. 马明飞、曾加：《德国能源法纠纷解决机制及对中国的启示》，载《西北大学学报》(哲学社会科学版)2011 年第 5 期。

51 张伟涛、冯蛟杰：《关于新能源概念界定的探讨》，载《商品与质量》2012

年第 5 期。

52. 韩晓平：《关于"新能源"的定义》，载《节能与环保》2007 年第 7 期。

魏永升，苏晓库：《世界新能源开发利用现状及发展趋势》，载《调查研究》
2009 年 11 期。

53. 王晓朦：《电监会"新 36 条细则"发布 民资进入电网再落空》，载《北京
商报》2012 年 6 月 20 日。

54. 姜苗芬：《论我国电力法律基本制度——兼论我国电力法修改与完
善》，《2006 年全国环境资源法学研讨会论文集》，2006 年版。

55. 周凤翔、陈子楠：《国外智能电网立法与我国〈电力法〉修订》，载《华北
电力大学学报（社会科学版）》2012 年第 2 期。

56. 黎鹰：《电力法出台始末》，载《中国电力报》1996 年 3 月 10 日第 2 版。

57. 龙智慧：《电网适应新能源发展需要，新能源并网等将修入电力法》，载
《中国能源报》2012 年 4 月 9 日 18 版。

58. 阮晓琴：《"煤矿安全"写下〈煤炭法〉新篇章》，载《上海证券报》2006 年
2 月 17 日。

59. 曹建力，郭帅：《改革开放以来政府对煤炭行业管理方式的变化分
析——以煤炭机构变迁为例》，载《煤炭现代化》2010 年第 4 期。

60. 李朝晖：《中国核损害制度现状》，载《中国核工业》2003 年第 1 期。

61. 宦国渝、何晓明、李晓东：《对加快我国天然气行业立法的建议》，载《国
际石油经济》2002 年第 3 期。

62. 章兆漠：《国外天然气发展的基本特点和启示》，载《石油工业技术监
督》2005 年第 5 期。

63. 甄冠楠：《浅析我国的石油战略储备制度》，载《中国法学会环境资源法
学研究会年会论文集》，北京大学出版社 2006 年版。

64. 马维野等：《我国能源安全的若干问题及对策思考》，载《国际经济技术
研究》2001 年第 4 期。

65. 郑明：《中国能源发展现状与面临的挑战》，载《领导文萃》2007 年第
6 期。

66. 杜群、廖建凯：《澳大利亚的能源法律制度及其借鉴》，载《时代法学》
2009 年第 3 期。

67. 史丹：《澳大利亚能源工业及其市场化》，载《经济管理》1998 第 8 期。

68. 何晓明：《澳大利亚海上石油天然气开发监管模式及启示》，载《中国经
济时报》2005 年 8 月 4 日第 8 版。

69. 张勇:《能源资源法律制度研究》,中国时代经济出版社 2008 年版。

70. 李化:《澳大利亚新能源发展:法律、政策及其启示》,载《理论月刊》2011 年第 12 期。

71. 蒋懿:《德国可再生能源法对我国立法的启示》,载《时代法学》2009 第 6 期。

72. 杜群,陈海篙:《德国能源立法和法律制度借鉴》,载《国际观察》2009 年 4 期。

73. 英国石油公司:《世界能源统计报告 2012》,英国石油公司网,http://www. bp. com/statisticalreview。

74. 薛亮:《碳存储有望为英国带来巨额收益》,人民网,http://env. people. com. cn/GB/10049106. html。

75. 巢哲雄:《日韩的核应急体系及其对我国核应急体系的启示》,http://www. energy-law. org. cn/html/news/2008/7/2008752350103238. html。

76. 中华人民共和国商务部对外经济合作子站:《澳大利亚能源资源管理体制和投资政策》,http://fec. mofcom. gov. cn/column/print. shtm?l/duzpb/cf/z/200507/20050700371319。

三、外文类

1. IPCC, *Carbon Dioxide Capture and Storage*, Cambridge University Press 2005.

2. IEA, *Carbon Capture and Storage: Progress and Next Steps*, Paris 2010.

3. The UK Government, The UK Fuel Poverty Strategy, London 2001.

4. The DECC, UK Fuel Poverty Strategy-7th Annual Progress Report-2009, London 2009.

5. the Conservative Party, Rebuilding Security: Conservative Energy Policy for an Uncertain World, 2009, available at http://www. conservations. com/news news_stories/2010/03/conservatives_propose_radical_overhaul_of_britains _energy_policy. aspx.

6. Australia Government Securing Australias Energy Future (the energy white paper),

7. COAG. Council of Australian Governments Meeting. Communique, 8 June 2001.

8. Australia Petroleum Products& Exploration Association. Policy &. Industry Issues: Energy Policy. http://www. appea. com. au/index. php? option= com_ conten&ttask = blogcategory&id = 144&Itemid = 176, 2008-12-20.

9. Australia Offshore Petroleum Act 2006.

10. Department of Resources,Energy and Tourism. Energy in Australia 2010. Canberra:ABARE,2010.

11. National Electricity Law Exposure Draft1 /12 /2004.

12. Anthony Kent& David Mercer. , Australia's mandatory Renewable energy target(MRET):an assessment. , *Energy Policy*,2006,Vol. 34.

13. Department of Resources,Energy and Tourism. Energy in Australia 2010. Canberra:ABARE,2010.

14. Australia Government. Securing Australias Energy Future (the energy white paper).

15. Australia Offshore Petroleum Act 2006.

16. Anthony Kent& David Mercer. Australia's mandatory Renewable energy target(MRET):an assessment. Energy Policy,2006.

17. Energy Policies of IEA Countries: Germany 2007 Review. IEA / OECD Pairs, 2007.

18. Gesetz Uber die Elektrizitats-und Gasversorgung (Energiewirtschaf, EnWG). Published in BGBI 1998.

19. Bo Kong, An Anatomy of China's Energy Insecurity and Its Strategies, Pacific Northwest National Laboratory, 2005.

20. "International Energy Agency", World Energy Outlook 2004, Paris 2004.

21. The UK DTI,Our Energy Future-Creating A Low Carbon Energy, London 2003;The UK Climate Change Act 2008,The UK Energy Act 2010.

22. World Resources Institute. Energy Consumption: Consumption percapita. http://earthtrends. wri. org/text/energy-resources/variable-351. html.

23. U. S. Environmental Information Agency. Annual Energy Outlook 2011. http://www. eia. gov/forecasts/aeo/pdf/0383(2011). pdf.

24. U. S. Department of Energy. Strategic Plan. http://energy. gov/sites/prod/files/2011_DOE_Strategic_Plan_. pdf.

图书在版编目(CIP)数据

各国能源法新发展/胡孝红主编. —厦门:厦门大学出版社,2012.12
ISBN 978-7-5615-4514-0

Ⅰ.①各⋯ Ⅱ.①胡⋯ Ⅲ.①能源法-对比研究-世界 Ⅳ.①D912.604

中国版本图书馆 CIP 数据核字(2012)第 313743 号

厦门大学出版社出版发行

(地址:厦门市软件园二期望海路 39 号　邮编:361008)

http://www.xmupress.com

xmup @ xmupress.com

厦门市金凯龙印刷有限公司印刷

2012 年 12 月第 1 版　2012 年 12 月第 1 次印刷

开本:720×970　1/16　印张:16.75　插页:2

字数:287 千字　印数:1~1 200 册

定价:39.00 元

本书如有印装质量问题请直接寄承印厂调换